SEIFE SIEDEN

Petra Neumann

SEIFE SIEDEN

GRUNDLAGEN
REZEPTE
TECHNIKEN

Inhalt

FETTE UND ÖLE 78

ZUSATZSTOFFE 144

REZEPTE 160

UND WEITERE HERSTELLUNGSMETHODEN

SERVICE 242

VORWORT

Als ich vor über zehn Jahre begann, meine Kosmetik aufgrund von Hautproblemen selbst herzustellen, war der Schritt zur eigenen Seife klein. Die natürliche Pflege, der herrliche Duft, das angenehme Hautgefühl und nicht zuletzt zu wissen, was im Produkt enthalten ist, faszinierten mich – und tun es bis heute. Darüber hinaus ist das Seifesieden ein spannendes Hobby, das unendlich viele kreative Möglichkeiten bietet.

Dieses Buch ist für Anfänger wie Fortgeschrittene geschrieben. Es soll ebenso mit Märchen und Mythen rund um die Seifenherstellung aufräumen wie eine Wissenslücke schließen, da nicht von den Eigenschaften eines Fettes auf die Eigenschaften einer Seife geschlossen werden darf. Dies wird in der bisherigen Seifenliteratur meist vernachlässigt. Alle hier vorgestellten und beschriebenen Einölseifen wurden von mir selbst gesiedet oder im Rahmen eines Projektes im Seifenforum „Seifentreff“ (www.seifenforum.de) selbst getestet.

Das Buch muss nicht von vorn bis hinten durchgelesen werden. Haben Sie bereits erste Erfahrungen gesammelt und schon eine Seife gesiedet, so können Sie das erste Kapitel „Die Grundlagen“ überblättern. Bitte lesen Sie aber unbedingt die Sicherheitshinweise ab *Sicherheitsausrüstung* ▸ Seite 18. Eventuell kommen Sie später darauf zurück, da hier viele Tipps zur Herstellung gegeben werden. Anfängern empfehle ich dagegen, zunächst den ersten Teil des Buches zu lesen, um bald die erste Seife selbst zu sieden. Dann werden Sie die folgenden Kapitel leichter verstehen.

Der Schwerpunkt meines Buches liegt auf den Hauptinhaltsstoffen der Seifen, den *Fetten und Ölen*. Ich möchte Ihnen die Gewinnung, den chemischen Aufbau und die weiteren Inhaltsstoffe erklären und Sie in die Lage versetzen, die Aufgaben der einzelnen Fette und Öle und ihre Wirkungsweise zu verstehen. So wird es Ihnen möglich sein, ein Fett oder Öl eines Rezepts sinnvoll durch ein anderes oder eine Kombination zu ersetzen. Dadurch können Sie mit diesem Buch nicht „nur“ die 33 detailliert beschriebenen Rezepte herstellen, sondern eine Vielzahl von Variationen.

Ein weiteres wichtiges Thema sind die *Zusatzstoffe* und ihre Auswirkung auf die Haptik des Seifenstückes und die Qualität des Schaumes, aber auch auf die Hautpflege. Die Zusatzstoffe – wie Zucker, Salz, Seide oder Honig – sind in einem weiteren Kapitel ▸ Seite 145 erklärt und ausführlich in den *Rezepten* beschrieben. Eine *Rezeptübersicht* mit Techniken und Zusatzstoffen finden Sie im Anhang ▸ ab Seite 247.

Egal, ob Sie sich später für Naturseifen mit ätherischen Ölen, Kräutern und Naturfarben entscheiden oder für buntgeswirlte Seifen mit Parfumölen, mit diesem Buch können Sie Ihren Weg finden. Dabei wünsche ich Ihnen so viel Spaß und Freude daran, wie ich sie in den letzten zehn Jahren bei meinen vielen Seifenexperimenten hatte.

Ihre Aconita
– Petra Neumann –

Langenselbold, im April 2017

VORWORT ZUR 2. AUFLAGE

Seit der Veröffentlichung der ersten Auflage sind 5 Jahre vergangen. In dieser Zeit hat sich das Seifensieden weiterentwickelt und so war es an manchen Stellen Zeit für eine Überarbeitung. So hat sich der empfohlene Wassergehalt, der zum Anrühren der Lauge benutzt wird, verringert. Ebenso sind neue Techniken dazu gekommen und für manche Seifen kann die Haltbarkeit durch Vitamin E, das ist Tocopherol, oder eine Kombination von Vitamin E und Vitamin C-Palmitat (Ascobylpalmitat) verlängert werden. Das bietet sich vor allem für Haarseifen an, die von der Rezeptkonzipierung mehr ranzanfällige Öle enthalten als normale Hand- und Duschseifen.

Natürlich ist Nachhaltigkeit auch ein Thema. So versuche ich Palmfett und andere Öle aus tropischen Regionen ganz oder teilweise durch europäische Öle, wie gehärtetes Rapsöl oder gehärtetes Sojaöl, zu ersetzen. Diese werden unter Namen wie Sojawachs oder Rapswachs und Rapsbutter verkauft.

Eine neue „Art“ von Seife ist die Knetseife. Durch die Plastizität der Seife sind viele neue Gestaltungsmöglichkeiten dazugekommen, die mich begeistern und die Kreativität beflügeln. Knetseife kann man zum Beispiel gut in kleine Silikonformen drücken, diese abformen und als Aufleger benutzen. So sind edle Seifen, wie die mit den Engelsflügeln möglich ▸ Seite 191 oder Rosenseife mit kleinen Röschen oben drauf. Auch Kinder können eigene Seifen gestalten, da der Umgang mit der Lauge wegfällt. Die Knetseife ist ja eine fertige Seife.

Ganz kreative Köpfe stellen sogar eigene Silikonformen her, indem sie kleine Teile wie einzelne Rosenblüten mit Knetseife oder Knete abformen, zu größeren Formen kombinieren, die dann mit Silikon abgeformt werden. Solche Seifenformen oder Einleger für Formen sind einzigartig.

Es sind zwar 35 Rezepte in diesem Buch enthalten, aber die hier vermittelten Grundlagen sollen Sie, liebe Leser und Leserinnen, in die Lage versetzen, selbst Rezepte zu planen. Beginnen Sie mit einem bereits bestehenden Rezept und ersetzen Sie ein Öl durch ein anderes aus der gleichen Gruppe, zum Beispiel Olivenöl durch Avocadoöl oder Aprikosenkernöl durch Mandelöl. So bekommen Sie Erfahrung mit verschiedenen Ölen und sind bald in der Lage eigene Rezepte zu entwickeln.

Viel Spaß dabei wünscht Ihnen
Petra Neumann, Aconita aus dem Seifenforum

Langenselbold im Februar 2023

Petra Neumann

Aconita

DIE GRUNDLAGEN

Die Basisinformationen versetzen Sie in die Lage, Ihre erste Seife zu sieden, informieren Sie über die Sicherheitsausrüstung, den vorsichtigen Umgang mit Lauge und die benötigten Materialien.

EIN KLEINER AUSFLUG IN DIE GESCHICHTE

Die Erfindung der Seife liegt weitgehend im Dunkeln der Geschichte. Es wird vermutet, dass sie zufällig passierte, als aus einem über dem Feuer gebratenen Fleisch Fett in die heiße Asche tropfte. Der Regen des nächsten Tages brachte die Reste zum Schäumen und ein findiger Kopf machte sich seine Gedanken darüber. So oder ähnlich wird es gewesen sein.

DIE ANFÄNGE DER SEIFENHERSTELLUNG

Den ersten geschichtlichen Nachweis brachte ca. 2500 v. Chr. eine Tontafel in sumerischer Keilschrift, auf der eine Anleitung zur Herstellung einer Seife aus Asche und Öl beschrieben wurde. Allerdings verwendete man die Seife zur Reinigung wollener Kleidung und nicht zur Körperpflege. 77 n. Chr. erwähnte der römische Gelehrte Plinius die germanische und gallische Seife, die aus Ziegentalg und Buchenholzasche hergestellt wurde. Auch sie wurde nicht zur Körperreinigung verwendet, sondern gemischt mit Farbe zum Rotfärben der Haare.

DIE SEIFE VERBREITET SICH IN EUROPA

Erst als im 7. Jahrhundert n. Chr. die Araber an Stelle von Asche Ätznatron zur Seifenherstellung verwendeten, konnten Seifenstücke erzeugt werden. Die Araber brachten die Technik der Seifenherstellung nach Europa. In Spanien entstanden im 9. Jahrhundert bedeutende Produktionsstätten in Alicante, Sevilla und Valencia. Dort wurden durch die Kultivierung sowohl von Oliven zur Ölgewinnung als auch von duftenden Pflanzen die Grundstoffe bereits angebaut. Auch in Italien entwickelte sich im 15. Jahrhundert die Seifenproduktion in Genua und Venedig, von wo aus Seife als Luxusartikel nach Nordeuropa gelangte. Durch Modernisierungen im Herstellungsverfahren erlangte die französische Seife unter dem Namen „Savon de Marseille" im 17. Jahrhundert europaweite Bekanntheit und trat in scharfe Konkurrenz zur Seife aus Genua und zur englischen Seifenindustrie.

IN NORDEUROPA wurde in vielen Familien und Kleinbetrieben Seife aus Tierfetten und Asche hergestellt, die den Kauf von teuren Toilettenseifen aus Pflanzenölen unnötig machten.

Die Geschichte der Seife ist eng mit der Geschichte der Menschen verbunden. Ging es ihnen nicht gut, weil es nicht genug Nahrung gab, so wurden billige Fette – wie Leinöl, Tierfette, Fette aus Abfällen und Knochen – verseift, die für die Ernährung nicht verwendet werden konnten. In guten Zeiten ohne Nahrungsknappheit wurden Pflanzenfette in Seife verwandelt, bis Mitte des letzten Jahrhunderts andere waschaktive Substanzen erfunden wurden. Seifenstücke mussten Flüssigseife und Duschgel weichen.

WIEDERENTDECKUNG EINER HANDWERKSTRADITION

Erst am Ende des 20. Jahrhunderts erlebten Naturseifen eine Renaissance durch die Entdeckung der „Kaltverseifung“ als Hobby. Seither entstanden viele kleine Seifensiedereien, deren Angebot an natürlichen oder duftenden und bunten Seifen unüberschaubar ist und deren Seifen ein ansprechendes Geschenk und heute keinesfalls mehr „anrüchig“ sind. Vielleicht erinnern sich manche unter Ihnen noch daran: Früher wurden Seifen häufiger als dezenter Hinweis verschenkt, dass der Beschenkte sich häufiger waschen möge …

Die Gründe, selbst Seife herzustellen, sind vielfältig. Oft suchen die Menschen, die sich im Forum „Seifentreff“ anmelden, nach milden Alternativen zu herkömmlichen Reinigungsmitteln wie Duschgel und Haarwaschmittel, weil sie unter Neurodermitis, Schuppenflechte oder einfach unter sehr trockener Haut leiden. Andere möchten Plastikmüll vermeiden und ihre Reinigungsmittel selbst herstellen.

EIN VIELSEITIGES HOBBY FÜR ANFÄNGER UND KÖNNER

Wer einmal eine handgesiedete Naturseife verwendet hat, interessiert sich dafür, wie man sie selbst herstellen kann und beginnt, sich im Internet zu informieren. Und schließlich hat er einen gepackt, der ansteckende Seifenvirus: Man möchte bessere Seifen machen, buntere oder schöner gemusterte oder mit noch wertvolleren Inhaltsstoffen und in schönen Formen.

Für all jene ist dieses Buch geschrieben und für die, die es ganz genau wissen wollen! Ein bisschen Chemie ist auch dabei, aber keine Angst, es wird alles verständlich und Schritt für Schritt erklärt.

Als Anfänger können Sie schnell in die Praxis einsteigen, indem Sie sich in den folgenden Grundlagen-Kapiteln über Material und Basistechniken informieren und dann eines der Grundrezepte ausprobieren. Allen fortgeschrittenen Seifensiedern empfehle ich allerdings, den Aufwand nicht zu scheuen, sich mit den chemischen Reaktionen und den Eigenschaften der Fette und Öle zu beschäftigen – nur durch dieses Verständnis wird es Ihnen gelingen, Ihre Seifen zu verbessern, gute Rezepte selbst zu kreieren und letztendlich mehr Spaß an Ihrem Hobby zu haben!

MATERIAL UND AUSRÜSTUNG

Hier erfahren Sie, welche Grundzutaten und -ausstattung Sie für das Sieden von Seife benötigen. Es sind keine aufwendigen Anschaffungen nötig, Sie werden rasch mit dem Grundrezept loslegen können.

BASISZUTATEN EINER SEIFE

Fette und Öle im ausgewogenen Verhältnis ergeben zusammen mit Natronlauge mittels einer chemischen Reaktion Seife. Die meisten Grundzutaten erhalten Sie also im Supermarkt, wie Kokosfett, Palmfett (Fettstange) zum Braten oder Frittieren, Olivenöl, Rapsöl, Sesamöl usw. Einige besondere Fette und Öle, wie Sheabutter oder Avocadoöl, bieten eher spezielle Internethändler an, die sich auf die Bedürfnisse der Seifensieder spezialisiert haben. *Adressen* dazu finden Sie im Serviceteil bei den *„Bezugsquellen“* ▸ Seite 249.

Die Lauge besteht im Normalfall aus einer bestimmten Menge an destilliertem Wasser, in dem Natriumhydroxid, auch Ätznatron genannt, gelöst wird. Ätznatron ist nicht vergleichbar mit Speisenatron, welches auch als Backzutat verwendet wird. Es ist eine ätzende Substanz; beim Umgang mit ihr müssen einige Vorsichtsmaßnahmen getroffen werden. Lesen Sie dazu unbedingt das Kapitel *„Arbeiten mit Lauge“* ▸ Seite 20.

DEFINITION: WAS IST SEIFE?

Seifen sind Natrium- oder Kaliumsalze von Fettsäuren. Als solche sind sie immer leicht alkalisch.

Das sind die Basiszutaten, da man bei der ersten Seife nicht unbedingt Düfte und Farben braucht. Im Gegenteil, es empfiehlt sich, mit einer einfachen Seife zu beginnen, um sich ganz auf die Herstellung zu konzentrieren. Farbige Muster und Schichtseifen folgen später, wenn man Erfahrung gesammelt hat.

GRUNDAUSSTATTUNG

Die meisten Utensilien, die Sie für die Seifenherstellung benötigen, befinden sich schon in Ihrem Haushalt. Diese Geräte sind gegen Säuren aus Essig oder Früchten stabil und somit meistens auch gegen Laugen. Das heißt, alle Geräte aus Glas, Kunststoff und Edelstahl können verwendet werden. Einzig Aluminium verträgt keine Lauge. Es läuft schwarz an, wird stumpf und sollte für die Seifenherstellung daher nicht benutzt werden. Es empfiehlt sich auch nicht, Alugeräte in der Spülmaschine zu reinigen. Für die Arbeit im Labor gilt, dass Geräte, die einmal für Chemikalien verwendet wurden – und Natronlauge und Parfumöle sind Chemikalien – nicht mehr zur Zubereitung von Speisen verwenden werden dürfen. Ich empfehle Ihnen, sich auch bei der Seifenherstellung an diese

Laborregel zu halten. Auch wenn Seifenreste in der Spülmaschine von Glas und Edelstahl rückstandslos entfernt werden, ist eine Anschaffung extra für die Seife sinnvoll. Aus Kunststoffgegenständen lassen sich Rückstände von Parfümölen nicht mehr entfernen. Und wer mag schon Käsekuchen mit Rosenduft?

Utensilien, Küchengeräte und einfache Seifenformen

Zum Anrühren der Seife werden ein Edelstahltopf oder eine größere Kunststoffschüssel, eine digitale Küchenwaage, ein Gefäß zum Abwiegen der Lauge und eins zum Anrühren benötigt. Auf die Materialien für diese Gefäße gehe ich im Kapitel *„Arbeiten mit Lauge“* ▶ Seite 20 noch einmal genauer ein. Weiterhin brauchen Sie Esslöffel, Teelöffel, einen Teigschaber, ein Sieb für die Lauge und einen Pürierstab. Als einfache Formen eignen sich Plastikverpackungen von Eis, Pralinen und Keksen und Joghurt- oder Frischkäsebecher.

FÜR DIE ERSTE SEIFE

Nicht unbedingt nötig, aber später sehr hilfreich sind ein (Braten)-Thermometer und ein Minimixer bzw. Milchaufschäumer.

Pürierstab

Ein Pürierstab ist das einzige Gerät, dessen Anschaffung ich für die Herstellung der ersten Seife empfehle, weil sich Seifenreste gerne in den Zwischenraum zwischen der Welle und dem Gehäuse festsetzen. Geeignet sind alle Pürierstäbe aus Kunststoff oder Edelstahl, die keine Teile aus Aluminium enthalten. Niedrige Wattzahlen von 180 bis etwa 400 Watt sind von Vorteil, weil sie den Verseifungsprozess nicht so stark beschleunigen wie stärkere Geräte. Denn je intensiver gemischt wird, desto schneller läuft die Verseifung ab. Arbeitet man dagegen langsam, so hat man für die Verarbeitung von verschiedenen Farben und dem Duft ausreichend Zeit und kann mit mehr Ruhe arbeiten. Billige Geräte zwischen 10 und 20 € sind daher völlig ausreichend.

Küchenutensilien

Waage

Alle Zutaten für eine Seife müssen abgewogen werden. Das gilt auch für Flüssigkeiten, also für das destillierte Wasser für die Lauge und für Öle. Ebenso für feste Fette, denn auf die auf einer Fettverpackung aufgedruckte Gewichtsangabe sollte man sich nicht verlassen. Bei Ölen ist das Wiegen noch wichtiger, weil 1 l Öl kein Kilogramm wiegt, wie das bei Wasser der Fall ist. 1 l Öl wiegt etwa 900 g, so dass in einer 750-ml-Flasche nur rund 670 g Öl enthalten sind.

GUT ZU WISSEN
Alle Zutaten für die Seife müssen gewogen werden, auch Flüssigkeiten wie das Wasser zum Anrühren der Lauge und besonders die Fette und Öle.

Eine normale digitale Küchenwaage mit einer Genauigkeit von ± 1 g ist ausreichend für die erste Seife mit einer Gesamtfettmenge (GFM) von mehr als 500 g. Für kleinere Mengen wird die Waage zu ungenau, man riskiert, dass später freies NaOH in der Seife ist. Hier empfiehlt sich die Anschaffung einer Feinwaage bis 300 g Gesamtgewicht und mit der Anzeige einer Nachkommastelle.

Feinwaage

Bei Küchenwaagen mit der Genauigkeit von ± 1 g sollte die Gesamtfettmenge 500 g nicht unterschreiten. Schon bei 300 g Gesamtfettmenge machen 1 g NaOH mehr 2 % Überfettung weniger aus, und die fertige Seife kann freie Lauge enthalten und unbrauchbar sein. Es besteht die Gefahr der Verätzung. Sollen kleinere Chargen gesiedet werden, benötigen Sie eine Feinwaage mit einer Nachkommastelle. Diese dient in erster Linie zum Abwiegen von NaOH und den Düften. Für Fette kann bis zu einer Untergrenze von 100 g weiterhin die Küchenwaage benutzt werden.

Feinwaagen sind empfindlich und dürfen nicht unnötig belastet werden, das heißt, sie sollten nicht über ihr Maximalgewicht beladen werden. Benutzen Sie hier leichte Gefäße aus Kunststoff, außer für die Düfte. Je höher die Belastung der Waage ist, desto ungenauer arbeitet sie im unteren Bereich. Bei einer Belastung von 200 g (Maximalbeladung 300 g) können Sie bei 10,2 g die Nachkommastelle nur noch schätzen, nicht wiegen. Achten Sie beim Kauf der Feinwaage daher darauf, dass das Maximalgewicht nicht zu gering ist. 300 g sollte es mindestens betragen.

SICHERHEITSAUSRÜSTUNG

Für die Seifenherstellung ist die Lauge unerlässlich. Ein unsachgemäßer Umgang damit kann jedoch zu Verätzungen an Haut und Augen führen, weshalb besondere Schutzmaßnahmen nötig sind.

Schutzausrüstung

Schutzbrille

Für den Umgang mit der Lauge benötigen Sie eine Schutzbrille. Diese verhindert, dass die Augen durch Spritzer von Lauge oder frischem Seifenleim Schaden nehmen. Lauge ist stark ätzend und trübt die Hornhaut im Auge! Die Schutzbrille verhindert dies durch ein größeres Brillenglas vorne und einen Spritzschutz an der Seite. Für Brillenträger gibt es Überbrillen in zwei verschiedenen

Formen, die über der eigenen Brille getragen werden. Beide Überbrillen können nur für kurze Zeit getragen werden, bei längerem Tragen sind sie unbequem und drücken. Für längeres Arbeiten empfiehlt sich eine Schutzbrille mit optischen Gläsern, die den Anforderungen einer Schutzbrille genügt. Gasmasken oder Visiere mit Gesichtsschutz sind fürs Seifesieden, wie manchmal empfohlen, nicht nötig. Auch Staubschutzmasken sind unsinnig, weil sie nur vor Stäuben schützen, nicht aber vor Dämpfen.

Hand- und Körperschutz

Zum Schutz der Hände vor Verätzungen zieht man Handschuhe an. Das können dünne Einmalhandschuhe sein, die man öfter mal wechseln sollte, da sie nach etwa 20 Minuten keinen ausreichenden Schutz mehr bieten. Oder man nimmt dickere Gummihandschuhe, mit denen man aber weniger Gefühl in den Fingern hat. Schutzkleidung, wie im Labor vorgeschrieben, ist fürs Sieden nicht unbedingt erforderlich, jedoch empfehle ich wegen der Farben einen Arbeitspullover oder ein -hemd mit langen Ärmeln. Dies vermeidet Laugenspritzer auf den Unterarmen, die man oft nicht sofort bemerkt. Farbspritzer lassen sich nur schwer aus der Kleidung wieder entfernen.

GUT ZU WISSEN

Sie können eine Schutzbrille im Baumarkt, im Internet und beim Optiker kaufen. So lange Sie mit Lauge oder mit frischer Seife arbeiten, müssen Sie aus Sicherheitsgründen die Schutzbrille tragen.

AUF EINEN BLICK: DIE GRUNDAUSSTATTUNG ZUM SEIFESIEDEN

Küchengeräte und Seifenformen

- Edelstahltopf oder Plastikschüssel mit einem Fassungsvermögen von 3 l
- Rührlöffel oder Teigschaber, Teelöffel
- Pürierstab
- Gefäß zum Anrühren der Lauge
- Kleines Glas zum Abwiegen der Düfte
- Joghurtbecher zum Anrühren von Farben
- Formen: z. B. Eispackungen, Tetrapacks oder Chipsdosen, Joghurtbecher

Sicherheitsausrüstung

- Schutzbrille
- Handschuhe
- langärmeliges/r Arbeitshemd/-pullover

Für weitere Versuche

- Thermometer
- Minimixer oder Milchaufschäumer
- Kleine Becher für Farben

GUT ZU WISSEN

Natriumhydroxid (NaOH) in Wasser gelöst ergibt eine stark ätzende Lauge.

Natriumhydroxid ist ein weißer Stoff, der in Form von Kügelchen oder Pastillen verkauft wird.

NaOH ist hygroskopisch, d.h. es bindet Feuchtigkeit aus der Umgebung, und reagiert mit Kohlenstoffdioxid aus der Luft. Halten Sie die Dose deshalb gut verschlossen und bewahren Sie sie außerhalb der Reichweite von Kindern auf.

ARBEITEN MIT LAUGE

Die für die Seifenherstellung benötigte Lauge wird aus destilliertem bzw. entmineralisiertem Wasser, auch *VE-Wasser* genannt ▶ Seite 71, und Natriumhydroxid angerührt. Die Mengen an Natriumhydroxid und Wasser erhält man aus dem Rezept oder besser Sie berechnen sie mit einem *Seifenrechner* aus dem Internet selbst (siehe dazu „Seifenrechner im Netz“ ▶ Seite 139). Ich rate Ihnen, alle Rezepte, auch die aus Büchern oder dem Internet, selbst nachzurechnen, da es häufig zu Druck- oder Übertragungsfehlern kommt. Mit der eigenen Berechnung sind Sie dann auf der sicheren Seite.

Natriumhydroxid wird auch Ätznatron genannt. Die chemische Formel dafür ist NaOH. Es darf nicht mit Natron verwechselt werden, das Bestandteil von Backpulver oder Brausepulver und damit essbar ist.

Natriumhydroxid ist hygroskopisch, das heißt, es zieht Luftfeuchtigkeit an und reagiert darüber hinaus mit dem Kohlenstoffdioxid aus der Luft. Deshalb wird der Behälter mit dem NaOH immer sofort wieder luftdicht verschlossen. Lagern Sie es kühl, trocken und außerhalb der Reichweite von Kindern.

Mit Natronlauge erhält man feste Seifenstücke, sogenannte Leimseife.

Eine weitere Lauge, die Kalilauge, angerührt aus Kaliumhydroxid, chemisch KOH, wird für die Herstellung von Schmierseife und Flüssigseife verwendet.

GEFÄSSE ZUM ABWIEGEN UND ANRÜHREN

Um größere Fehler beim Abwiegen zu vermeiden, benutzen Sie leichte Gefäße aus Kunststoff, beispielsweise saubere, trockene Joghurtbecher oder ein kleines Becherglas aus dem Laborfachhandel. Trockene Laugenperlen greifen die meisten Materialien nicht an. Sie sollen jedoch nicht über Stunden in den Gefäßen aufbewahrt werden.

Geeignete Gefäße zum Anrühren der Lauge sind:

- Kunststoffmessbecher aus Polyethylen PE (HDPE oder LDPE) oder Polypropylen PP
- Edelstahlgefäß oder -messbecher
- Glasgefäße, wie Einmachgläser oder Bechergläser aus dem Laborfachhandel

Messbecher aus Kunststoff sollten Sie öfter auf Risse untersuchen, da die Lauge beim Anrühren sehr heiß wird. Auf Dauer wird das Material dabei spröde und kann Risse bekommen.

Ungeeignete Materialien

Gefäße, die normalerweise für Lebensmittel benutzt werden, sind auf Grund der Verwechslungsgefahr tabu. Benutzen Sie zu Ihrem eigenen Schutz und zum Schutz Ihrer Familie keine Kaffeetassen oder Trinkgläser zum Abwiegen des NaOHs oder zum Anrühren der Lauge. Manche Kunststoffsorten wie Polycarbonat (Kurzzeichen PC, Kennziffer 07) und andere Polyester wie PET (Kurzzeichen PET, Kennziffer 01) sind ebenfalls nicht zum Anrühren von Lauge geeignet, da sie von der Lauge angegriffen und teilweise gelöst werden.

WO WIRD DIE LAUGE ANGERÜHRT?

Sie brauchen keine Angst zu haben, sich durch die Lauge zu vergiften. Lauge ist nicht giftig. Eine stark verdünnte Natronlauge wird auch für Laugengebäck verwendet. In konzentrierterer Form, wie sie für die Herstellung der Seife benötigt wird, ist sie aber ätzend.

GUT ZU WISSEN
Je intensiver gerührt wird, desto schneller läuft die Reaktion ab.

Beim Auflösen des NaOH wird viel Wärme frei, das heißt, die Lauge wird sehr heiß und beginnt zu dampfen. Dies gilt es zu verhindern, da die Dämpfe die Schleimhäute in Mund, Hals und Lunge reizen.

Der ideale Ort: das Spülbecken

Der beste Platz, um die Lauge anzurühren, ist daher das Spülbecken. Wird etwas kaltes Wasser ins Spülbecken eingelassen, so kann die Lauge gut abkühlen. Das vermeidet die Dampfbildung. Falls aus Unachtsamkeit etwas umfällt oder das Gefäß einen Riss bekommt und Lauge ausläuft, kann sie einfach durch den Ausguss weggespült werden.

Hier lieber nicht!

Abraten möchte ich davon, die Lauge im Freien anzurühren und sie dann durch die Wohnung zu tragen, weil es auf dem Weg zurück zum Siedeplatz Stolperfallen geben kann. Gibt es keine andere Möglichkeit, als die Lauge im Freien anzurühren, dann sollten Sie darauf achten, dass der Weg hindernisfrei ist. Auch der Platz unter der Dunstabzugshaube ist fürs Anrühren nicht geeignet, weil sich darunter meist ein Glaskeramikkochfeld befindet, das durch Spritzer der heißen Lauge beschädigt werden kann. Heiße Lauge ist in der Lage, Glas anzugreifen und hinterlässt Flecken auf der Oberfläche.

WIE WIRD DIE LAUGE ANGERÜHRT?

Als erstes legen Sie die Schutzausrüstung bestehend aus Schutzbrille und Handschuhen an und decken Ihren Arbeitsplatz mit Zeitungspapier oder einer Plastikdecke ab. Das destillierte Wasser wird abgewogen und mit dem Gefäß ins Spülbecken gestellt. Lassen Sie so viel kaltes Wasser ins Spülbecken ein, dass das Gefäß nicht aufschwimmt.

Wiegen Sie die benötigte Menge an NaOH genau ab und verschließen danach die Flasche mit den NaOH-Perlen sofort wieder gut. Das abgewogene NaOH wird in kleinen Portionen zum destillierten Wasser gegeben und so lange mit einem Löffel oder Teigschaber gerührt, bis es sich vollständig aufgelöst hat und sich die Flüssigkeit wieder zu klären beginnt.

Dann warten Sie, bis die Lauge etwas abgekühlt ist, um die nächste Portion einzurühren. So bleibt die Lauge immer unter der Temperatur, bei der sie anfängt zu dampfen. Zu Beginn der Seifensiederei werden die Portionen recht klein ausfallen, bis Sie herausgefunden haben, wie groß sie sein können.

GUT ZU WISSEN

- NaOH wird beim Auflösen in Wasser sehr heiß und es kann Dampf entstehen.
- Laugendämpfe sind nicht giftig, aber sie reizen die Atemwege.
- Rühren Sie Ihre Lauge portionsweise an, mit Abkühlzeiten dazwischen.
- Stellen Sie Ihr Laugengefäß nicht unter die Dunstabzugshaube oder vor ein Fenster, unter dem Personen entlanggehen.
- Laufen Sie mit der Lauge nicht unnötig durchs Haus.
- Der beste Platz zum Anrühren der Lauge ist ein mit kaltem Wasser gefülltes Spülbecken.

HILFE BEI LAUGENKONTAKT

Sowohl Schutzkleidung als auch die Brille sollen den Körper vor Lauge und frischem Seifenleim schützen. Bitte denken Sie daran, dass auch der frische Leim sehr ätzend ist!

Ist doch etwas frischer Leim oder ein Spritzer Lauge auf die Haut gelangt, so bewahren Sie bitte Ruhe und spülen die Stelle mit viel Wasser ab, so lange, bis sie sich nicht mehr seifig-glitschig anfühlt. Dabei gilt, je schneller die Lauge abgespült wird, desto weniger Schaden kann sie anrichten.

Lauge lässt sich gut mit viel Wasser abspülen und so entfernen. Sie muss nicht mit Essig neutralisiert werden. Angegriffene Haut wird von Säure nur weiter geschädigt, außerdem brennt Essig in offenen Wunden stark. Sollten Sie unbemerkt einen Laugenspritzer auf die Haut bekommen haben, so macht sich dieser erst durch Jucken, später durch Brennen bemerkbar. Sobald Sie also einen Juckreiz bemerken, waschen Sie die Stelle vorsorglich mit Wasser ab. Die angegriffene Haut wird mit etwas Creme gepflegt und so der Schutzfilm erneuert. Offene Wunden sollten Sie von einem Arzt anschauen lassen.

Verschüttete Lauge wischen Sie mit viel Wasser auf. Tragen Sie auch hierbei Handschuhe und Schutzbrille! Wenn Sie sich besser fühlen, können Sie mit Essigwasser nachwischen.

Alle hier beschriebenen Maßnahmen dienen Ihrem Schutz, weil die Lauge starke Verätzungen verursachen kann. Um das zu verhindern, müssen Sie sich auskennen und wissen, was zu tun ist. Respekt beim Umgang mit der Lauge ist nötig, aber Sie brauchen sich nicht davor zu fürchten, wenn Sie sich an die Sicherheitsregeln halten.

SCHNELLE HILFE BEI LAUGENSPRITZERN

Laugenspritzer auf der Haut sollten keinesfalls mit Essig neutralisiert werden. Spülen Sie einige Minuten mit viel Wasser, bis das glitschige Gefühl verschwunden ist. Cremen Sie die Haut mit einer Fettcreme ein.

Offene Wunden sollten Sie Ihrem Arzt zeigen.

Laugenspritzer im Auge müssen lange unter fließendem Wasser ausgespült werden. Rufen Sie, wenn möglich, den Notarzt.

Angerührte Lauge

HERSTELLUNG DER ERSTEN SEIFE NACH DEM GRUNDREZEPT

Das Grundrezept, auch 25er-Rezept genannt, besteht aus je 25 % Kokosfett (z. B. Palmin), Palmfett (Fettstange, Frittierfett), Rapsöl und Olivenöl. All diese Zutaten bekommen Sie im Supermarkt, sie sind günstig und ergeben eine feste, gut schäumende Seife. Außerdem ist das Rezept einfach, weil es innerhalb einer großen Temperaturspanne zu verarbeiten ist und sich für Anfänger deshalb besonders eignet. Ich empfehle, sich bei der ersten Seife ganz darauf zu konzentrieren, die Verarbeitungsschritte und verschiedenen Leimstadien kennenzulernen und nicht schon bei der ersten Seife aufwändige Swirls oder eine mehrfarbige Seife zu planen.

AUF EINEN BLICK: GRUNDREZEPT (25ER-REZEPT)

- 25 % Kokosfett
- 25 % Palmfett
- 25 % Olivenöl
- 25 % Rapsöl

Wollen Sie nicht auf Farbe verzichten, so können Sie am Vortag 3 Teelöffel edelsüßes Paprikapulver mit ca. 260 g Rapsöl vermischen und gut verrühren. Nachdem das Öl über Nacht ruhig stehengelassen wurde, hat sich das Paprikapulver am Boden abgesetzt. Von diesem Bodensatz gießen Sie das jetzt orangefarbene Öl vorsichtig ab, ohne dabei das Paprikapulver aufzuwirbeln. Dieses Öl wird zum Färben der Seife benutzt.

Paprikaölauszug

GRUNDREZEPT (25ER-REZEPT)

Für eine Gesamtfettmenge (GFM) von 1000 g werden benötigt:

330 g entmineralisiertes Wasser

133,5 g NaOH (10 % Laugenunterschuss)

250 g Kokosfett

250 g Palmfett

250 g Olivenöl

250 g Rapsöl

30 g ätherisches Lavendelöl oder Eukalyptusöl oder ein kosmetikgeeignetes Parfumöl, z. B. Mangoduft (3 % der GFM)

Vorbereitung

Bevor Sie mit der Herstellung der ersten Seife beginnen, sollte Sie für ausreichend Zeit und Ruhe sorgen. Hektik kann zu Unachtsamkeiten führen, und die sollte Sie beim Sieden vermeiden, damit Sie sich an der Lauge nicht verätzen und keine scharfe Seife herstellen.

Ein geeigneter Arbeitsplatz in der Küche wird freigeräumt und mit Papier oder einer Plastikfolie abgedeckt. Lebensmittel dürfen nicht in der Nähe des Seifenplatzes stehen.

Drucken Sie Ihr Rezept aus und stellen alle benötigten Materialien und Zutaten bereit. Legen Sie die Schutzkleidung inklusive Brille an und dann kann es losgehen.

Herstellung

01 Herstellen der Lauge aus 330 g destilliertem Wasser und 133,5 g NaOH unter Einhaltung der *Sicherheitsregeln* ▸ Seite 18.

02 Je 250 g Palmfett und Kokosfett abwiegen, im Topf schmelzen und zum Abkühlen auf die Seite stellen.

03 Das Parfumöl (PÖ) oder das ätherische Öl (ÄÖ) in einem kleinen Glas abwiegen. Benutzen Sie dazu keinen Kunststoffbecher, weil die Düfte das Material angreifen.

04 Die Öle in einem separaten Gefäß abwiegen und zu den geschmolzenen Fetten geben.

GUT ZU WISSEN

Der Begriff Laugenunterschuss, früher Überfettung genannt, bedeutet, dass weniger Lauge benutzt wird, als zur vollständigen Verseifung der Fette notwendig ist. Da Fette und Öle natürlichen Schwankungen unterliegen, ist der Laugenunterschuss eine Art Sicherheitsfaktor und sorgt für etwas mildere Seife.

02 Abgewogene Fette

03 Duft

04 Zugabe des gefärbten Öls zu den geschmolzenen Fetten

05 Kontrolle der Temperatur

06 Zugabe der Lauge durch ein Sieb

05 Öle mit dem Teigschaber mischen und ihre Temperatur kontrollieren. Die optimale Verarbeitungstemperatur liegt bei Handwärme, also zwischen 30 und 35 °C. Das heißt, Topf und Laugengefäß fühlen sich gerade eben nicht mehr warm an.

06 Die auf die gleiche Temperatur abgekühlte Lauge vorsichtig durch ein Sieb zu den Fetten gießen.

07 Abwechselnd mit dem Pürierstab und dem Teigschaber rühren, bis die Mischung homogen ist und kein Öl mehr auf dem Seifenleim steht.

08 Prüfen der Konsistenz des Seifenleims. Je mehr mit dem Pürierstab gearbeitet wird, desto schneller dickt der anfangs flüssige Seifenleim an. Er durchläuft dabei mehrere Stadien: vom flüssigen Leim (a) über den andickenden Leim (b) bis hin zum angedickten Leim (c).

GUT ZU WISSEN

Schalten Sie den Pürierstab erst ein, wenn er vollständig in die Öle eingetaucht ist. Vermeiden Sie Spritzer.

07 Öl nicht fertig eingerührt

08 (a) Homogener, flüssiger Seifenleim

08 (b) Andickender Leim

08 (c) Angedickter Leim

10 Einformen

09 Spätestens jetzt den Pürierstab entfernen. Den Duft mit dem Teigschaber unterrühren. Dabei einmal um die Innenwandung des Rührgefäßes fahren, um die Schicht, die sich dort abgesetzt hat, gleichmäßig zu verrühren.

10 Jetzt die Masse in die bereitstehende Form gießen. Geeignete Formen für die erste Seife wären z. B. Eispackungen von 1 Liter Volumen, am besten mit Deckel, und einige Joghurtbecher oder Frischkäseschachteln.

11 Den Seifenleim bis etwa 1 cm unter den Rand der Form eingießen. Dann die Form einige Male vorsichtig auf den Tisch klopfen, um eventuell vorhandene Luftblasen an die Oberfläche zu bringen. Zuletzt den Deckel auf die Form aufsetzen oder mit Frischhaltefolie verschließen.

PALMÖLFREIE UND VEGANE GRUNDREZEPTE

Drei vegane Grundrezepte, die so einfach wie das 25er-Rezept sind, aber ohne Palmöl auskommen, finden Sie auf den Seiten 34 und 35.

DIE GELPHASE

Wenn die Seife in der Form ist, müssen Sie entscheiden, ob sie eine Gelphase durchlaufen soll oder nicht. Wird eine größere Menge Seife, ab etwa 1 kg Gesamtfettmenge (GFM), in ein Handtuch oder eine Decke gepackt, so bleibt die bei der chemischen Reaktion entstehende Wärme in der Seife und sie heizt sich auf. Dabei wird sie immer wärmer, bis sie wieder zähflüssiger, dunkler und vaselineartig durchscheinend wird. Diesen Zustand bezeichnet man als Gelphase.

Beginnende Gelphase aus der Mitte heraus

Die Gelphase erreicht den Rand

Fast vollständig durchgegelte Seife

Die Gelphase beginnt mit dem Aufheizen in der Mitte der Form und breitet sich von dort langsam bis zum Rand aus. Während der Gelphase kann die Seife Temperaturen von 60–75 °C erreichen. Erst wenn die Verseifungsreaktion sich verlangsamt, kühlt die Seife ab, und nach 24 Stunden ist der größte Teil der Reaktion abgeschlossen.

ANHEIZEN DER GELPHASE VON AUSSEN

Kleinere Mengen Seife und Seifen in Einzelformen können durch Wärme von außen in die Gelphase gebracht werden. Die einfachste Methode dafür ist, eine Wärmflasche oder Heizdecke unter die Seife zu legen, bevor sie gut eingepackt wird. Man nennt das auch Isolieren der Seife. Es ist auch möglich, eine Flasche mit heißem Wasser zusammen mit der Seifenform in eine Styroporkiste zu legen, ebenso das Anheizen der Gelphase im Backofen bei 45–80 °C.

Hier muss die Seife gut beobachtet werden. Sobald die Gelphase den Rand der Form erreicht hat, sollte man den Ofen ausschalten, damit die Seife nicht überhitzt. Ein deutliches Warnsignal sind Öltropfen auf der Seife. Sobald sie sich zeigen, die Seife aus dem Ofen oder aus der Isolierung nehmen und möglichst kühl stellen, zum Beispiel auf eine kalte Fläche.

Ist die Reaktionswärme der Seife nicht ausreichend, weil die Seife sehr kalt zusammengerührt wurde, so erwärmt sich die Seife von außen nach innen, die Gelphase beginnt am Rand. Auch hier wird sie beendet, wenn die Seife komplett durchgegelt ist.

Seifen, die Zutaten wie z. B. Honig oder zuckerhaltige Säfte enthalten, heizen von selbst stark auf und kommen meist von selbst in die Gelphase. Hier verzichtet man besser auf die Isolierung, damit die Seife nicht überhitzt (siehe *„Fehlersuche und Behebung“* ▸ Seiten 233 ff.).

VOR- UND NACHTEILE DER GELPHASE

Ein Vorteil ist die Verkürzung der Wartezeit, bis man die Seife aus der Form nehmen und schneiden kann, da sie schneller fest wird. Auch fühlt sich die Seife glatter und fester an als ohne Gelphase und die Reifezeit verkürzt sich leicht. Als Nachteil empfinden viele, dass sich die Farbe durch eine Gelphase ins Cremefarbene bis Beige verfärbt und nicht rein Weiß bleibt. Dafür leuchten Naturfarben, die gelen konnten, besser als ohne Gelphase, was auf den Bildern gut zu erkennen ist.

Ob eine Seife eine Gelphase haben sollte oder nicht, ist Geschmackssache. Eine gute Seife darf gelen, sie muss es aber nicht.

Unterschied zwischen gegelter und ungegelter Seife mit Tonerde

AUSFORMEN UND SCHNEIDEN

Wenn die Seife abgekühlt ist und sich nicht mehr anfühlt wie warme, weiche Butter oder wenn sie sich schon von selbst vom Rand ablöst, dann kann sie ausgeformt werden. Eine Schutzbrille ist jetzt nicht mehr nötig, jedoch sind Handschuhe unbedingt empfehlenswert, weil die frische Seife noch scharf ist und die Haut austrocknet.

Die Seife wird vorsichtig aus der Form gelöst. Einzelformen werden zum Trocknen und Reifen auf ein Küchenpapier gelegt, Blockformen und Trays werden vorher in die passende Größe geschnitten. Dazu kann fürs Erste ein großes Küchenmesser mit möglichst schmalem Rücken verwendet werden. Es schneidet die Seife, ohne die Stücke dabei zu sehr auseinanderzudrücken. Klebt die Seife dabei sehr am Messer, so wird es durch leichtes Hin- und Herdrehen gelöst und die klebrigen Reste werden abgewischt. Die Seife kann auch vor dem Schneiden an der Luft noch einige Stunden antrocknen. Wenn sie sich außen nicht mehr so weich anfühlt, lässt sie sich besser schneiden. Es gilt, den richtigen Zeitpunkt für das Rezept zu finden. Das kann ausgetestet werden, indem immer mal wieder vom Seifenblock ein Stück abgeschnitten wird, bis die Konsistenz der Seife genau richtig ist. Dann wird der verbleibende Rest fertig geschnitten.

TIPPS ZUM AUSFORMEN

Manchmal will die Seife auch nach einigen Tagen einfach nicht aus der Form. Sie klebt darin fest und strapaziert die Geduld des Sieders bis zur Grenze. Mit einem kleinen Trick können Sie ihr auf die Sprünge helfen: Frieren Sie Seife in Einzelformen für mindestens zwei, eine 1 kg-Blockform für vier bis sechs Stunden ein. Sie sollte möglichst komplett durchfrieren, dann können Sie die Seife gut anfassen, ohne Abdrücke zu hinterlassen oder sie zu quetschen.

Nach dem Herausholen aus dem Tiefkühlfach lassen Sie die Seife einige Minuten stehen oder legen über die Unterseite der Form ein warmes Tuch. Durch das sich bildende Kondenswasser zwischen der Form und der Seife sollte sie jetzt gut herausflutschen. Eventuell müssen Sie noch etwas auf die Form drücken, damit Luft unter die Seife gelangt und sie sich so herauslösen lässt.

Keine Hilfe beim Ausformen der Seife ist übrigens eine vorher eingefettete Form, wie beim Backen, da das Fett auch mitverseift wird. In größere

Formen kann man Backpapier oder Frischhaltefolie auf den Boden legen. Nachteil bei dieser Methode ist die Faltenbildung, da sich die Folie nicht gut glatt ziehen lässt oder sich durch die Feuchtigkeit der Seife wellt.

TIPPS ZUM SCHNEIDEN

Seife schneiden

Aus Neugierde werden die meisten Seifen zu früh geschnitten. Oft wurden schöne Seifen zu früh ausgeformt und geschnitten und dabei zerdrückt und verformt. Eher selten kommt es vor, dass eine Seife zu spät geschnitten wird. Dann ist sie zu hart und bricht eventuell weg.

In diesem Fall kann man versuchen, sie zu retten, indem man einen breiten Spachtel zum Schneiden benutzt oder einen Schneidedraht, zum Beispiel eine Gitarrensaite oder einen Käseschneider mit Draht. Am besten Sie probieren aus, mit welchem Werkzeug Sie am besten zurechtkommen.

Das gilt auch für die Bearbeitung der Kanten. Für mich liegt eine Seife besser in der Hand, wenn die Kanten mit einem Sparschäler oder einem Hobel gebrochen wurden (siehe Bild ▸ Seite 239). Dadurch entfernt man auch Unebenheiten am Rand oder kann einen schönen Swirl besser herausarbeiten.

GUT ZU WISSEN
Ist die Seifenoberfläche beim Schneiden sehr klebrig oder bröselig, als ob die Seife „nicht zusammenhält", so ist die Verseifung nicht (vollständig) abgeschlossen. Warten Sie mit dem Schneiden noch einige Stunden.

DAS REINIGEN DER GERÄTE

Am einfachsten ist die Reinigung der Geräte, wenn Sie sie stehen lassen können, bis die Verseifung abgeschlossen ist. Die fertige Seife wäscht sich leichter ab als das Fett. Möchten Sie die Geräte im Geschirrspüler reinigen, sollte nicht zu viel Seife an ihnen haften, da das Gerät dann überschäumen könnte. Müssen Sie alles sofort säubern, weil Sie zum Beispiel kleine Kinder oder Haustiere haben, so können Sie die frische Seife mit Küchenpapier abreiben und das gesamte Gerät in den Geschirrspüler stellen.

Stark duftende Messbecher reibe ich immer mit einem Tuch ab und spüle sie heiß vor, damit die Spülmaschine nicht tagelang nach dem verwendeten Parfumöl riecht. Leider setzt sich das Parfumöl auch gerne in den Plastikschüsseln fest. Daher mache ich lieber einen Extraspülgang nur mit meinen Seifensachen.

REIFEN

Ist die Seife in Stücke geschnitten, wird sie zum Reifen in ein mit Papier ausgelegtes Regal oder eine offene Trockenkiste gelegt. Sie sollte luftig und kühl lagern, damit ein großer Teil des Wassers verdunsten kann. Ab und zu können Sie sie wenden, damit der Trockenvorgang von allen Seiten gleichmäßig abläuft und sich die Stücke nicht verziehen. Noch entscheidender ist der gleichzeitig ablaufende Reifeprozess der Seife. Die Verseifungsreaktion vervollständigt sich, dadurch wird die Seife milder und hautfreundlicher. Eine gut durchgegelte Seife können Sie nach vier Wochen zum ersten Mal benutzen, eine nicht gegelte nach sechs Wochen.

Lagerung von Seife

DIE OPTIMALE REIFEZEIT

Trotzdem hat die Seife ihre optimale Reife erst später erreicht: Die meisten Seifen benötigen eine Reifezeit von vier Monaten. Das gilt ebenfalls für Salzseifen. Seifen mit hohem Olivenölanteil erreichen die optimale Reife erst nach sechs bis zwölf Monaten, reine Olivenölseifen oft erst nach zwei Jahren. Mit den Seifen verhält es sich dabei ähnlich wie mit einem guten Wein: Sie werden mit der Zeit besser und milder.

TEST AUF FREIE LAUGE

Fehler passieren, ob aus Unachtsamkeit oder aus Unwissenheit, deshalb empfehle ich, die Menge an NaOH für jedes Rezept selbst auszurechnen. Auch Wiegefehler, falsch eingestellte Waagen oder vergessene Öle führen im schlimmsten Fall zu einer scharfen Seife, also zu einer Seife, die noch freie, nicht verbrauchte Lauge enthält. Um Verätzungen zu vermeiden, muss eine Seife vor dem ersten Gebrauch darauf geprüft werden.

TESTMETHODEN

Beide Methoden sind ausreichend, um zu beurteilen, dass bei der Herstellung keine Fehler passiert sind und die Seife ohne Bedenken benutzt werden kann.

KÜSSCHENTEST

Dies ist die einfachste Methode. Keine Sorge, die Seife wird dabei nur kurz mit der Zungenspitze angetippt. Ist das Gefühl o.k., schmeckt es nach Seife oder Salz oder durch das Parfumöl einfach nur „bäh", so ist alles in Ordnung. Öfter kommt dabei die Frage auf, dass die Seife schon recht scharf schmecke und ob das trotzdem o.k. sei? Parfümöle schmecken meistens nicht gut, erzeugen einen scharfen Geschmack, aber das ist nicht mit einer scharfen Seife zu vergleichen. Da möchte man sofort den Mund ausspülen. Es ist, als wenn man an einer 9-Volt-Batterie geleckt hätte. Den Küsschentest sollte man erst nach einer Woche machen, damit die Seife wirklich fertig verseift ist.

DEN PH-WERT MESSEN

Alternativ kann der pH-Wert der Seife gemessen werden. Dazu wird Universalindikatorpapier benutzt. Es reicht, wenn die Skala des Papiers nur bis pH 11 geht. Die Seife wird mit einem Tropfen Wasser benetzt. Ein kleines Stück Indikatorpapier wird in die Feuchtigkeit gedrückt und die Farbe mit der Skala verglichen. Wenn die Farbe nicht blau ist, sondern grün, ist mit der Seife alles in Ordnung.

pH-Messung: Seifen haben mit dieser Schnellmethode pH-Werte zwischen 8 und 10, sind also alkalisch.

DER LETZTE SCHLIFF

Die gereifte Seife ist nun gebrauchsfertig, kann aber noch „veredelt“ und verpackt werden.

AUFHÜBSCHEN

Unter „Aufhübschen“ der Seife versteht man das Hobeln der Oberfläche und das Brechen der Kanten. Das kann mit einem Gemüsehobel, Sparschäler oder Seifenschneider gemacht werden. Eine unebene Oberfläche wird dabei über das Messer gezogen und geglättet. Mit dem Sparschäler können die Kanten gebrochen werden. So liegt die Seife bei der Benutzung besser in der Hand. Aber auch eine rustikale Seife mit ungebrochenen Kanten hat ihren Reiz.

EINPACKEN UND LAGERN

Nach der Reifezeit können Sie die Seifenstücke in Cellophan (Zellglasfolie) einpacken. So hält der Duft etwas länger. Wer zum Verschließen keine Klebestreifen verwenden möchte, kann die Folie mit dem Bügeleisen verschweißen. Dazu nimmt man die mittlere Einstellung ohne Dampf und bügelt die einander überlappenden Stellen ein bis zwei Sekunden. Dann sind die Kanten miteinander verklebt. Häufig wird unter dem Namen Zellglas auch Polypropylenfolie verkauft. Diese muss bei niedrigerer Temperatur gebügelt werden, sonst bleibt sie am Bügeleisen kleben. So verpackt kann die Seife mehrere Monate bis zu einigen Jahren zum Beispiel in Schuhkartons gelagert werden. Damit die Seifen nicht verwechselt werden, bekommen sie noch ein Etikett oder eine Banderole, auf der ihr Name, das Siededatum und die Zutaten stehen.

GUT ZU WISSEN
Cellophan ist atmungsaktiv. So kann noch Feuchtigkeit aus den Seifenstücken verdunsten.

DREI PALMÖLFREIE GRUNDREZEPTE

Das 25er-Grundrezept mit *Palmöl* ▸ Seite 25 ist ein echtes Anfängerrezept, da es sich in einer weiten Temperaturspanne verarbeiten lässt und dem Anfänger Zeit bleibt, die Arbeitsschritte zu erlernen. Möchten Sie jedoch kein Palmfett verarbeiten, können Sie die folgenden Rezepte für die erste Seife verwenden. Sie wurden jeweils für 500 g Gesamtfettmenge (GFM) berechnet, die sich noch gut verarbeiten lässt und für die man keine Feinwaage benötigt.

AQUA I

Gut schäumende Seife für normale Haut

Für eine GFM von 500 g benötigen Sie:

- 168 g entmineralisiertes Wasser (33 % GFM)
- 68,2 g NaOH für 10 % Laugenunterschuss
- 160 g Kokosfett (z. B. Palmin) 32 %
- 160 g Schweineschmalz (z. B. von Laru) 32 %
- 160 g Rapsöl 32 %
- 20 g Rizinusöl 4 %
- Türkise Seifenfarbe, zum Beispiel Grünblau
- Duft: 10–15 g Mountain Pine

Herstellung

01 Die Schutzausrüstung anlegen und die Lauge aus Wasser und NaOH unter Beachtung der Sicherheitsregeln herstellen.

02 Das Kokosfett und Schweineschmalz bei niedrigen Temperaturen schmelzen und die Mischung abkühlen lassen.

03 Die Öle dazugeben und die Temperatur prüfen. Die Verarbeitungstemperatur dieses Rezepts darf zwischen 33 und 40 °C liegen. Das fühlt sich gerade eben warm an den Händen an. Haben Lauge und Fette ungefähr die gleiche Temperatur, so wird die Lauge durch ein Sieb zum Fett gegeben und emulgiert.

04 Eine Messerspitze der Seifenfarbe in einigen Tropfen Wasser lösen. Die Farbe tropfenweise zum Seifenleim geben, bis die Farbe gefällt.

05 Das Parfümöl mit dem Löffel gut unterrühren und zwei Drittel des Leims in die bereitgestellte Form füllen. Mit weiteren Tropfen Farbe das übrige Drittel etwas dunkler färben und es vorsichtig auf den anderen Leim geben.

06 Sobald der Leim etwas fester geworden ist, in der Mitte mit einem Teelöffel etwas mehr aufhäufeln und kleine Berge gestalten.

07 Die Seife warm einpacken und für 24 Stunden zum Schlafen legen. Danach ausformen und schneiden.

Reifezeit: 4–6 Wochen

AQUA II – VEGAN

Gut schäumende Seife für normale Haut

Herstellung

Verfahren Sie wie im Rezept Aqua I beschrieben, jedoch mit einer Verarbeitungstemperatur zwischen 30 und 36 °C.

Für eine GFM von 500 g benötigen Sie:

- 168 g entmineralisiertes Wasser
- 69,0 g NaOH für 10 % Laugenunterschuss
- 200 g Kokosfett (z. B. Palmin) 40 %
- 260 g Olivenöl 52 %
- 40 g Rizinusöl 8 %
- Türkise Seifenfarbe, zum Beispiel Grünblau
- Duft: 10–15 g Mountain Pine

Aqua

MILDE OLIVE – VEGAN

Seife für trockene, empfindliche Haut

Herstellung

01 Die Schutzausrüstung anlegen und die Lauge aus Wasser und NaOH unter Beachtung der Sicherheitsregeln herstellen.

02 Das Kokosfett schmelzen und die Öle hinzugeben. Die Verarbeitungstemperatur kann 30–40 °C betragen.

03 Temperatur der Mischung prüfen und gegebenenfalls erwärmen. Die Lauge bei möglichst gleicher Temperatur zu den Ölen geben und den Seifenleim emulgieren. Wegen des höheren Anteils an Olivenöl kann es etwas länger dauern als mit dem Grundrezept, weshalb wärmer gearbeitet werden kann. Bis zum leichten Zeichnen emulgieren.

04 Farbe und Duft zum Leim geben und in die Form füllen. Bei diesem Rezept kann es etwas länger dauern, bis die Seife fest genug zum Ausformen und Schneiden ist. Für empfindliche Haut kann auf Farbe und Parfumöl verzichtet werden. Selbstverständlich können Sie trotzdem jedes seifentaugliche Parfumöl für diese Seife benutzen.

Reifezeit: 4–6 Monate

Für eine GFM von 500 g benötigen Sie:

- 168 g entmineralisiertes Wasser
- 63,7 g NaOH für 10 % Laugenunterschuss
- 75 g Kokosfett 15 %
- 400 g Olivenöl 80 %
- 25 g Rizinusöl 5 %
- Optional Farbe und 2 % Duft

Die Seife kann nach 4–6 Wochen benutzt werden, wird jedoch nach längerer Reifezeit noch milder.

SEIFENFORMEN

Als günstige Anfängerformen können Sie den Innenteil von Keks- und Pralinenpackungen, Joghurt- und Frischkäsebecher oder Eispackungen benutzen. Silikonbackformen sind ebenfalls gut geeignet und lassen sich durch ihre Flexibilität hervorragend ausformen. Kleine Holzkisten oder Schubladen können Sie ebenfalls verwenden, nur müssen sie mit Backpapier oder Frischhaltefolie ausgelegt werden, da die Lauge das Holz angreift.

Wenn Sie Spaß am Seifesieden finden und es zu Ihrem regelmäßigen Hobby machen, finden Sie im Handel eine Vielzahl unterschiedlicher Seifenformen.

Seifenformen

BLOCKFORMEN UND DIVIDOR

In den Internetshops für Seifenzubehör (siehe *Bezugsquellen* ▸ Seite 249) bekommen Sie Blockformen (Kastenformen) aus Holz, Kunststoff oder Silikon für 500 g bis etwa 2 kg GFM. Wählen Sie lieber eine kleine bis mittlere Größe, weil Sie bestimmt öfter eine kleinere Seifenmenge herstellen möchten, um verschiedene Zutaten auszuprobieren.

Wenn das Schneiden der Seife nicht gut gelingt, kann ein Dividor für Abhilfe sorgen. Das ist eine größere, etwas flachere Form mit abnehmbarem Boden und Deckel, in die man Trennstege in die frische Seife steckt, bevor sie isoliert wird. Die Seifenstücke werden also schon vorher abgeteilt. Muster und Swirls entstehen hier vor allem auf der Oberfläche der Seifenstücke.

Dividor, Blockform und Einzelform

EINZELFORMEN UND TRAYS

Für Seifen in Einzelformen bieten sich Silikonformen mit sehr feinen Details an, meist als einzelne Form. Sie lassen sich leicht ausformen, sind aber relativ teuer. Die Hersteller Milky Way Molds oder Aloha Molds bieten Formen aus festem Kunststoff an, die mehrere Vertiefungen haben. Sie sind nicht ganz leicht auszuformen und daher sollte das Rezept etwas gehärtet werden. Infos dazu finden Sie unter der Überschrift *„Härte“* ▸ Seite 96. Sogenannte *Trays* formen eine Platte mit vorgegebenen Schnittstellen ▸ Bild oben: Form im Hintergrund.

GUT ZU WISSEN: WIE VIEL FETT MUSS VERWENDET WERDEN, UM DIE FORM KOMPLETT ZU FÜLLEN?

- Dazu brauchen Sie zuerst das Volumen der Form. Bei vielen Formen lässt es sich leicht errechnen. Messen Sie Länge, Breite und Höhe der Form in Zentimetern und berechnen Sie nach dieser Formel das Volumen.
  Volumen in Millilitern = Länge × Breite × Höhe
- Lässt die Form sich nicht ausmessen, so füllen Sie sie mit Wasser und wiegen es. So erhalten Sie die Menge an Wasser, die dem Volumen entspricht.
- Die Gesamtfettmenge berechnen Sie jetzt, indem Sie das Volumen durch 4 teilen und mit 3 multiplizieren.
  Volumen : 4 × 3 = benötigte Gesamtfettmenge
- Beispiel:
  Die Form fasst ein Volumen von 500 ml.
  500 : 4 × 3 = 375
  Um die Form zu füllen, muss Seife aus 375 g GFM hergestellt werden.

TIPPS UND TRICKS

Hier finden Sie Lösungen für Probleme und Seifenfehler, die gerade am Anfang des Seifesiedens häufig auftreten. Für weitere Hilfe lesen Sie auch das Kapitel *„Fehlersuche und Behebung“* ▸ Seite 233 ff..

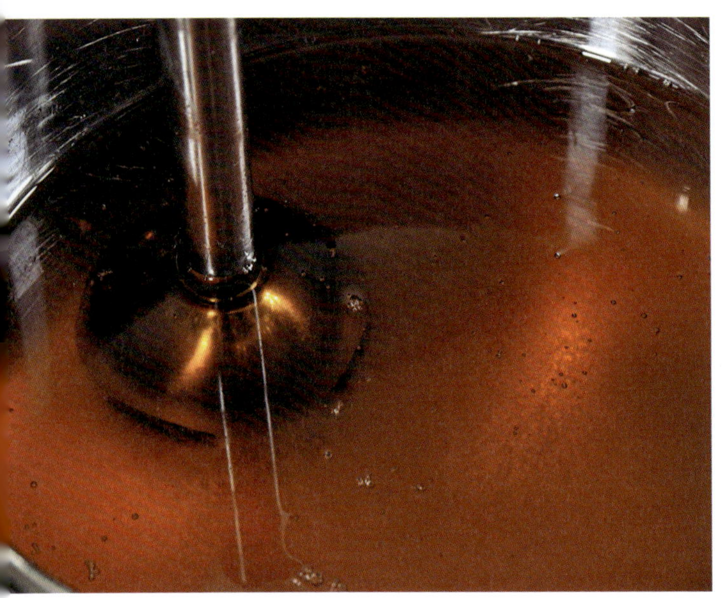

Aufsteigende Luftblasen

Erscheinungsbild: Kleine oder größere Luftblasen. Sehr kleine Bläschen sind lediglich als weiße Punkte in der Seife sichtbar.

Vermeidung: Luftblasen vermeiden, indem man den Pürierstab oben mit einem kleinen Loch versieht, durch das die Luft unter der Glocke entweichen kann. Alternativ stellt man den Pürierstab in die Ölmischung und betätigt ihn einige Male. Danach wartet man kurz, bis die Luft im Öl nach einigen Minuten an die Oberfläche aufsteigt.

Erscheinungsbild: Schlieren in einfarbiger Seife, obwohl gut homogenisiert wurde.

Vermeidung: Vor dem Einformen mit dem Teigschaber einmal an der Topfinnenseite entlangfahren und danach gleichmäßig unterrühren. Manchmal liegt es daran, dass am Innenrand des Topfes noch etwas Öl klebt, das als Letztes in die Form gegossen wird und so im Inneren der Seife Schlieren verursacht. Das Öl wird mit dem Teigschaber abgestreift und untergerührt.

Erscheinungsbild: Seife klebt in der Form.

Vermeidung: Vor dem Ausformen einige Stunden einfrieren. Dann die Rückseite der Form kurz mit einem warmen Lappen bedecken. Dadurch taut nur die äußerste Schicht leicht an und es bildet sich ein kleiner Wasserfilm zwischen Seife und Form. Dann flutscht die tiefgefrorene Seife normalerweise leicht heraus. Tut sie es immer noch nicht, hilft es manchmal, die Form ein klein wenig zu drücken, damit Luft zwischen die Form und die Seife gelangen kann.

Erscheinungsbild: Streifen bzw. tiefe Kratzer auf den Seifenstücken bei Seifen mit aufgestreuten Kräutern.

Vermeidung: Schneidet man die Kräuterseife von oben nach unten, drückt man die Kräuter durch die ganze Seife. Dies lässt sich vermeiden, wenn man sie zum Schneiden auf die Seite legt oder umdreht, damit man die Kräuter nicht durch die ganze Seife zieht.

Erscheinungsbild: Matte Oberfläche mit weißem Belag oder Kristallen. Hierbei handelt es sich um Sodaasche, die in unterschiedlichen Formen auftritt.

Vermeidung: Den Seifenleim gut homogenisieren und zum Gelen bringen. Auch ein Zusatz von 1 % Bienenwachs im Rezept kann Sodaasche verhindern. Bildet sie sich dennoch, so kann die Seife mit heißem Dampf behandelt oder der Belag mit einem feuchten Mikrofasertuch abgewischt werden.

Für weitere Hilfe bei Problemen lesen Sie auch das Kapitel „Fehlersuche und Behebung“ (Seite 233 ff.).

GUT ZU WISSEN: HÄUFIG VERWENDETE ABKÜRZUNGEN

ÄÖ	ätherisches Öl
CP	cold process, Kaltverseifung
GFM	Gesamtfettmenge, Fettmenge inklusive der Öle, die für die Seife eingesetzt wird
GM	Gesamtmenge der Seife, mit Wasser und NaOH
h.o.	high oleic, für ölsäurereiche Züchtungen von Sonnenblumen-, Distel- und Rapsöl
HP	hot process, Heißverseifung
LU	Laugenunterschuss, Sicherheitsfaktor, der verhindert, dass freie Lauge in der Seife ist
MWHP	Mikrowellenheißverseifung
OHP	Oven hot process, im Backofen durchgeführte Heißverseifung, oft für alle heißverseiften Seifen verwendet
PÖ	Parfumöl, ein für die Seifenherstellung geeignetes Duftkonzentrat
ÜF	Überfettung, nach der Heißverseifung zugegebenes Öl, wird oft mit dem Laugenunterschuss verwechselt

INHALTSSTOFFE

Dies sind neben den Fetten und Ölen vor allem Farb- und Duftstoffe: Pflanzenfarben, mineralische Pigmente und Farbstoffe, Kompositionen ätherischer Öle ebenso wie Parfümöle.

DIE FARBE

Die Farbe der Seife ist von verschiedenen Faktoren abhängig. Da wäre natürlich zunächst einmal Farbe zu nennen, die verwendet werden soll. Ihr Farbton kann unterschiedlich ausfallen, je nachdem, ob die Seife eine Gelphase durchlaufen hat oder nicht. Viele Farben, besonders natürliche, werden intensiver, wenn die Seife eine Gelphase durchläuft.

Doch auch die verwendeten Öle haben einen Einfluss, nicht jedes Öl ergibt eine weiße Seife. Aus gelben oder grünen Ölen ergibt sich eine cremegelbe bis grüne Seife. Zusammen mit einem roten oder blauen Farbstoff wird die Seife orangerot oder olivgrün.

FAKTOREN, DIE DIE FARBE BEEINFLUSSEN:

- Farbstoffe, Pigmente oder Mica
- Gelphase
- Farbe der Öle
- Parfumöl
- Solezugabe

Sogar das Parfumöl kann eine Seife färben. Einige bewirken einen leichten Beigeton, andere färben die Seifen mittelbraun oder sogar dunkelbraun. Solche Verfärbungen zeigen sich erst nach einigen Tagen bis einigen Wochen. Hier empfehle ich, sich in den Herstellerangaben zu informieren oder mit einer kleinen Menge abgezweigten Leims eine Probeseife zu sieden.

Durch eine kleine Menge Salz, gelöst im Laugenwasser (Sole), werden die Farben heller und nicht mehr ganz so strahlend.

NATÜRLICHE MÖGLICHKEITEN ZUR FÄRBUNG

Anfänger stellen oft die Frage, mit welchen Farben sie ihre Seife färben können, ohne gleich im Netz bestellen zu müssen. Das folgende Kapitel gibt dazu Hilfen, wie mit haushaltsüblichen Mitteln oder mit Pflanzenfarben und Kräutern gefärbt werden kann. Auch ganz natürliche Stoffe werden hier vorgestellt.

Eine weiße Seife ohne Titandioxid

Eine reinweiße Seife sieht nicht nur toll aus, weil sie einen schönen Kontrast zu einer farbigen Marmorierung darstellen kann, sie vermittelt auch das Gefühl von Sauberkeit. Sie ist die Grundlage für reine Blau- und Rottöne. Denn schon ein leichter Gelbstich der Seife führt dazu, dass keine klaren Farbtöne entstehen, sondern eine eher grünliche oder olivgrüne Seife bzw. eine orangefarbene Seife.

Für eine weiße Seife empfehle ich möglichst raffinierte Öle, weil diese eine hellere Farbe haben. Je heller die Ausgangsstoffe sind, desto weißer wird die Seife sein.

Persönlich verwende ich für meine weißen Seifen kein Olivenöl mehr, sondern ersetze es durch die beiden ölsäurereichen Öle aus Sonnenblume und Distel. Ohne Gelphase werden die Seifen damit sehr weiß. Hat die Seife eine Gelphase, wird ihre Farbe etwas cremefarbener bis wollweiß.

Aufgehellt werden kann die Seife mit wenig Salz in der Laugenflüssigkeit, etwa 2 TL auf 500 g GFM.

Färbende Öle

Die einfachste Möglichkeit, einer Seife eine leichte Färbung zu geben, besteht in der Verwendung unraffinierter, farbiger Öle wie nativem Palmöl und Sanddornfruchtfleischöl, Kürbiskernöl, Lorbeeröl oder unraffiniertem Avocadoöl.

- Eine Seife mit einem hohen Anteil **Avocadoöl** (> 70 %) erhält eine schöne grüne Farbe, die auch recht beständig ist. Sie wird mit der Zeit nur etwas blasser.
- **Geröstetes Kürbiskernöl** färbt Seife braun, **Lorbeeröl** ergibt eine grüne Seife, die am Anfang noch rein grün ist und im Laufe der Reifezeit olivgrün wird.

WEISSE SEIFE ERHÄLT MAN AUS FOLGENDEN FETTEN UND ÖLEN:

- Kokosöl, Palmkernöl
- Sheabutter, Mangobutter, Kakaobutter
- Erdnussöl, Haselnussöl, Mandelöl
- ölsäurereichen Zuchtformen von Distelöl und Sonnenblumenöl
- den meisten Tierfetten, z. B. Schweineschmalz und Rindertalg

Traumveilchen

Avocadoölseife

- **Natives Palmöl** ist orange. Schon in Anteilen von 15 bis 20 % färbt es die Seife intensiv orange und sogar der Schaum wird leicht orange, man nennt das Ausbluten der Seife.
- Ebenfalls in geringer Menge orange färbt **Sanddornfruchtfleischöl**. Leider ist es teuer und verblasst sehr schnell, da es nicht lichtecht ist. Hier genügen 4 ml auf eine GFM von 600 g. Mit einer intensiven Gelphase wird die Seife kräftig orange, ohne Gelphase blass orange.

Einsatzmenge: je nach Rezept, die Seife sollte eine Gelphase haben.

Farbe durch Laugenflüssigkeiten

Auch durch die Lauge kann die Seife gefärbt werden. Beliebt ist die Färbung mit Karottensaft, was zu einer orangefarbenen Seife führt, die mit der Zeit durch Licht auszubleichen beginnt. Der natürliche Farbstoff der Karotte ist das β-Carotin, welches nicht lichtecht ist.

Wässrige Auszüge aus Pflanzen, also die meisten Tees, verfärben sich bei Zugabe der Lauge grau bis braun, und die Seife wird später beige bis braun. Diese Methode wird daher eher mit dem Ziel verwendet, pflegende Zusatzstoffe in die Seife zu geben, wie Rosmarin- oder Hopfenauszüge für eine Haarseife. Auch hier wird für die Teeherstellung destilliertes Wasser verwendet.

Der Vollständigkeit halber sei hier noch starker Kaffee als Laugenflüssigkeit erwähnt. Kaffee ergibt eine mittelbraune Seife. Sie wird jedoch nicht wegen der Farbe gesiedet, sondern weil starker Kaffee Gerüche bindet. Kaffeeseife wird sehr gern als Küchenseife zur Reinigung der Hände nach dem Schälen von Knoblauch oder Zwiebeln verwendet.

Einsatzmenge: 28–35 % Flüssigkeit bezogen auf die GFM.

Ölauszüge aus Pflanzen

Um eine Seife natürlich zu färben, können Ölauszüge gemacht werden. Als Ausgangsmaterial eignen sich Alkanna, Annatto, Gelbwurz (Kurkuma) und süßes Paprikapulver. Auch Safran und Färberdistelblüten (Safflordistelblüten) ergeben eine gelbe Seife.

Für den Ölauszug nehmen Sie 1 EL der möglichst fein pulverisierten Pflanze und übergießen sie mit rund 100 ml Öl. Es bieten sich zwei verschiedene Methoden an, die Farbe zu extrahieren: zum einen der Kaltauszug, bei dem das Pulver mit Öl übergossen wird und mehrere Tage mazeriert. Beim Warmauszug wird das Glas mit Öl und dem Pulver in ein Wasserbad gestellt und etwa 2 Stunden im heißen Wasser belassen. Danach wird das Pulver abfiltriert oder das Öl vom Bodensatz abgegossen.

Das Auszugsöl sollte ein stabiles Öl sein, das später auch im Rezept verwendet wird. Schreiben Sie den Namen des Auszugsöls am besten zusammen mit dem Ansetzdatum aufs Etikett.

Ölauszug mit Alkanna

Mit Alkanna gefärbte Seife

Der Alkannafarbstoff ist pH-sensibel und ändert mit dem pH-Wert seine Farbe. Das Auszugsöl ist rubinrot. Wird die Lauge zu den Fetten gegeben, färbt sich der Leim lila bis blau. Am Anfang der Verseifung ändert sich die Farbe zu grau oder graugrün, später blau, um in der Reifezeit lila zu werden.

Einsatzmenge: Der Ölauszug sollte 10 bis 25 % der eingesetzten GFM betragen.

Färben mit Pflanzenteilen

Die große Farbenvielfalt in der Natur regt die Phantasie des Sieders an, sie zu nutzen. Die Farben sind entweder wasserlöslich und kommen im Zellsaft vor oder sie sind fettlöslich und in farbstofftragenden Organellen (Teilen der Pflanzenzelle), z. B. den Chloroplasten, eingelagert.

GUT ZU WISSEN

Pflanzenfarben benötigen eine Gelphase, um intensiv herauszukommen.

Mit dem Auge des Chemikers betrachtet lassen sich die Farben in fünf Gruppen einteilen, die miteinander gemischt diese Vielfalt hervorbringen.

Chlorophyll sorgt für Grün

Grün ist in der Natur auf das Blattgrün (Chlorophyll, E 140) zurückzuführen, das in jeder Pflanze vorhanden ist, damit die Photosynthese ablaufen kann. In Landpflanzen sind Chlorophyll a und b enthalten, die sich in der Grünfärbung leicht unterscheiden. Chlorophyll a ist blaugrün und Chlorophyll b gelbgrün. Je nach ihrer Mischung kommt es zu unterschiedlichen Grüntönen.

Für Seife eignen sich alle ungiftigen, grünen Pflanzen wie Petersilie, Pfefferminze, Zitronenmelisse, Frauenmantel, Spinat, Algen usw. Die Seife ist, je nach verwendeter Pflanze und Menge, zu Beginn hell- bis dunkelgrün. Leider ändert sich im Laufe der Lagerzeit die Farbe nach olivgrün. Chlorophyll ist nicht lichtecht und verblasst mit der Zeit bei Lagerung im Hellen.

GUT ZU WISSEN
Die Färbung mit Chlorophyll ist nicht lichtecht, die Farbe verblasst mit der Zeit.

Verarbeitung: Da Chlorophyll fettlöslich ist, püriert man die Pflanzenteile in etwas Öl und gibt sie zum angedickten Seifenleim dazu.

Frische Seife

Seife nach einem Monat Lagerung in einem hellen Raum (die dunkel gelagerte Seife ist nach wie vor grün)

Carotine und Flavone – von rot, orange und gelb bis braun

Gelb- bis orangefarben sind die Carotine (E 160a bis E 160g und E 161a bis E 161h), benannt nach dem Farbstoff der Karotten. Sie kommen in Früchten wie Kürbis und Aprikose, in Blüten wie Arnika, Löwenzahn und Ringelblume sowie in Samen wie Annatto vor.

Die Xanthophylle, zum Beispiel Lutein aus Tomaten, gehören ebenfalls zu der Gruppe der Carotinoide und erweitern das Farbspektrum noch in die Rot- und Violettrichtung. Da beide Gruppen öllöslich sind, können sie wie die grünen Pflanzenteile für die Seifenherstellung verwendet werden.

Natürlich gefärbte Seifen mit Ringelblumenblüten

Verarbeitung: Karottensaft kann zum Anrühren der Lauge benutzt werden. Achtung, gekaufter Saft enthält oft noch zugesetzten Zucker.

Vom Gelb der Quittenfrüchte bis zum Braun der Zwiebelschalen färben Flavone (von flavus = gelb). Da es hier eine große Vielfalt an Farbstoffen gibt, ergibt sich daraus eine große Anzahl an Farbnuancen.

Anthocyane: rot und blau

Anthocyane sind die interessanteste Gruppe der Farbstoffe. Ihr Spektrum reicht vom zarten Rosa über Rot bis zu Blau(-schwarz), wobei Blau wohl überwiegt. Diese Farbstoffe kommen in vielen Pflanzen vor, wie Rittersporn, Malven, Petunien, Pfingstrosen usw. Sie befinden sich vor allem in den Epidermiszellen der Pflanzen, oft in recht hoher Konzentration, z. B. sind in 100 g Schwarzen Johannisbeeren 400 mg Anthocyan enthalten. Die Anthocyanfarben sind wasserlöslich und somit leicht aus den Pflanzen zu extrahieren. Leider eignen sie sich nicht für die Seifenherstellung, da ihre Farbe stark vom pH-Wert abhängig ist. Das ist gut an der Blütenfarbe von Beinwell, Vergissmeinnicht und Natternkopf zu sehen. In den Blüten ändert sich mit deren Entwicklung der Säuregehalt im Zellsaft. Dadurch kommt es zu Umfärbungen der Anthocyane, so dass junge Blüten rosa, ältere blau oder violett gefärbt sind, was Bienen sehr schnell lernen.

GUT ZU WISSEN

Gelbe und orangerote Carotinoide sind teilweise lichtecht.

Beinwellblüten verschiedenen Alters

Leider gehen alle Blau- und Rottöne bei der Verseifung kaputt und färben die Seife braun. Selbst auf die Seife gestreute Lavendel- oder Rosenblütenblätter verfärben sich und werden braun. Das liegt an den nicht laugenbeständigen Farbstoffen. Da aus dem wunderschön rot gefärbtem Hagebuttentee bei Zugabe der Lauge eine braunschwarze Flüssigkeit wird, kann auch er nicht benutzt werden.

Hypericin ist ein rotes Anthrachinon-Derivat und wird mit der Zeit in der Seife braun. Die roten Punkte entstehen durch Einstreuen von Johanniskrautblüten in den Seifenleim.

GUT ZU WISSEN

Grüne Pflanzenteile aus Kräutern oder anderen grünen, ungiftigen Pflanzen eignen sich dazu, Seifen grün zu färben, ebenso gelbe bis orangefarbenen Blüten für Gelbfärbung. Alle roten und blauen pflanzlichen Farbstoffe sind dagegen nicht laugenstabil und somit leider ungeeignet.

Johanniskrautblüten ergeben in den Leim gestreut kleine rote bis rotbraune Punkte in der Seife. Weicht man sie dagegen in Öl ein, so erhält man eine fast einfarbige, braune Seife.

Verarbeitung: Eine kleine Menge, etwa 1–2 TL, der trockenen Blüten auf 500 g GFM in den angedickten Seifenleim geben.

WEITERE FARBGEBENDE STOFFE

Kakaopulver

Eine bei Anfängern beliebte Methode, die Seife mit natürlichen Farbstoffen etwas zu akzentuieren, ist die Verwendung von Kakaopulver.

Kakaopulver oder entölter Kakao wird normalerweise zum Backen, z. B. für Marmorkuchen benutzt. Er färbt die Seife braun, leider aber auch den Schaum und helle Handtücher, wenn zu viel davon genommen wird. Kakao kann mit Wasser oder mit Öl angerührt werden.

Einsatzmenge: maximal 30 g auf 1 kg GFM

Kohle

Am liebsten benutze ich Buchenholzkohle, weil sie die Seife schiefergrau bis schwarz färbt. Man kann sie in Wasser oder in Öl anrühren, aber der Seifenschaum wird nicht so grau, wenn man Öl nimmt.

Mit der unten angegebenen Menge an Buchenholzkohle und der beschriebenen Arbeitsweise blutet die Farbe nicht in den weißen Teil aus, und der Schaum wird nur leicht hellgrau gefärbt.

Einsatzmenge: 1 gestrichener TL auf 250 g Seifenleim in etwas Öl angerührt für ein tiefes Schwarz.

Gefärbt mit Pflanzenkohle

Indigo

Dieser pflanzliche Farbstoff wird aus der Indigopflanze (*Indigofera tinctoria*) oder dem Färberwaid (*Isatis tinctoria*) gewonnen. Weil die Nachfrage nach dem Farbstoff groß war, wurden Methoden entwickelt, ihn chemisch nachzubauen. Bekannt ist die Farbe als Jeansblau.

Natürliches Indigo ist ein dunkelblaues Pulver, künstlich hergestelltes soll etwas dunkler blau sein, mit Stich ins Violette. In Wasser ist echtes Indigo sehr schlecht löslich, weshalb es besser in Öl suspendiert wird. Dann braucht die Seife eine Gelphase, da sich die Farbe so besser entwickelt. Beschreiben kann man sie als Blaugrau, aber sie verändert sich in der Reifezeit nach Jeansblau.

Seife mit verschiedenen Mengen Indigo gefärbt

In manchen Shops ist unter dem Namen Indigo der Farbstoff Indigotin erhältlich, der mittelblau färbt und wasserlöslich ist.

Vorgehensweise: Indigo in Öl suspendieren und tropfenweise bis zur gewünschten Farbintensität zum Seifenleim geben. Indigo färbt den Schaum leicht graublau. Indigotin kann in etwas Wasser gelöst und dann zum Leim gegeben werden.

Erden und Oxide

Der Begriff Erde ist ein Sammelbegriff für die verschiedenen Tonerden, Heilerden und Schlämme, z. B. aus dem Toten Meer. Unter einem Oxid versteht man ein Element, welches chemisch mit Sauerstoff verbunden ist. Da es hier um färbende Stoffe geht, sind die Elemente Metalle, beispielsweise Eisen: Es bildet mit Sauerstoff schwarze, ockergelbe und rote Oxide (Rost).

Heilerde

Als Heilerde wird eine graue bis braune feine Erde bezeichnet, die aus Löß-, Lehm und Tonerde besteht und reich an Kieselsäure ist. Äußerlich angewendet soll sie die Haut austrocknen und wird deshalb bei unreiner Haut angewendet. Außerdem sorgt sie für einen zarten Peelingeffekt.

Einsatzmengen: 1 TL–2 EL auf 1 kg GFM zum Färben, als Wirkstoff bis 25 % der GFM

Schlamm vom Toten Meer

Der Schlamm aus dem Toten Meer soll aufgrund seines hohen Mineraliengehaltes die Haut pflegen. Im Gegensatz zum Toten-Meer-Salz kann er in Seife verwendet werden. Den Schlamm gibt es in zwei Formen zu kaufen: als Schlamm und getrocknet als Pulver. Es empfiehlt sich, den Schlamm vor dem Einsatz in der Seife durch ein feines Sieb zu streichen, da kleine Sandkörner die Haut empfindlich kratzen können. Getrockneter Schlamm wird vor der Zugabe zum angedickten Leim mit etwas Wasser angerührt, das von der Laugenflüssigkeit abgenommen wird. Nimmt man den feuchten Schlamm, wird die Laugenflüssigkeit ebenfalls etwas reduziert. Auch dieser Schlamm sorgt für ein zartes Peeling.

Einsatzmengen: als Wirkstoff 15 bis 25 % der GFM.

Tonerden

Tonerden sind Aluminiumoxide, die durch ihren natürlichen Gehalt an Eisen oder Mangan ihre Farbe erhalten. Je nach chemischer Zusammensetzung werden sie als Illit, Montmorillonit, Kaolin, Bentonit und Argill bezeichnet. Nach dem Abbau werden sie getrocknet und gemahlen, teilweise auch gebrannt, und können so als natürliche, mineralische Farben in der Seife eingesetzt werden. Die Farben der Tonerden reichen von Gelb über Ocker bis Grün, von Rosa über Rotbraun sogar bis Grauschwarz.

Auch durch das feine Mahlen von Schiefer werden Erden in den Farben hell- bis mittelgrau und blaugrau hergestellt. In der Seife eingesetzt, werden die Erden im Allgemeinen gedeckt und naturfarben. Eine Gelphase ist sehr zu empfehlen.

Ghassoul, Goldocker, rote, gelbe, schwarze, grüne und weiße Tonerde

TIPP
Auch bei natürlichen Erden empfehle ich, kosmetikgeeignete und schadstoffgeprüfte Erden zu benutzen, um auszuschließen, dass sie Schwermetalle enthalten.

Beim Kauf von Naturfarben sollten Sie darauf achten, dass Sie echte Tonerden erwerben und kein gefärbtes Kaolin. Erkennbar ist das an den Inhaltsstoffen, die keine *C.I.-Nummern* ▸ Seite 56 enthalten sollten.

Tonerden werden mit etwas Wasser, welches von der Flüssigkeit für das Ansetzen der Lauge abgezogen wird, glatt gerührt und später zum angedickten Seifenleim gegeben. Soll die Seife nur einfarbig durchgefärbt werden, kann die Tonerde auch im Öl angerührt werden. Für eine feine Verteilung wird am besten mit dem Pürierstab die Öl-Tonerden-Mischung kurz püriert. Eine mit Tonerden gefärbte Seife kann am Anfang etwas weicher sein und längere Zeit zum Trocknen brauchen. Auch verziehen sich diese Seifen gern während der Trocknung oder trocknen ungleichmäßig. Man sollte daher die Laugenflüssigkeit etwas reduzieren.

Einsatzmengen: 1 TL–2 EL auf 1 kg GFM zum Färben, als Wirkstoff bis 25 % der GFM.

Lavaerde, Wascherde und Ghassoul

Diese Wascherden gehören ebenfalls zu den Tonerden, allerdings verhalten sie sich etwas anders in der Herstellung: Der Leim dickt nicht so schnell an wie bei den anderen, so dass sich kein *Topping* formen ließ ▸ Bild Seite 51.

Unerwünschte Krakeliermuster durch eine heiße Gelphase

Titandioxid

Das bekannteste Oxid ist Titandioxid. Es hat die weißeste Farbe von allen Oxiden und besitzt eine sehr große Deckkraft. Es übertrifft alle anderen weißen Farben wie Rügener Heilkreide oder Zinkoxid an Weißkraft und macht die weißesten Seifen, sofern die Fette hell genug waren. Braun färbende Parfumöle können mit Titandioxid nur aufgehellt werden.

Um Klümpchen in der Seife zu vermeiden, die beim Schneiden gut sichtbare, weiße Streifen hinterlassen, rührt man das Titandioxid entweder in etwas Wasser oder in Öl an. Dabei sollten möglichst alle Klümpchen verrieben werden. Am einfachsten geschieht das in einem Mörser mit etwas Öl oder zusammen mit

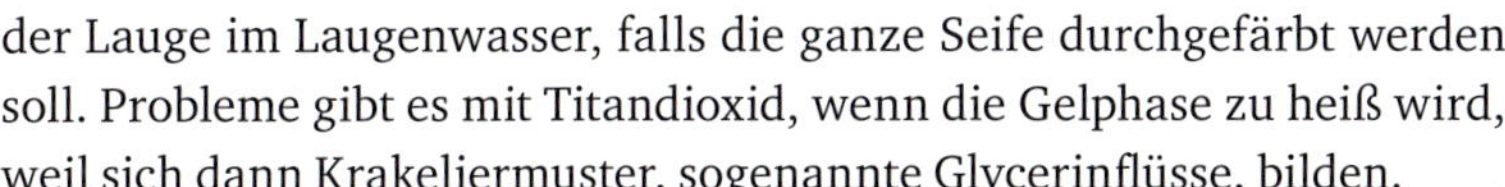
der Lauge im Laugenwasser, falls die ganze Seife durchgefärbt werden soll. Probleme gibt es mit Titandioxid, wenn die Gelphase zu heiß wird, weil sich dann Krakeliermuster, sogenannte Glycerinflüsse, bilden.

In Flüssigfarben wird Titandioxid eingesetzt, um die Deckkraft der Farben zu erhöhen. Sie sind dadurch etwas heller, aber die Blautöne erscheinen reiner, blauer als ohne den aufhellenden Beitrag des Titandioxids. Die eingesetzte Menge sollte so gering wie möglich gehalten werden, da durch zu viel Titandioxid die Struktur der Seife leidet und sie sogar bröckelig werden kann. Außerdem trocknen Seifen mit hohem Titandioxidanteil die Haut aus.

Einsatzmenge: ¼–1 TL auf 1 kg GFM

Zinkoxid

Zinkoxid, ein entzündungshemmender Wirkstoff in Heilsalben, kann aber auch zum Weißfärben benutzt werden. Der Farbton wird nicht so reinweiß wie mit Titandioxid.

Einsatzmenge: ¼–1 TL auf 1 kg GFM

Eisenoxide

Eisenoxide gibt es nur in den Farben Gelb, Orange, Rot und Schwarz, die sich untereinander gut mischen lassen. Sie werden sowohl als Farben für Makeup als auch für Seife benutzt.

Gelbes Eisenoxid ($FeO(OH)$) würde ich als Ockergelb bezeichnen. Es ist ein gut deckendes, lichtechtes Pigment.
Rotes Eisenoxid (Fe_2O_3) ist ebenfalls ein gut deckendes, lichtechtes Pigment, dessen Farbe ein wenig von der Teilchengröße abhängt. Die Farbe variiert von orangerot bis rotbraun.
Schwarzes Eisenoxid (Fe_3O_4, besser $Fe_2O_3 \times FeO$) ist lichtecht und im Vergleich zu Kohle etwas weniger schwarz.

Einsatzmenge: ¼–1 TL auf 1 kg GFM je nach gewünschter Farbtiefe.

FARBTABELLE NATÜRLICHER FARBSTOFFE UND OXIDE

Seifenfarbe	Färbender Stoff
weiß	Titandioxid
cremeweiß	Heilkreide Zinkoxid Kaolin
gelb	Löwenzahnblüten Ringelblumenblüten Safflorblüten
orange	unraffiniertes Palmöl orange Ringelblumen Karottensaft Annattosamen Sanddornfruchtfleischöl
rot	Eisenoxid, Rhabarberwurzel
terracotta	Tonerden
ocker	Tonerden
grün	alle grünen Pflanzenteile und Algen
blau	Indigo und Indigotin
lila	Alkanna
braun	Kakaopulver Eisenoxid Vanillin
grau	Schlamm aus dem Toten Meer wenig Kohle
schwarz	Buchenholzkohle Moor

SYNTHETISCHE FARBSTOFFE

Leider decken die natürlichen Farben nicht die ganze Farbpalette ab. Es fehlen vor allem schöne Rot- und Blautöne. Um diese Lücke zu schließen, benutzen Seifensieder chemisch hergestellte Farben. Zu den synthetischen Farben werden alle Stoffe gezählt, die entweder rein chemisch hergestellt werden oder die Naturstoffe modifizieren, wie zum Beispiel die Micas.

Micas

Der Ausdruck Mica leitet sich vom lateinischen Begriff micare = funkeln ab – und genau das tun Micas auch, sie glitzern in allen Farben. Micas sind Glimmerpartikel aus Mineralien, die so beschichtet werden, dass sie das Licht streuen und dadurch farbige Effekte erzielen. Seifengeeignete Micas sind die am einfachsten zu verwendenden Seifenfarben überhaupt, weil sie weder ausbluten noch ihre Farbe durch die Lauge verändern. Sie werden in etwas Öl dispergiert oder direkt in den Seifenleim gerührt. Deswegen und auch weil sie lichtecht sind, sind sie anfängergeeignet.

Micas

Pigmente und Farbstoffe

Bei farbgebenden Stoffen unterscheidet man zwischen Pigmenten und Farbstoffen. Der Unterschied liegt in der Löslichkeit: Pigmente sind unlösliche Farbpartikelchen, zu denen zum Beispiel die Oxide zählen. Sie lösen sich weder in Wasser noch in Öl. Farbstoffe dagegen lösen sich in einem von beiden. In dieser Löslichkeit liegen auch die Nachteile der Farbstoffe begründet.

Nimmt man von diesen meist sehr farbstarken Pulvern zu viel, wird später auch der Seifenschaum gefärbt sein. Außerdem wandern die Farben innerhalb der Seife und verfärben angrenzende Bereiche anderer Farben. Man spricht von ausbluten. Ob eine Farbe ein Pigment oder ein Farbstoff ist, kann man nicht ohne weiteres erkennen.

Auf dem Bild unten sieht man links die *frisch angerührte Farbe*, rechts wurde sie eine halbe Stunde stehen gelassen. Man kann deutlich erkennen, dass sich die Farbe abgesetzt hat. Demnach handelt es sich um ein Pigment und nicht um einen Farbstoff.

Pigment:
aufgerührt (links) und abgesetzt (rechts)

Inhaltsstoffe synthetischer Farben und deren Eigenschaften

Es sind sehr viele Farben im Handel erhältich, doch es existieren gar nicht so viele unterschiedliche farbgebende Stoffe, wie man auf den ersten Blick meinen könnte: Denn viele Farben basieren auf Mischungen. Will man genau wissen, was in einer Farbe enthalten ist, muss man unter der entsprechend Colour-Index-Nummer (C.I.-Nummer) nachsehen. Jede gebräuchliche Farbe, ob Naturfarbe oder chemisch hergestellt, verfügt über eine C.I.-Nummer. In diesem Verzeichnis der Farbstoffchemie sind alle gebräuchlichen Farben eindeutig beschrieben und klassifiziert. Besitzen diese außer den C.I.- auch noch E-Nummern, so werden sie auch als Lebensmittelfarben verwendet.

FARBSTOFFE UND PIGMENTE VON DRAGOCOLOR

Dragocolor-farbe	Name	EWG Nr.	Colour Index Nr.	KVO-Anwendungsbereich *	Anrühren mit **
Weiß	Titandioxid	E 171	77 891	1	d Wasser/Öl
Gelb	Chinolingelb	E 104	47 005	1	wasserlöslich
	Eisenoxidgelb	E 172	77 492		d Wasser
Orange	Blütenorange	–	15 510	2	wasserlöslich
Rot	Rot	–	12 490		d Wasser
	FD&C Red No 4	–	14 700	1	wasserlöslich
	Eisenoxidrot	E 172	77 491	1	d Wasser
Grün	Blaugrün	–	61 570	1	wasserlöslich
	Grün	–	74 260	2	d Wasser
	Phthalo-cyaningrün	–	74 260	2	d Wasser
	Kupfer-chlorophyll	E 141	75 810	1	öllöslich
Blau	Indigotin	E 132	73 015	1	wasserlöslich
Blaupaste	Kupfer-phthalocyanin	–	74 160	1	d Wasser
Schwarz	Schwarz	–	77 266	1	d Wasser
	Eisenoxid-schwarz	E 172	77 499	1	d Wasser

* Einstufungen nach der Kosmetikverordnung in die vier Anwendungsbereiche (nach EU-Richtlinien)
** d Wasser: dispergierbar in Wasser

In der Tabelle sind die Farben von Dragocolor, die häufig in der Seifensiederei eingesetzt werden, nach Anwendungsbereichen aus der Kosmetikverordnung (Stand von April 2013), aufgeführt. Ich unterscheide zwischen löslich und dispergierbar in destilliertem Wasser oder Öl.

Außerdem finden Sie in der Tabelle den kosmetischen Anwendungsbereich, der aussagt, wo am Körper eine Farbe angewendet werden darf. Zum Beispiel darf nicht jede für Kajal am Auge verwendet werden. Der Anwendungsbereich ist für jede Farbe festgelegt worden.

Die Farbstoffe für den kosmetischen Einsatz sind in vier Anwendungsbereiche unterteilt. Farbstoffe der Kategorie 1 dürfen zur Herstellung aller kosmetischen Mittel verwendet werden.

Farbstoffe der Kategorie 2 dürfen nicht zur Herstellung von kosmetischen Mitteln verwendet werden, die mit den Schleimhäuten des Auges in Berührung kommen können, insbesondere nicht für Schminke und Abschminkmittel für das Auge.

Farbstoffe der Kategorie 3 dürfen nicht zur Herstellung von kosmetischen Mitteln verwendet werden, die dazu bestimmt sind, mit den Schleimhäuten in Berührung zu kommen.

Farbstoffe der Kategorie 4 dürfen nur zur Herstellung von kosmetischen Mitteln verwendet werden, die nur kurze Zeit mit der Haut in Berührung kommen.

Da Seife ein Rinse-off-Produkt ist, werden für einfache Handseifen alle Farbstoffe benutzt. Bei speziellen Seifen wie Haar- oder Zahnseifen greift man auf die Kategorien 1 und 2 zurück oder färbt nicht.

Auswahl an Micas in Blau- und Grüntönen

VERARBEITUNG DER FARBGEBENDEN STOFFE

Mit Ausnahme der Micas sollten weder Farbstoffe noch Pigmente einfach auf den angedickten Seifenleim gestreut werden, da sie dort Pünktchen bilden und sich nicht mehr gleichmäßig verteilen lassen. Farbe muss also entweder in Wasser oder Öl aufgelöst oder dispergiert werden. Unter Dispergieren versteht man das Einrühren in Wasser oder Öl. Dabei verteilt sich der Farbstoff gleichmäßig. Da sich die Pigmente nicht lösen, werden sie kurz bevor sie zum Seifenleim kommen noch einmal gut aufgerührt.

Sind die Farbstoffe löslich, so sinken sie nicht auf den Boden des Gefäßes, sondern bilden mit dem Lösungsmittel eine homogene, intensiv gefärbte, dabei aber durchsichtige Flüssigkeit.

Zum Färben der Seife wird die Farbe in dem angegebenen Lösungsmittel angerührt und tropfenweise zugegeben, bis der gewünschte Farbton erreicht ist. Dabei sollte sehr gut gerührt werden, um die Farbe gleichmäßig zu verteilen. Ein kurzer Einsatz des Pürierstabes wirkt oft Wunder.

EINSATZMENGE
Eine Messerspitze eines Farbstoffes pro Kilogramm GFM reicht oftmals schon für eine intensiv gefärbte Seife aus. Micas werden mit 1–3 TL dosiert.

Ist nicht angegeben, ob die Farbe öl- oder wasserlöslich ist, so empfiehlt sich vorab ein Test oder man benutzt etwas Sahne, die sowohl Wasser als auch Fett enthält.

Einzig Micas kann man gut zum angedickten Leim geben, jedoch wird auch hier die Farbe brillanter, wenn sie vorher mit einer geringen Menge Öl angerührt werden.

Flüssige Seifenfarben auf Vorrat herstellen

Der Gebrauch der Farbpulver ist oft etwas umständlich, weil man nicht immer genau weiß, wie man die Farbstoffe anwenden soll. Außerdem lassen sich flüssige Seifenfarben einfach besser und genauer dosieren.

Dazu ist es wichtig zu wissen, ob die Farbe öllöslich oder wasserlöslich ist. *Gängige Farben* habe ich deshalb in der Tabelle ▸ Seite 56 aufgelistet. Das steht auch in der Produktbeschreibung oder man probiert es aus. Dazu füllt man zuerst etwas Wasser in ein Gläschen und gibt eine winzige Menge Farbpulver dazu. Löst es sich ohne Probleme oder lässt es sich einfach mischen, ist es wasserlöslich. Schwimmt es dagegen auf der Wasseroberfläche und will partout nichts mit dem Wasser zu tun haben, probiert man es mit etwas Öl aus. Darin sollte sich das Pulver einrühren lassen. Das Ergebnis schreibt man am besten auf die Packung.

Flüssige Mischung öllöslicher oder öldispergierbarer Farben

Die gewünschte Menge an Farbpulver wird gut in das Öl eingerührt. Anschließend kann noch so viel Öl hinzugefügt werden, dass die Mischung gut aus der Vorratsflasche tropft. Für eine länger haltbare Mischung muss ein stabiles Öl benutzt werden, welches nicht so schnell ranzt. Auch wenn es teurer ist, würde ich Jojobaöl empfehlen oder eins von den ölsäurereichen Ölen (siehe Kapitel *„Stabile Basisöle“* ▸ Seite 117 ff.). Diese sind nicht ganz so lange haltbar, aber durch ihre helle Eigenfärbung kann man die Farbe gut erkennen. Denkbar wäre auch ein gefärbtes Alkannaöl auf Vorrat (siehe *„Ölauszüge aus Pflanzen“* ▸ Seite 44).

Flüssige Mischungen wasserlöslicher Farben

Etwas entmineralisiertes Wasser wird fünf Minuten lang abgekocht. Damit wird ein Brei der gewünschten Menge an Farbe angerührt. Vormischungen mit Wasser sind nicht so lange haltbar und sollten daher konserviert werden. Hier gibt es zwei Möglichkeiten.

EIN SCHÖNES TÜRKIS

1 Messerspitze Blaugrün, einige Tropfen Blaupaste und eine Messerspitze Titandioxid in etwas Wasser lösen und konservieren. Die Mischung muss vor Gebrauch gut aufgeschüttelt werden, damit sich das abgesetzte Titandioxid wieder gut untermischt. Es dient dazu, die Deckkraft der Farbe zu erhöhen (Anregung von Mini69, Mod im Forum Seifenforum, HP verseift.at).

Konservierung der angerührten Farben

Zum Farbbrei gibt man die doppelte Menge an 85%igem Glycerin und mischt gut. Diese flüssige Farbe mischt sich allerdings nicht immer gut mit dem Seifenleim. Mischen Sie sie immer mit dem Pürierstab unter.

Nimmt man einen anderen Konservierungsstoff, sollte die angerührte Farbe bereits die richtige Konsistenz für die Tropfflasche haben und nicht so farbstark wie die Farbe für die Glycerinmischung sein. Eventuell verdünnt man sie noch mit etwas abgekochtem Wasser. Dazu die Farblösung ins Tropffläschchen füllen und das Anrührgefäß zweimal mit einer kleinen Menge Wasser nachspülen und auch ins Fläschchen füllen.

Zur Konservierung nimmt man zum Beispiel Euxyl K 702, OPTIPHEN oder auch B-Kons (Euxyl K 700) und Chemikons 9010.

DER DUFT

Fast noch wichtiger als das Aussehen der Seife ist ihr Duft. Wer sich für eine Seife interessiert, hält sie immer zuerst auch an die Nase, um zu riechen, wonach sie duftet. Der Duft ist einer ihrer wichtigsten Eigenschaften und entscheidet darüber, ob sie gefällt oder nicht.

Um Seife zu beduften, gibt es zwei Möglichkeiten. Man kann spezielle, für Seife geeignete Parfumöle (PÖ) benutzen, die laugenresistent sind. Oder man nimmt eine Mischung aus verschiedenen ätherischen Ölen (ÄÖ).

Der Duft natürlicher Zutaten, wie beispielsweise der von Haselnussöl oder von Blüten, übersteht die Verseifung leider höchstens kurze Zeit und verliert sich noch innerhalb der Reifezeit.

PARFUMÖLE

Parfumöle werden aus chemischen Einzelstoffen komponiert und zusammengemischt. Das können ebenfalls Bestandteile sein, die in ätherischen Ölen vorkommen oder chemisch abgewandelte Stoffe, die eine längere Haltbarkeit oder einen inensiveren Duft besitzen. Im Gegensatz zu den meisten ätherischen Ölen besitzen Parfumöle eine deutlich bessere Haltbarkeit, das heißt, ihr Duft verfliegt nicht so schnell.

Es gibt mittlerweile so viele Internetshops, die Parfumöle für die Seifenherstellung anbieten, dass es nicht möglich ist, hier einen Überblick zu geben. Oft gibt es sogar Parfumöle gleichen Namens in verschiedenen Shops, die vom Duft her unterschiedlich sind. Deshalb können hier nur generelle Tipps gegeben werden.

Bitte benutzen Sie nur PÖs, die für Kosmetik zugelassen und fürs Seifesieden geeignet sind. Düfte für Gießseifen (Glycerinseifen) eignen sich oft nicht.

Die benötigte Menge an Duft bemisst sich in Bezug auf die Gesamtfettmenge oder die Gesamtmenge der Seife, beispielsweise bei Salzseife. Die Menge richtet sich nach der Vorliebe des Sieders. Meist werden 2–3 % der Gesamtfettmenge eingesetzt, im Einzelfall, bei einem schwach duftenden Parfumöl, auch 5 %. Das scheint viel zu sein, und tatsächlich ist der Duft direkt nach der Verseifung auch noch sehr stark. Doch diese Menge hat sich bewährt, da der Duft auch einige Monate nach der Reifezeit noch wahrnehmbar sein soll.

Das Parfumöl wird in einem Glasbecher abgewogen. Benutzen Sie keine Kunststoffbecher für PÖs oder ÄÖs, da diese von den Düften angegriffen und aufgelöst werden.

Das PÖ wird zum andickenden Leim gegeben und gut mit einem Löffel oder einem Schneebesen untergerührt. Benutzen Sie dazu nicht mehr den Pürierstab, da einige PÖs ein starkes Andicken fördern. Informieren Sie sich schon beim Kauf des PÖs, ob es zum Andicken oder Verfärben neigt. Ein schnelles Andicken kann einen geplanten Swirl rasch zunichtemachen. Starkes Andicken führt zu sogenanntem Blitzbeton oder zur „Seife am Stiel", das heißt innerhalb von Sekunden wird aus einem flüssigen Leim eine feste Masse, die sich nicht mehr in die Form gießen lässt.

PARFUMÖL RICHTIG DOSIEREN

Menge an Parfumöl: 2–3 % der Gesamtfettmenge bzw. bis 5 % der Gesamtmenge als Obergrenze.

Benutzen Sie zum Wiegen der Düfte nur Glas- oder Edelstahlgefäße.

GUT ZU WISSEN:
TRICKS ZUR VERARBEITUNG ANDICKENDER PARFUMÖLE

- Ein Rezept mit viel Olivenöl oder anderen ölsäurereichen / high oleic Ölen planen.
- Möglichst kühl arbeiten, 28–30 °C Verarbeitungstemperatur von Fetten und Lauge.
- Das PÖ mit einem kleinen Anteil an flüssigem Öl verdünnen.
- Das PÖ nur mit dem Löffel unterrühren.
- Zügig arbeiten, alles muss schon bereitstehen, damit der Seifenleim ab Zugabe des PÖs innerhalb von 30 Sekunden eingegossen werden kann.

Das Andicken muss jedoch kein Nachteil sein. Nutzt man es geschickt aus, etwa für eine Schichtseife, kann man damit tolle Effekte erzielen, weil sich so Schichten akkurat übereinandergießen lassen, ohne sich zu vermischen.

Einige Inhaltsstoffe können den Leim auch verfärben, daher ist es für die Planung der Seife wichtig zu wissen, wie sich ein PÖ auf die Färbung auswirkt. Parfumöle mit einem Vanillinanteil färben den Leim von leichtem Beige bis hin zu Dunkelbraun. Die Verfärbung tritt im Laufe der Verseifung auf und ist erst nach etwa drei Wochen abgeschlossen. Sie lässt sich auch mit Titandioxid nicht überdecken, nur aufhellen. Dies kann man nutzen und mit einem teilweise aufgehellten Leim schön marmorieren. Oder man swirlt mit einem bedufteten und einem unbedufteten Leim blind. Das Muster sieht man dann erst, wenn die Seife nachdunkelt.

Auch Goldadern, also feine Linien aus Goldmica innerhalb der Seife, oder Stempel mit Goldmica machen sich gut auf dunkelbrauner Seife.

Sie sehen, alles hat Vor- und Nachteile. Man muss sie nur kennen, deshalb sollte man sich bei einem unbekannten PÖ zunächst im Seifenforum informieren oder von einer Seife eine kleine Menge für einen Test abzweigen, um das Verhalten des PÖs kennen zu lernen.

MISCHEN VON PARFUMÖLEN MIT ÄTHERISCHEN ÖLEN

Natürlich lassen sich auch Parfumöle miteinander oder mit ätherischen Ölen mischen. Hier sind einige Beispiele:

- 1 Teil Yuzu und 3 Teile Orange süß 10-fach
- 9 Teile Osmanthus und 1–2 Teile Japanische Minze oder Pfefferminze
- jeweils 1 Teil PÖ Verbene, Verbena ÄÖ naturidentisch, ÄÖ Zitrone und ÄÖ Orange süß
- 1 Teil Ancient Sedona und 1 Teil ÄÖ Atlaszeder
- 12 g Vanillin, 30 g Orange süß auf 1000 g GFM (Achtung, färbt die Seife tief dunkelbraun)

Vanillin

Es gibt zwei Stoffe, die Bestandteile ätherischer Öle sind, die ich aber als Reinstoffe zum Parfum zählen würde: Vanillin und Menthol. Beide sind als Einzelstoffe zu kaufen und werden als Bestandteile von Parfumölen verwendet. Vanillin ist der Duftstoff der Vanille und auch durch den Vanillinzucker bekannt. Es ist ein weißer, feinkristalliner Feststoff, der mit dem Öl zusammen geschmolzen werden kann. 12 g Vanillin auf 1 kg GFM reichen zum Beispiel zusammen mit 30 g ätherischem Orangenöl aus, um eine Seife gut zu beduften. Leider ist der Duft nicht sehr lange haltbar und die Seife wird dunkelbraun.

Menthol

Menthol ist ebenfalls ein weißer

Duft und Farbe durch Vanillin

Stoff, der in größeren stäbchenförmigen Kristallen vorliegt. Natürlich kommt er in Minzen vor und riecht frisch. Auf der Haut, aber auch auf Schleimhäuten, erzeugt er ein Kältegefühl, weshalb er gerne in Sommerseifen zur Erfrischung genommen wird.

Die Verarbeitung von Menthol erfolgt durch Auflösen in anderen ätherischen Ölen oder es wird mit den Fetten geschmolzen.

Warnung vor möglichen Gesundheitsschäden durch Nitromoschusverbindungen

In manchen Parfumölen sind künstliche Moschusverbindungen wie Nitromoschusverbindungen oder polycyclischen Moschusverbindungen oder Phthalate enthalten. Diese gerieten vor mehreren Jahren schon in die Kritik der Verbraucherschützer, weil sie sich im Fettgewebe anreichern und auch in der Muttermilch nachweisbar sind. Über diese Verbindungen wird in letzter Zeit weniger geschrieben, trotzdem sollten Sie PÖs bevorzugen, die frei von Nitromoschusverbindungen, polycyclischen Moschusverbindungen und Phthalaten sind. Dies ist nicht ganz einfach, da nur wenige Internet-Shops einen Download ihrer Datenblätter, auf denen darüber informiert wird, für Privatkunden anbieten.

KEINE SEIFEN MIT MENTHOL FÜR BABYS UND KLEINKINDER

Achtung, Menthol darf nicht für Babys und Kleinkinder verwendet werden, da es bei ihnen schwere Atemprobleme auslöst.

ÄTHERISCHE ÖLE

Ätherische Öle, kurz ÄÖ, sind aus Pflanzen gewonnene Duftstoffe, die mittels schonender Verfahren, zum Beispiel durch Wasserdampfdestillation, gewonnen werden. Sie sind Mischungen aus vielen Einzelstoffen. Ätherisches Rosenöl besteht zum Beispiel aus über 400 Einzelstoffen. Allerdings sind es nur sieben Stoffe, die seine Hauptbestandteile ausmachen. Für die Nuancen des Duftes nach fruchtig, gewürzartig oder orientalisch-schwer sind die übrigen Stoffe verantwortlich.

Auch wenn der Name ätherisches Öl darauf schließen lässt, dass es sich hierbei um Pflanzenöle handelt, so sind sie doch keine fetten Öle, wie z. B. Sonnenblumen- oder Olivenöl, sondern ätherische, das heißt leicht zu verdampfende Stoffe. In Seifen werden fast ausschließlich Mischungen verschiedener Öle verwendet.

Die Blätter einer Salbeipflanze zur Gewinnung ätherischen Salbeiöls.

REINES ÄTHERISCHES ÖL?

Testen können Sie das selbst, indem Sie einen Tropfen ätherisches Öl und einen Tropfen fettes Öl auf ein weißen Blatt Papier tropfen. Nach einiger Zeit ist das ätherische Öl nahezu vollständig verdampft, das fette Öl hinterlässt einen durchscheinenden Fettfleck auf dem Papier. Dies ist auch eine gängige Probe darauf, ob ein teures ÄÖ, beispielsweise Rosenöl, mit Pflanzenöl gestreckt wurde.

Gewinnung ätherischer Öle

Ätherische Öle kommen in vielen aromatischen Pflanzen vor. Als sekundäre Pflanzenstoffe werden sie in Öldrüsen gebildet und dienen der Pflanze zur Abwehr von Fressfeinden, Krankheiten und zur Anlockung von bestäubenden Insekten. Die Öldrüsen befinden sich je nach Pflanze in Blüten, Blättern, Samen, Fruchtschalen, Wurzeln, Harzen, Rinden oder im Holz.

Aus Rosenblüten wird wertvolles Rosenöl gewonnen.

Gewonnen werden die meisten ätherischen Öle über eine Wasserdampfdestillation. Hierbei werden die Pflanzenteile vom Dampf kochenden Wassers umströmt. Dabei platzen die öltragenden Zellen auf und der Dampf nimmt die ätherischen Öle mit. Wenn der Dampf kondensiert, trennt sich das nicht wasserlösliche, ätherische Öl vom Wasser und schwimmt oben auf, wo es abgeschöpft werden kann.

WIE VIELE BLÜTEN WERDEN FÜR 100 G ÄTHERISCHES ÖL BENÖTIGT?

Der Gehalt an ätherischem Öl in einer Pflanze ist sehr gering. Lavendel enthält mit rund 1 % recht viel ätherisches Öl, Rose dagegen mit 0,02 bis 0,05 % sehr wenig. Entsprechend benötigt man für 100 g Öl unterschiedliche Mengen an Pflanzenmaterial:

- 1 % 100 g Öl aus 10 kg
- 0,1 % 100 g Öl aus 100 kg
- 0,05 % 100 g Öl aus 200 kg
- 0,02 % 100 g Öl aus 500 kg
- 0,01 % 100 g Öl aus 1000 kg

Für 100 g Lavendelöl benötigt man also 10 kg Lavendel, für 100 g Rosenöl werden 200–500 kg Blüten benötigt. Diese Menge erklärt auch den hohen Preis des Rosenöls, in dem sich auch die Mühe und Arbeit wiederspiegeln, die hinter seiner Gewinnung stecken.

PORTRÄTS ÄTHERISCHER ÖLE

Amyris – Westindisches Sandelholz

Amyris balsamifera

Basisnote

Holziger, warmer Duft, herb.

Benzoe siam

Styrax tonkinensis

Basisnote

Warmes, weiches Vanillearoma, süß, einhüllend.
Benzoe siam wird durch Extraktion aus dem Harz gewonnen und ist als Benzoe Absolue im Handel erhältlich. Dieses kann zum raschen Andicken des Seifenleims führen.

Bergamotte

Citrus aurantium var. Bergamia

Kopfnote

Herb-frischer, fruchtig bis spitzer Duft, der durch Pressung der Schale gewonnen wird. Leider in der Seife nicht lange haltbar.

Blutorange

Citrus sinensis

Kopfnote

Süßer Duft, sehr fruchtig, leicht, süß. Aus der Schale gepresstes Öl, das nicht lange haltbar ist.

Geranium – Rosengeranie

Pelargonium graveoleus

Herznote

Warmer, rosig bis rosig-blumiger Duft mit leichter Zitrusnote. In Seife gut haltbar.

Grapefruit

Citrus paradisi

Kopfnote

Süß und leicht herb bis bitter, fruchtig-frisch. Leider nicht lange haltbar.

Ho-Öl

Cinnamomum camphora

Herz-Basisnote

Blumiger Duft, der entspannend wirkt. Kann als Alternative zum Rosenholz-Öl (*Aniba rosaeodora*) verwendet werden, da der Rosenholz-Baum nahezu ausgerottet ist.

Krausminze – Spearmint

Mentha spicata

Kopfnote

Frischer, grüner Duft, erfrischend, wie Kaugummi. Hat eine kühlende Wirkung auf der Haut. In Kombination mit *Litsea cubeba*, Minze oder Rosmarin sehr schön.

Lavandin

Lavendula hybrida

Herznote

Krautig, frisch und leicht blumig mit einer Kampfernote. Haltbarer als Lavendel.

Lavendel

Lavendula officinalis

Herznote

Fein krautig und blumig, sauber und warm. In Seife nur teilweise haltbar, deshalb höher dosieren, mit anderen ÄOs mischen und eine Basisnote verwenden.

Lemongras

Cymbopogon flexuosus

Kopfnote

Zitrusartig, frisch, kühl.

Litsea cubeba – May Chang

Litsea cubeba

Kopfnote

Zitronig frisch, spritzig, warmer und fruchtiger Duft. Der Duft, der Zitrusdüfte zumindest teilweise ersetzen kann. Verfärbt leicht beige, hält jedoch gut in der Seife.

Minze – Japanisches Heilpflanzenöl

Mentha piperata

Kopfnote

Frisch, spritzig, spitz, nach Kaugummi, mit starkem Kühleffekt, nicht für kleine Kinder unter sechs Jahren geeignet.

Muskatellersalbei

Salvia sclarea

Herznote

Fein, krautig-herb, Duft für eine Haarseife, in Mischung zum Beispiel mit Rosmarin, Lavendel u. a.

Orange süß

Citrus sinensis

Kopfnote

Der fruchtige Duft überhaupt, saftig und süß. Der Duft aus den Schalen der Zitrusfrüchte hält nicht lange in Seife, auch wenn es ihn als Zehnfachkonzentrat gibt.

Palmarosa

Cymbopogon martinii

Herznote

Süß, blumig, fruchtig bis leicht rosig. Gut haltbar in der Seife. Harmoniert gut mit Geraniumöl.

Patchouli

Pogostemon cablin

Basisnote

Tief, erdig, moosig, für mich leicht schimmelig, wenn er frisch ist. Sehr lange haltbare Basisnote, von der ich gern auch nur zwei Tropfen zum Abrunden einer Mischung nehme. Je älter das Öl wird, desto feiner duftet es.

Rosmarin

Rosmarinus officinalis

Kopfnote

Sehr frischer, krautiger Duft, eukalyptusartig, weniger harzig als die Pflanze.
Wirkt antibakteriell und hat eine belebende Wirkung.

Salbei

Salvia officinalis

Kopfnote

Ein krautiger, würzig-herber Duft. Vorsichtig einsetzen wegen des Thujongehalts (Thujon kann bei Überdosierung u. a. Benommenheit, Schwindel oder Kopfschmerzen verursachen).

Sandelholz indisch

Santalum album

Basisnote

Ein feiner, warmer, holziger, aber trotzdem weicher und süßer Duft, der nur leicht harzig ist. Sehr edel.
Da der echte Sandelholzbaum im Urwald fast ausgerottet ist, weicht man für eine Seife besser auf Amyris aus.

Styrax

Styrax officinalis oder Liquidambar orientalis

Basisnote

Balsamisch riechendes Öl, leicht süß, etwas vanillig und weich.

Teebaum

Melaleuca alternifolia

Herznote

Streng, würziger bis krautiger, gesunder Duft.

Thymian

Thymus vulgaris

Herz-Basisnote

Inensiver, krautig herber Duft, der zusammen mit anderen Kräutern einen schönen natürlichen Seifenduft ergibt.

Tolubalsam

Myroxylon balsamum

Basisnote

Süß, warm, leichte Vanillenote.

Tonkabohne

Dipteryx odorata

Basisnote

Süßer, warmer, waldmeister- bis heuartiger Duft, schwer und intensiv.
Enthält Cumarin.

Vetiver

Vetiveria zizanioides

Basisnote

Rauchig, krautig bis erdiger Geruch, herb, männlich.

Wacholderbeere

Juniperus communis

Kopfnote

Leichter, frischer an Campher erinnernder Duft, ohne das typische Aroma des Wacholders.

Ylang Ylang

Cananga odorata

Herznote

Blumiger, narkotisch-süßer, exotischer Duft, dominant und lange anhaltend.

Zedernholz

Cedrus atlantica (Atlaszeder)

Herz-, Basisnote

Riecht warm, holzig, balsamisch

Cedrus deodora (Himalaya-Zeder)

Herz-, Basisnote

Etwas spritziger als die Atlaszeder.

Juniperus virginiana (Virginazeder, amerikanisches Zedernöl)

Holzig, harzig, leichte Süße, „Bleistiftduft“.

Zitrone

Citrus limon

Kopfnote

Frisch, dabei leicht herb, zitronig, es fehlt ein wenig das Fruchtaroma der frisch aufgeschnittenen Frucht.
Aus der Schale gepresstes ÄÖ, in Seife nicht gut haltbar.

Verwendung in der Seife

Auch von den ätherischen Ölen nimmt man meist 2–3 % der GFM, wobei man hier auf die Stärke des ÄÖs achtet. Von dominanten ÄÖs nimmt man weniger, von den leicht flüchtigen Zitrusdüften oft bis 5 %.

Im Gegensatz zu den Parfumölen werden ätherische Öle selten als einzelne Öle verwendet, sondern immer in Mischungen. Man unterteilt sie hierzu in Kopf-, Herz- und Basisnoten. Wird ein Parfum aufgesprüht, so nimmt man als erstes die Kopfnote wahr. Sie ist am leichtesten flüchtig und hält etwa 20 Minuten, bis sie sich verflüchtigt hat und die Herznote in den Vordergrund tritt. Stunden danach nimmt man hauptsächlich die Basisnote wahr.

In der Seife ist es ähnlich, auch wenn sie erst einmal 4–6 Wochen reifen muss. In dieser Zeit sind schon einige der leicht flüchtigen Bestandteile „verduftet", zum Beispiel die Zitrusöle. Deshalb ist es wichtig, auch haltbarere Düfte mit zu verwenden.

Die einfachste Art, einen Duft zu komponieren, ist dieses Grundrezept: 1 Teil Basis-, 2 Teile Herz- und 3 Teile Kopfnote (ergibt 6 Teile).

Bezogen auf 30 g Duftmischung für 1 kg GFM braucht man:

1 Teil Basisnote: 5 g, z. B. Patchouli

2 Teile Herznote: 10 g, z. B. Lavendel

3 Teile Kopfnote: 15 g, z. B. Rosmarin

Setzen Sie Ihre Mischung einige Tage vor der Seifenherstellung an, damit sie reifen kann und sich der Duft zusammenfügt. Dadurch wird die Mischung harmonischer, runder und Sie können gegebenenfalls noch ein ÄÖ ergänzen.

Wem Patchouli zu streng ist, der nimmt etwas weniger, 1–3 g reichen für eine frisch riechende Seife ebenfalls. Nach einer Lagerzeit von zwei bis drei Jahren wird man nur noch das Patchouli ganz zart riechen.

Auch die ätherischen Öle werden gegen Ende der Seifenherstellung mit etwas Öl gemischt, zum angedickten Leim gegeben und gut mit einem Löffel untergerührt. Vergleichbare Probleme wie bei den Parfumölen sind bei den meisten ÄÖ-Mischungen nicht zu erwarten, das heißt die meisten ÄÖs dicken weder an, noch heizen sie auf. Lediglich Verfärbungen sind bei manchen ÄÖs zu beobachten. Hier eine Zusammenstellung meiner bisherigen Erfahrungen:

- Andickende ÄÖs: Ylang Ylang (Cananga), Benzoe siam und Zimt; Gewürznelke dickt an und heizt auf
- Verfärbende ÄÖs: Litsea cubeba und Orange süß

EINIGE MISCHUNGEN, DIE ICH GERNE IN MEINEN SEIFEN VERWENDE

Name / Charakteristik	Geeignet für	GFM	Ölmischung aus
GARTEN IM REGEN Blumig-frische Mischung	Alle Seifen	1000 g	10 g Litsea Cubeba, 10 g Bergamotte 5 g Geranium Öl, 3 g Rosenholz/Ho-Öl 2 g Rosenöl (naturidentisch), 2 g Ylang Ylang 0,6 g Lavendelöl, 1 g Patchouli
WAKE ME UP Erfrischende, anregende Mischung für die morgendliche Dusche	Duschseife und Salzseife	1000 g	15 g Rosmarin 15 g Litsea cubeba 1 g Patchouli
HAARGLANZ Frisch-würziger Duft	Haarseife	300 g	2 g Rosmarin, 3 g Litsea cubeba 1 g Himalaya-Zeder, 2 g Muskatellersalbei 3 Tr. Patchouli
FRISCHE BRISE Frische, minzige Mischung	Alle Seifen	1000 g GFM	30 g Litsea 5 g Japanisches Heilpflanzenöl/Minze 5 g Krausminze
ZEDER-SALBEI Holzig, kräuterig, ohne dominante Teebaumnote	Desodo-rierende Fußseife oder Duschseife	1000 g GFM	3 g Teebaumöl, 3 g Salbei, 3 g Thymian 3 g Wacholder, 8 g Lemongrasöl, 5,3 g Zitrone 3 g Zedernholzöl *C. atlantica* oder *C. deodora*
FÜR IHN Herber Duft	Haarseife 2	400 g GFM	4 g Zeder 3 g Bergamotte 1 g Muskatellersalbei 1 Tr. Vetiver
WOW Herb, erfrischender Duft	Salzseife	300 g GFM	5 g Minze 5 g Zedernholz 1 TL Menthol
ORIENTAL Blumige Mischung mit kuscheligem Ausklang	Alle Seifen	300 g GFM	4 g Cananga, 1 g Ylang Ylang, 2 g Geranie, 0,5 g Tonka-Extrakt 0,5 g Styrax
FÜR SIE Süß-fruchtiger Duft mit einem Gewürzhauch	Haarseife 3	700–800 g GFM	8 g Rosmarin, 2,1 g Lavendel 4,1 g Orange süß, 2,4 g Litsea 1,6 g Pfefferminze, 4 g Gewürznelke
LAVENDELTRAUM Haltbare, blumige Lavendelmischung	Alle Seifen	500 g GFM	15 g Lavendel 1 g Ylang ylang 3 Tropfen Patchouli
ROSENTRAUM Rosenmischung mit fruchtig-würziger Note	Alle Seifen	1000 g	6 g Geranium, 6 g Palmarosa, 4,5 g Blutorange 2,5 g Gewürznelke, 1,5 g Benzoe siam, 1,5 g Patchouli (evtl. 1 g Ho-Öl)
FRISCH GEWASCHEN Frischer Duft mit Lavendelnote	Haarseife 4	300 g	6 g Rosmarin 4 g Lavendel 2 g Patchouli

Ein kritischer Blick auf die Verwendung natürlicher ätherischer Öle

Argumente für die Verwendung ätherischer Öle lauten oft, dass natürliche Düfte verwendet werden sollen und dass es die Umwelt schützt, schließlich gelangen die Bestandteile der Seife ja ins Wasser. Allerdings darf dabei auch der Anbau oder die Gewinnung aus Wildpflanzen nicht aus den Augen verloren werden. Gerade Holznoten aus den Tropen sind sehr selten und teuer geworden, weil einige Pflanzen wegen ihres Duftes nahezu ausgerottet wurden. Dazu gehören Adlerholz, Sandelholz und Rosenholz.

Wie gering der Anteil an ätherischem Öl in einer Pflanze ist und wie viel wir davon für eine ordentlich duftende Seife verbrauchen, möchte ich mit einer Beispielrechnung anschaulich machen:

Basilikumpflanze

Die Basilikumpflanze enthält zwischen 0,4 und 0,7 % ätherisches Öl. Geht man für die Berechnung von dem oberen Wert aus, sind in 100 g Basilikum höchstens 0,7 g Baslikumöl enthalten. Das sind etwa 7 Tröpfchen. Und 100 g Basilikum sind richtig viel: Als Pesto wären das etwa 200–300 g.

In einem 10 ml-Fläschchen sind ca. 9 g ätherisches Öl enthalten, also die rund 13-fache Menge von 0,7 g. Da braucht man also 1300 g (= 1,3 kg) Basilikumpflanze, um eine 10 ml-Flasche zu füllen, wohlgemerkt, wenn mit dem höchsten ÄÖ-Gehalt gerechnet wird.

Für eine mit 3 % ÄÖ beduftete Seife der GFM von 1 kg werden ca. 30 g ÄÖ benötigt, also etwas mehr als 3 Fläschchen.

1,3 kg Basilikum mal 3 ergeben 3,9 kg Basilikum, die man verarbeiten muss, um die benötigte Menge an Duft zu bekommen.

Es wird wohl niemand auf die Idee kommen, eine Seife nur mit Basilikum zu beduften, aber die Rechnung soll zeigen, wie viel Ressourcen man für die Beduftung mit reinem ätherischem Öl einsetzt.

Ebenso dient sie zur Warnung: Für ein kleines 10 ml-Fläschchen wurden 1,3 kg Basilikum verarbeitet. Das ist ein starkes Konzentrat! Bitte verwenden Sie die ätherischen Öle nicht pur auf der Haut und nicht mehr in der Seife als benötigt.

Da ätherischen Öle brennbar und pur hautreizend sind, müssen nach REACH, dem europäischen Chemikalienrecht, Gefahrstoffpiktogramme auf den Verpackungen abgebildet werden. Dieses Piktogramm bedeutet keineswegs, dass dieses ÄÖ mit Chemikalien versetzt wurde, es weist lediglich auf die Gefahr hin, die vom unverdünnten ÄÖ ausgeht. Diese existiert nicht mehr, wenn es verdünnt wurde.

Über die Verwendung von ätherischen Ölen gibt es gute Literatur, die ich am Ende des Buches vorstelle (siehe *„Zum Weiterlesen"* ▸ Seite 248). Wer mehr mit ätherischen Ölen arbeiten möchte, sollte sich unbedingt in das Thema einlesen und sich mit deren Wirkung vertraut machen.

ALLERGENE IN DÜFTEN

Im Anhang finden Sie eine Liste der 26 deklarationspflichtigen Allergene, die sowohl in natürlichen Düften wie ätherischen Ölen als auch in Parfumölen enthalten sein können. Allergenfreie Düfte sind leider nicht wirklich allergenfrei, sondern sie enthalten lediglich keines der 26 deklarationspflichtigen Allergene.

DUFT ODER KEIN DUFT?

Laut Kosmetikverordnung müssen für Allergiker 26 Allergene auf der Kosmetikverpackung angegeben werden. Das sind die sogenannten 26 deklarationspflichtigen Allergene. Dazu gehören Stoffe wie Citral, Citronellol und Linalool, die dafür bekannt sind, öfter Allergien auszulösen. Sie kommen in synthetischen PÖs ebenso vor wie in natürlichen ätherischen Ölen. Deshalb finden Sie diese Angaben auch auf nur mit ÄÖs parfumierter Naturkosmetik.

Wird ein Duft als „allergenfrei" bezeichnet, so bedeutet das nicht, dass keine Allergene enthalten sind oder dass niemand auf diesen Duft allergisch reagieren kann, sondern nur, dass keins der deklarationspflichtigen Allergene in Mengen größer als 0,01 % enthalten ist. Auch auf andere Stoffe sind allergische Reaktionen möglich, jedoch nicht so häufig.

Sollten Sie Probleme mit Duftstoffen oder Asthma haben, so verzichten Sie auf den Duft und lagern Sie Ihre Seifen an einem kühlen, trockenen und gut gelüfteten Ort. Vermeiden Sie die Lagerung parfumierter Seifen im Schlafzimmer oder in Räumen, in denen Sie sich lange und oft aufhalten.

FLÜSSIGKEITEN ZUM ANRÜHREN DER LAUGE

Zum Auflösen des Natriumhydroxids ist fast jede Flüssigkeit geeignet, für den Anfänger empfehle ich entmineralisiertes Wasser.

WASSER

„Entmineralisiertes" Wasser ist als sogenanntes Bügeleisenwasser oder Batteriewasser im Handel erhältlich. Es wird auch als vollentsalztes Wasser (VE-Wasser) bezeichnet. Dabei handelt es sich um Quell- oder Leitungswasser, dem die Mineralien (Salze) entzogen wurden. Dies geschieht über einen Ionenaustauscher, was kosten- und energieeffizienter ist als die Destillation.

Bei der Destillation wird das Wasser durch Kochen verdampft und durch Kühlung mit kaltem Leitungswasser wieder verflüssigt. Weil es ein energieintensives Verfahren ist, ist das destillierte Wasser teuer. Der einzige Vorteil des destillierten Wassers gegenüber dem entmineralisierten ist seine Keimfreiheit, die fürs Cremerühren vorteilhafter ist. Da beim Seifesieden die Lauge jedoch alle Keime abtötet, ist destilliertes Wasser dafür nicht nötig und das günstigere, entmineralisierte reicht völlig aus.

Leitungswasser sollten Sie nur dann benutzen, wenn Sie sehr weiches Wasser haben (unter 8 °dH) und keine Kupferleitungen im Haus verlegt wurden. Calcium- und Magnesiumionen, die einen Teil der Wasserhärte ausmachen, bilden mit den Hydroxidionen aus der Lauge unlösliche Flocken, d. h. die Lauge wird damit nicht klar und durchsichtig. Da diese Ionen außerdem einen Teil der Lauge wegfangen, geht dieser Teil für die Verseifung verloren und die Überfettung der Seife steigt an. Aus Kupferleitungen lösen sich immer winzige Spuren Kupfer, sowohl bei hartem Wasser als auch noch stärker bei weichem. Diese Kupferionen lassen die Seife schneller ranzig werden, weshalb von der Verwendung solchen Wassers nur abgeraten werden kann.

Der Einfachheit halber ist in den folgenden Kapiteln entmineralisiertes Wasser gemeint, wenn ich von Wasser spreche. In den Rezepten finden Sie aber den Hinweis auf das eingesetzte entmineralisierte Wasser.

Wassermenge und -reduktion

Die empfohlene Menge an Wasser richtet sich nach der GFM und beträgt zwischen 25 und 35 %. Für Anfänger empfehle ich 30 %, das sind 300 g Wasser für 1 kg GFM. Im amerikanischen Sprachraum wird oft von 38 %

ausgegangen, besonders wenn für ausgefallene Swirls und Muster ein lange flüssiger Seifenleim nötig ist. Der Nachteil einer größeren Wassermenge ist, dass sich die Seifenstücke beim Trocknen eher verziehen. Im deutschsprachigen Raum werden Wassermengen von 25 bis 33 % bevorzugt.

Wassermenge bestimmen

Die Wassermenge hat viel Einfluss auf die Verseifung. Je weniger Wasser man zum Anrühren der Lauge benutzt hat, also je konzentrierter die Lauge ist, desto langsamer dickt der Seifenleim an. Die Seife braucht dann eine höhere Temperatur, um in die Gelphase zu kommen. Benötigt man eine Gelphase, damit eine Naturfarbe intensiver wird, so nimmt man besser 30 – 33% Wasser bezogen auf die GFM. Soll der Seifenleim dagegen lange flüssig bleiben, so wählt man eine geringere Wassermenge, etwa 21 bis 28% der GFM. Diese Arbeitsweise kann man auch nutzen, wenn man nachträglich noch andere Flüssigkeiten, wie Milch oder Aloeveragel hinzugeben will. Allerdings sollte man hier bedenken, dass die Verdünnung der Lauge auch zu einer Temperaturerhöhung führt und der Seifenleim dann schneller andickt. Es ist eine Reduzierung der Wassermenge bis auf die 1,1-fache NaOH-Menge möglich.

Wassermenge auf die NaOH-Menge beziehen

Da das Wasser in erster Linie dazu gebraucht wird, das NaOH aufzulösen, ist eine weitere gebräuchliche Variante, die Menge im Verhältnis zur NaOH-Menge anzugeben. Ein Verhältnis von 1:1 bedeutet dabei, wir setzen gleichviel Wasser wie NaOH ein. Das ist auch schon die konzentrierteste Lauge, die überhaupt möglich ist. Anfängern empfehle ich mindestens ein Verhältnis von 1:1,1, also die Menge an NaOH mit 1,1 zu multiplizieren, um auf die Wassermenge zu kommen. Die daraus resultierende Lauge ist sehr konzentriert, dickflüssig und bekommt an der Oberfläche schnell eine Art Haut durch die Reaktion mit dem Kohlenstoffdioxid aus der Luft. Hier kann auch keine weitere Zutat in der Lauge gelöst werden. Alle weiteren Zusätze wie Zucker, Salz und Zitronensäure (siehe Kapitel „Zusatzstoffe“ ▸ Seite 146) lösen sich eventuell im Wasser, aber das birgt die Gefahr, dass sich das NaOH nicht mehr vollständig lösen kann. Daher muss man die Wassermenge mindestens um den Betrag aller zu lösenden Stoffe erhöhen und am Ende unbedingt die Lauge durch ein Sieb geben, damit ungelöstes NaOH nicht in die Seife gelangt.

VERGLEICH WASSERMENGE FÜR DAS 25ER REZEPT BEI 10% LU

NaOH zu Wasser 1:1,1

14,7% der GFM

- 1,57 21%
- 1,87 25%
- 2,1 28%
- 2,25 30%
- 2,47 33%

Unterschiedliche Wassergehalte in einer Seife rufen unterschiedliche Farben hervor. Dieser Effekt wird für den sogenannten Ghostswirl genutzt ▸ Seite 188.

HYDROLATE

Bei der Gewinnung ätherischer Öle fallen als Nebenprodukte die Destillationswässer oder Hydrolate an. Sie enthalten die wasserlöslichen Bestandteile der Pflanzen und geringe Mengen ätherischer Öle. Zur Herstellung der Lauge können sie aufgrund ihrer weichen Wasserqualität verwendet werden. Ob der Duft des Hydrolats später in der fertig gereiften Seife noch feststellbar ist, hängt von der Art des Hydrolats ab. Meistens ist er leider nicht mehr wahrnehmbar. Viele weitere Bestandteile werden ebenso von der Lauge verändert und eine Wirkung in der Seife darf bezweifelt werden. Bei der Verwendung von selbst hergestellten Hydrolaten mittels Kupferdestille treten dieselben Probleme auf wie beim Leitungswasser aus Kupferleitungen. Die Haltbarkeit der Seife verkürzt sich sehr.

TEE UND SAFT

Auch die Verwendung anderer Flüssigkeiten ist möglich. Zum Beispiel, um die Seife zu färben oder um pflegende Stoffe in die Seife zu bringen. Leider färben die meisten Tees und Säfte die Lauge braun und erzeugen damit eine braune Seife. Nur Karottensaft behält seine Farbe und ergibt eine orangefarbene Seife. Leider ist die Färbung mit Carotin nicht lichtecht und verblasst im Tageslicht mit der Zeit.

Als Tee werden gern Aufgüsse mit entmineralisiertem Wasser von Heilpflanzen verwendet, wie zum Beispiel Thymian, Salbei, Minze, Brennnessel, Hopfen u. a.

PÜRIERTES OBST UND GEMÜSE

Pürierte Salatgurke oder der Saft der Aloe vera eignen sich ebenso zum Anrühren der Lauge. Ob die enthaltenen Wirkstoffe die Lauge überstehen, weiß ich bisher nicht genau, trotzdem – eine Aloe-Pfefferminzseife klingt doch einfach gut.

Zur Gewinnung des Gels aus der Aloe vera wird das Blatt an der Basis abgeschnitten und ein Tag auf einem Küchenpapier liegen gelassen, bis kein gelber Milchsaft mehr austritt. Jetzt wird das Blatt gewaschen und geschält. Das Gel aus dem Blattinneren ist gut für die Hautpflege und wird zum Anrühren der Lauge püriert. Salatgurken können mit Schale püriert werden. Meist riecht es beim Anrühren der Lauge etwas merkwürdig, aber das überträgt sich nicht auf die spätere Seife. Je kühler gearbeitet wird, desto geringer ist der entstehende Geruch.

Aloe vera

KAFFEE

Kaffeeseife ist die Küchenseife schlechthin. Sie wird mit starkem Kaffee als Laugenflüssigkeit hergestellt und neutralisiert Gerüche, zum Beispiel den Geruch von Zwiebeln oder Knoblauch an den Händen. Kombinieren kann man die Kaffeelauge mit ausgelaugtem Kaffeepulver als Peeling, zusätzlichem löslichen Kaffee für eine dunklere Farbe oder ätherischem Orangenöl für Duft und zusätzliche Reinigungskraft.

KAFFEESEIFE

Mit Orangenöl ist sie nicht nur eine Küchenseife, sondern auch eine tolle Seife zum Duschen, da das Kaffeepulver ein angenehmer Peeling- und Massagestoff ist und das Coffein für straffe Haut sorgen soll.

ALKOHOLISCHE GETRÄNKE

Da auch Alkoholika Flüssigkeiten sind, kann man mit Bier, Wein, Sekt oder Whiskey Lauge anrühren. Den Alkohol und die Kohlensäure muss man vorher durch Kochen vollständig entfernen. Das kann je nach Alkoholgehalt, beispielsweise beim Whiskey, länger dauern. Danach muss die Flüssigkeit unbedingt gut abgekühlt und das NaOH sehr langsam zugegeben werden. Es besteht sonst die Gefahr, dass die Lauge hochschäumt.

SOLE

Milder als normale Seifen sind solche, bei der die Lauge mit Sole, einer Salzlösung, angesetzt wird. Bei Zugabe des NaOH wird die Lauge durch ausfallendes Salz trüb. Verwenden Sie hier unbedingt ein Sieb bei der Zugabe der Lauge zu den Fetten.

Für eine Soleseife wird kein extra Rezept benötigt, Sole kann für jedes Rezept verwendet werden. Man nimmt 35 g Salz auf 100 g Laugenflüssigkeit. Im Kapitel *„Zusatzstoffe“* finden Sie ▸ auf Seite 144 weitere Informationen zu Sole- und Salzseifen. Seifen mit Sole bzw. mit etwas Salz in der Laugenflüssigkeit werden schneller hart, weshalb sie besser in Einzelformen hergestellt werden. Frische Soleseife schäumen zumindest am Anfang etwas weniger.

MILCH

Milchseifen sind aufgrund ihres cremigen Schaumes und des gepflegten Gefühls der Haut sehr beliebt.

Tierische Milchprodukte

Milchprodukte wie Kuh-, Ziegen- und Schafsmilch werden verwendet, um einen cremigen und pflegenden Schaum zu erhalten. Auch exotische Milchsorten wie Eselsmilch, Stutenmilch oder Kamelmilch sind verwendbar. Diese sind oft nur als Milchpulver zu bekommen, was die Verarbeitung jedoch vereinfacht. Der Einsatz weiterer Milchprodukte wie Sahne, Joghurt und Quark wird im Kapitel *„Zusatzstoffe“* ▸ Seite 144 erklärt.

Pflanzliche Milchprodukte

Milchprodukte wie Soja- oder Mandelmilch werden aus demselben Grund wie tierische Milchprodukte verwendet und für den Umgang mit ihnen gelten die gleichen Regeln.

Anrühren der Lauge mit Milch

Das Wichtigste bei der Herstellung der Lauge mit Milch ist, auf die Temperatur der Lauge zu achten. Sie darf nicht zu heiß werden, weil sie sich sonst orange verfärbt. Die Lauge sollte höchstens gelb werden, dann ist die Temperatur richtig.

Die orange Färbung rührt von der Zersetzung des Milcheiweißes her und die Lauge beginnt, streng nach Ammoniak (früher als Salmiakgeist bezeichnet) zu riechen. Dieser Geruch ist auch in der späteren Seife deutlich wahrnehmbar und kann anfangs sogar das Parfumöl überdecken. Sobald die Seife jedoch geschnitten und zum Trocknen aufgestellt wird, beginnt der Ammoniakgeruch zu verfliegen. Spätestens nach zwei Wochen Reifezeit ist er verschwunden.

GUT ZU WISSEN
Der Ammoniakgeruch der Milchseife entsteht durch die Zersetzung von Eiweiß mit der Lauge. Er verfliegt innerhalb der Reifezeit.

Die Orangefärbung ändert sich während der Verseifung ebenfalls wieder und die spätere Seife wird cremefarben. Soll eine möglichst weiße Seife entstehen, so muss darauf geachtet werden, dass sich die Lauge nicht aufheizt und verfärbt.

Auch sollte das Gelen der fertigen Seife, da dies zu einer eher cremefarbenen Seife führt, verhindert werden. Übrigens dürfen Milchseifen, entgegen häufigen anderslautenden Informationen, gelen. Sie entwickeln hierbei manchmal einen Ammoniakgeruch, wenn die Gelphase heiß wurde. Dieser verfliegt jedoch im Laufe der Reifezeit. Doch bleibt die Farbe von ungegelten Milchseifen viel heller als von gegelten.

Während des Anrührens zersetzt die Lauge nicht nur das Milcheiweiß, sondern sie verseift ebenso das Milchfett. Das verseifte Fett bildet die weißen Flocken, die in der Lauge schwimmen. Da Sie in der dicken, flockigen Lauge nicht sehen können, ob noch nicht gelöste NaOH-Kristalle vorhanden sind, streichen Sie die Lauge unbedingt durch ein Sieb.

Lauge anrühren mit gefrorener Milch

Am leichtesten lässt sich die Temperatur der Lauge steuern, indem man gefrorerene Milch verwendet. Die Milch muss in geeigneten Gefäßen eingefroren werden. Für mich haben sich dabei Eiswürfelformen oder

-beutel als praktisch erwiesen, da sich kleine Stücke schneller auflösen als große Blöcke und die Lauge damit besser angerührt werden kann. Sie sind praktisch für die Vorratshaltung und die Menge lässt sich gut portionieren.

Man wiegt die benötigte Menge bis auf einen Rest von ca. 30 g ab und füllt diese 30 g mit Wasser oder Milch auf. Diese flüssige Reserve löst die ersten Laugenkristalle besser auf als Eis und erleichtert die Handhabung. Die beim Lösen entstehende Wärme taut die weitere Milch auf, und so geht das Anrühren der Lauge recht gut voran. Für Lauge ab einer Gesamtfettmenge von mehr als 500 g sollte ein kaltes Wasserbad bereitgehalten werden, da die Kälte der Eiswürfel meistens nicht bis zum Schluss ausreicht, um die gewünschte kühle Temperatur aufrechtzuhalten.

Jetzt kann man beobachten, dass oben auf der Lauge weiße Flocken schwimmen. Das ist bereits verseiftes Milchfett, das beim Sieben der Lauge manchmal etwas hinderlich ist. Ich empfehle jedoch dringend, die Lauge, die ja undurchsichtig ist, durchs Sieb zu geben, um sicher zu stellen, dass alle Laugenkristalle gelöst sind. Das Milchfett kann man am Schluss durchs Sieb streichen. Dann stellt man die Seife wie gewohnt her. Man kann sie zum Gelen einpacken oder man stellt sie sehr kalt, um die Gelphase zu verhindern. Oft reicht zum Kaltstellen der Kühlschrank nicht aus und die Seifenform wird in den Tiefkühler gestellt. Wegen der einfacheren Kühlung macht man Milchseifen gerne im Winter und stellt sie dann für mindestens 24 Stunden nach draußen in den Schnee. Ungegelte Seifen sollten länger in der Form bleiben, weil sie länger weich sind.

EINSTEIGER-METHODEN

Für Anfänger eignen sich die Wasserreduktion und die Benutzung von Milchpulver für die ersten Erfahrungen bei der Milchseifenherstellung.

Einsteigermethoden

Wie man sieht, sind Milchseifen nicht ganz einfach und eher für fortgeschrittene Sieder geeignet. Allerdings kann man auch als Anfänger Milchseifen herstellen, indem man Milchpulver verwendet oder durch eine Wasserreduktion.

Für eine *Wasserreduktion* berechnet man die für das Rezept benötigte Menge an NaOH und nimmt zum Anrühren der Lauge die gleiche Menge Wasser. Diese zieht man von der Gesamtmenge an Laugenflüssigkeit ab, der restliche Flüssigkeitsanteil ist für die Milch übrig. Man erhält hierbei allerdings keine 100%-ige Milchseife.

Dazu ein Beispiel: Wir wollen eine Seife aus 1 kg GFM herstellen und haben dafür 135 g NaOH berechnet. Die Flüssigkeitsmenge soll 33 %, also 330 g betragen.

Um das NaOH zu lösen, werden mindestens 135 g entmineralisiertes Wasser ohne weitere Zusätze benötigt. Man sagt, die Lauge ist 1:1 angesetzt. Zur Absicherung kann man natürlich auch eine 1:1,1 Lauge nehmen, d. h. 1 Teil Lauge und die 1,1-fache Menge Wasser (148 g). Für die Milch bleiben übrig:
330 g – 148 g = 182 g
Diese Menge wird abgewogen und sehr gut gekühlt. Darin kann man noch andere Stoffe wie Salz, Zucker oder etwas Honig lösen. Honig-Milchseife hört sich fein an.

Da sich die konzentrierte Lauge bei weiterer Verdünnung noch einmal stark erwärmt, wird die Lauge am besten langsam und unter ständigem Rühren auf Milcheiswürfel oder zu einer eisgekühlten Milchsole gegossen. Die Milchsole darf niemals in die Lauge gegossen werden!

Wird die Milchsole erst zu den geschmolzenen Fetten gegeben und dann die Lauge hinzugefügt, so erwärmt sich die Mischung ebenfalls und die Verseifung wird beschleunigt. Gegebenenfalls kann so eine Gelphase nicht mehr unterdrückt werden.

Milchpulver zu benutzen ist die einfachste Art, Milchseifen mit Kuh-, Schaf-, Ziegen- oder Buttermilch herzustellen. Auch nicht so gängige Sorten wie Stutenmilch-, Esel- oder Kamelmilchpulver sind erhältlich.

Man nimmt dazu einen Teil der Laugenflüssigkeit für das Milchpulver ab. Dabei muss man darauf achten, dass genug Flüssigkeit, mindestens so viel Wasser wie NaOH (Lauge zu NaOH 1:1) übrig bleibt. Besser wählt man ein Verhältnis von 1,1 bis 1,4 an Wasser im Verhältnis zum NaOH. Die abgezweigte Flüssigkeit wird erwärmt und das Milchpulver darin gelöst. Für eine gehaltvolle Milchseife nimmt man mehr Pulver, damit man viel Milch in der Seife unterbringen kann. Wichtig ist, dass es klümpchenfrei aufgelöst wird, sonst hat die Seife später braune, kratzige Punkte, weil der Milchzucker durch die Lauge verbrennt. Der Milchbrei wird gut abgekühlt und später zum emulgierten Leim gegeben. Auch ein Zusatz zu den warmen Fetten ist möglich, diese sollte man vor der Zugabe der Lauge gut mit dem Pürierstab durchrühren.

GUT ZU WISSEN
Sie können in der Milch noch andere Zusatzstoffe lösen, wie Zucker, Salz oder Honig. Dann erhalten Sie eine Milchhonigseife oder eine Milchsoleseife.

FETTE UND ÖLE

Von deren Gewinnung über die Chemie der Fettsäuren und die Verseifungsreaktion bis zur Möglichkeit, Fette auszutauschen, dazu ausführliche Ölporträts.

GEWINNUNG DER FETTE UND ÖLE

Chemisch gesehen besteht zwischen Fetten und Ölen kein Unterschied. Sie unterscheiden sich lediglich durch ihren Schmelzpunkt. Ein Öl ist bei Raumtemperatur flüssig, ein Fett hingegen fest, weil sein Schmelzpunkt über der Raumtemperatur liegt. Ein Beispiel: Kokosfett wird in seinen tropischen Herkunftsländern oft als Kokosöl bezeichnet, weil es dort viel wärmer als in Europa ist. Das Fett hat einen Schmelzbereich von 23–26 °C und ist dort flüssig. Bei einer üblichen Raumtemperatur von 20 °C ist es bei uns hingegen fest. Kokosfett und Kokosöl sind also das Gleiche, und es wird hier im Sommer auch besser im Kühlschrank aufbewahrt.

Dieses und das folgende Kapitel über die *Chemie der Fette und Öle* ▸ Seite 84 ff. und die damit zusammenhängende, vertiefende Chemie können Sie als Anfänger erst einmal überschlagen und nur die *Beschreibungen der einzelnen Öle* ▸ Seite 97 ff. durchlesen. Je intensiver Sie sich mit den einzelnen Ölen und ihrer Wirkung auf die Seifenrezeptur beschäftigen, desto interessanter ist es, die Ursachen für das unterschiedliche Verhalten besser zu verstehen.

Die Pflanzen, aus denen ein Öl gewonnen werden kann, nennen sich Ölsaaten, wobei zwischen Ölen aus dem Fruchtfleisch wie Oliven und Avocados und Ölen aus Samen, zum Beispiel Nüssen und Steinfrüchten, und Ölen aus Keimen (Weizenkeimöl) unterschieden wird.

PRESSVERFAHREN

Die einfachste Methode der Ölgewinnung ist die Pressung der Ölsaaten in einer Mühle. Wird dafür weder die Ölsaat vorgewärmt noch die Mühle beheizt, so spricht man von Kaltpressung. Allerdings erwärmt sich das Saatgut durch den herrschenden Druck doch sehr und erreicht Temperaturen von bis zu 170 °C. Daher wird nochmals unterschieden zwischen der schonenden Kaltpressung, bei der sich das Öl nicht über 40 °C erwärmen darf, und der Kaltpressung.

GUT ZU WISSEN
Auch bei einer Kaltpressung ohne Wärmezufuhr kann die Ölsaat Temperaturen von 170 °C erreichen. Von einer schonenden Kaltpressung spricht man, wenn 40 °C nicht überschritten werden.

Durch die schonende Kaltpressung lässt sich jedoch nicht das gesamte Öl aus der Ölsaat pressen, das heißt die Ausbeute ist bei diesem Verfahren recht klein und dadurch ist das Öl teuer. Es kann unter höherem Druck nachgepresst werden, wobei sich das Öl erwärmt, oder es wird unter Erwärmen gepresst, um die letzten Reste herauszudrücken. Diese Qualitäten sind etwas minderwertiger.

EXTRAKTION MIT LÖSUNGSMITTELN

Manche Ölsaaten wie Oliven sind sehr empfindlich. Um eine hohe Qualität an Olivenöl zu erzielen, müssen die Oliven kurz vor der Reife geerntet und noch am gleichen Tag gepresst werden. Vollreife, heruntergefallene oder zu lange gelagerte Olivenfrüchte beginnen sich zu zersetzen. Es bilden sich freie Fettsäuren (Säurezahl) und Peroxide, die die Qualität des Öles mindern. Ab einer Säurezahl von 4 mg Kaliumhydroxid pro Gramm Fett darf das Öl nicht mehr verkauft werden.

Um die Ölausbeute zu erhöhen oder weil aufgrund der schlechten Rohstoffqualität sowieso raffiniert werden muss, wird eine Extraktion mit Hexan durchgeführt. Hexan ist ein organisches Lösungsmittel, das zur Gruppe der Alkane gehört und unter anderem in Erdöl vorkommt. Es ist eine farblose Flüssigkeit, die benzinartig riecht und Öle gut lösen kann. Mit Hexan und Wasserdampf kann das Öl aus den zerkleinerten Ölsaaten herausgelöst werden. Danach erfolgt eine Trennung des Öls von Wasser und Hexan. Um alle Hexanspuren aus dem Öl zu entfernen, muss es anschließend raffiniert werden.

HOCHDRUCKEXTRAKTION

Ein neueres Verfahren zur Ölgewinnung ist die Extraktion mit überkritischem Kohlenstoffdioxid. Unter normalen Bedingungen ist Kohlenstoffdioxid ein farbloses Gas. Am kritischen Punkt ändert es seine Eigenschaften. Dieser liegt bei einer Temperatur von 31 °C und einem Druck von 74 bar. Darüber verhält sich gasförmiges Kohlenstoffdioxid auch wie eine Flüssigkeit und ist in der Lage, in Pflanzenmaterial einzudringen wie ein Gas und gleichzeitig Stoffe zu lösen wie eine Flüssigkeit. Man kann damit Pflanzen extrahieren und daraus ätherische Öle und fette Öle gewinnen oder ganze Kaffeebohnen entkoffeinieren. Der Vorteil der Extraktion liegt in der Ungiftigkeit des Kohlenstoffdioxids und der leichten Entfernbarkeit aus dem Öl. Sobald der Druck sinkt, wird es gasförmig und schon blubbert es aus dem Öl nahezu rückstandslos heraus wie aus einer offenen Flasche Sekt. Zurück bleibt das reine Öl.

MIT HOCHDRUCK

Die Hochdruckextraktion erlaubt die Gewinnung hochwertiger Öle für die Ernährung und die Hautpflege, z. B. Wildrosenöl aus den Kernen der Hagebutte, auch Hagebuttenkernöl genannt.

RAFFINATION KURZ ERKLÄRT

Nach der Gewinnung dürfen kalt gepresste Öle nur dekantiert, das heißt von den Trübstoffen und Wasser abgegossen, filtriert oder zentrifugiert werden. Sie enthalten noch alle wertvollen Inhaltsstoffe. Diese Öle sind weitgehend naturbelassen, schmecken und riechen nach den Pflanzen, aus denen sie gewonnen wurden, und können unter Umständen leichte Trübungen aufweisen. Mittels Extraktion mit Hexan gewonnene Öle müssen einer Raffination unterzogen werden. Zur Raffination gehören drei Reinigungsschritte: die Öle werden entschleimt, entsäuert und desodoriert. Weiterhin können sie gebleicht werden.

Entschleimung

Beim Pressen laufen neben dem Öl auch viele andere Stoffe aus den Ölsaaten heraus, auch Feuchtigkeit in Form von Wasser. Diese Stoffe setzen zusammen mit dem Wasser die Haltbarkeit des Öls herab, indem sie die Fettspaltung beschleunigen. Entschleimt wird mittels einer Säure, meist Phosphorsäure, wobei auch die wertvollen Lecithine entfernt werden.

Entsäuerung

Unter Entsäuerung versteht man die Entfernung der freien Fettsäuren aus dem Öl mittels einer Lauge. Dabei werden die Fettsäuren neutralisiert und in die entsprechenden Salze, die Seifen, verwandelt, die danach abgetrennt werden.

Desodorierung

Die Desodorierung erfolgt im Hochvakuum mittels Wasserdampf bei Temperaturen bis 235 °C. Hier werden beim Verderb der Ölsaat entstandene Bruchstücke aus dem Öl und ranzige Gerüche sowie der Eigengeruch und Eigengeschmack des Öls entfernt, ebenso eventuell vorhandene Hexanrückstände.

Bleichen

Zur Bleichung wird Bleicherde mit dem Öl gemischt, um vorhandene Farbstoffe zu adsorbieren. Das Öl wird heller und fast farblos. Nach den Raffinationsschritten ist das Öl farb- und geruchsneutral und seine Herkunft ist nur schwer herauszuschmecken.

Vor- und Nachteile der Raffination

Vorteile unraffinierter Öle sind die für die Ernährung und die Körperpflege wertvollen Inhaltsstoffe wie Phytosterole, Vitamine und Farbstoffe wie das β-Carotin (Provitamin A). Sie sind wichtige, pflegende Stoffe in Seifen und Cremes. Allerdings können vorhandene Enzyme, Lecithin und Restwasser die Haltbarkeit des Öles herabsetzen.

Bei der Raffination werden all diese Stoffe zusammen mit anderen, unerwünschten Stoffen wie z. B. Pestiziden, Fettabbauprodukten und polycyclischen Kohlenwasserstoffen, entfernt. Das Vitamin E wird später wieder zugesetzt. Es verlängert als Antioxidans die Haltbarkeit des Öls, der daraus hergestellten Produkte und hat ähnliche Wirkung im Körper. Leider gehen durch die Raffination auch der typische Geschmack und Geruch des Öles verloren. Es entstehen geschmacklich und geruchlich uniforme, fast farblose Öle, die eine längere Haltbarkeit haben.

UNTERSCHIEDE ZWISCHEN RAFFINIERTEN UND UNRAFFINIERTEN ÖLEN

	Vorteile	Nachteile
Unraffinierte Öle	Enthalten die für die Ernährung und die Körperpflege wertvollen Inhaltsstoffe wie Phytosterole, Vitamine und Farbstoffe wie das β-Carotin (Provitamin A). Das sind wichtige, pflegende Stoffe in Seifen und Cremes.	Pestizide, Fettabbauprodukte und polycyclischen Kohlenwasserstoffe sind ebenfalls enthalten.
Raffinierte Öle	Längere Haltbarkeit des Öls; Helle Farbe des Öls	Pflegende Stoffe, Lecithine und Restwasser werden mit entfernt; Geschmacklich und geruchlich uniforme Öle

HALTBARKEIT UND LAGERUNG VON ÖLEN

Grundsätzlich sollten alle Fette und Öle kühl, dunkel und fest verschlossen gelagert werden. Der beste Platz dafür ist ein kühler Vorratsraum oder Keller. Diese Lagerung trifft vor allem auf die Öle der Gruppe 4 (*Gruppeneinteilung* ▸ Seite 94) zu, die besonders leicht verderblich sind. Durch den Kontakt mit Sauerstoff aus der Luft werden die Doppelbindungen der Fettsäuren angegriffen. Licht beschleunigt diese Reaktion noch, weshalb viele Öle in dunklen Flaschen angeboten werden. Die Flaschen sollten sofort nach Gebrauch wieder fest verschlossen werden. Größere Gebinde werden gegebenenfalls in kleinere umgefüllt, damit nicht zu viel Luft in der Flasche über dem Öl steht. Empfindliche Öle können nach Anbruch im Kühlschrank aufbewahrt werden. Manche Öle, wie Olivenöl oder Avocadoöl, werden bei sehr kühler Lagerung fest, was ihnen jedoch nicht schadet. Bei der Entnahme kleinerer Mengen aus einer Flasche ist darauf zu achten, das Öl rechtzeitig aus dem Kühlschrank zu nehmen: Es muss erst wieder ganz flüssig und homogen werden, da sonst die Verseifungszahl nicht stimmt. Bei guter Lagerung halten sich Fette und Öle der Gruppen 1 bis 3 oft über das Mindesthaltbarkeitsdatum hinaus. Die Verseifung verlängert die Haltbarkeit von Ölen jedoch nicht. Eine Seife aus frischen Zutaten hält definitiv länger als eine, deren Öle das Mindesthaltbarkeitsdatum bereits erreicht haben.

AUFBEWAHRUNG VON ÖLEN

- Dunkel, in dunklen Flaschen oder im Schrank
- Kühl, empfindliche Öle im Kühlschrank
- Fest verschlossen

CHEMIE DER FETTE UND ÖLE

Fette und Öle sind Ester des dreiwertigen Alkohols Glycerin (Glycerol) und von drei Fettsäuren. Daneben enthalten sie noch verschiedene *Fettbegleitstoffe* ▸ Seite 87. Man gewinnt sie entweder aus tierischen Produkten oder aus Pflanzen.

FETTSÄUREN

Der wichtigste Bestandteil der Fette sind die darin veresterten/verbauten Fettsäuren. Das ist der Oberbegriff für eine Reihe organischer Säuren, die sich im Aufbau unterscheiden. Ihre Eigenschaften werden vor allem bestimmt von der Länge der Fettsäurekette und der Anzahl der Doppelbindungen.

Diese Unterschiede sind für die typischen Eigenschaften der Fette und ihren Einfluss auf die Seife verantwortlich. Will man also die Wirkung eines Fetts in der Seife abschätzen können, so muss man die Fettsäuren betrachten, aus denen es aufgebaut ist.

Für das Verständnis der Chemie der Fettsäuren muss ich einen kleinen Ausflug in die organische Chemie, das ist die Chemie des Kohlenstoffes, unternehmen.

Kleiner Chemie-Ausflug

Kohlenstoffatome bilden die Grundlage allen Lebens auf der Erde. Aus ihnen werden die Bausteine der Nahrung gebildet: Kohlenhydrate, Fette und Eiweiße. Sie sind jedoch auch die Basis des Lebens an sich: Auch die DNS, Hormone und Enzyme bestehen aus Kohlenstoffatomen.

So ein Kohlenstoffatom hat immer vier Bindungen. Das ist die wichtigste Grundregel der organischen Chemie. Meistens kommt der Kohlenstoff zusammen mit Wasserstoff vor, manchmal auch mit Sauerstoff, Stickstoff, Phosphor und Schwefel. Sie bilden Ketten oder verzweigte Formeln.

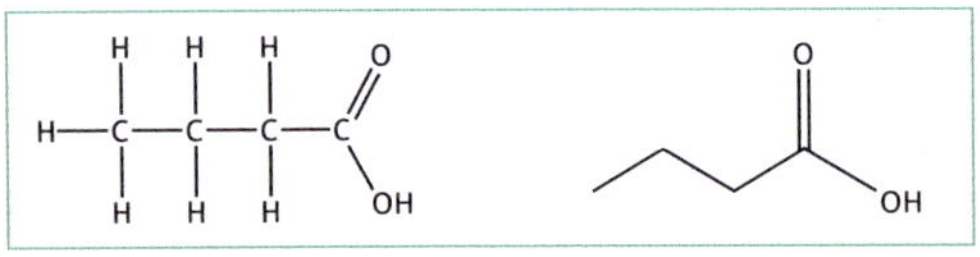

In manchen Strukturformeln sind der Übersichtlichkeit halber die Wasserstoffatome weggelassen worden und man muss sich deren Anzahl denken. Dazu ergänzt man die Bindungen einfach mit so vielen Wasserstoffatomen, dass jedes Kohlenstoffatom wieder vier Bindungen besitzt.

Unterschiedliche Darstellung einer Kohlenstoffverbindung

Gesättigte und ungesättigte Verbindungen

Hat jedes Kohlenstoffatom vier Bindungspartner, so dass es vier Einfachbindungen aufweist, so spricht man von gesättigten Verbindungen.

Manchmal kommt es vor, dass nicht genügend Bindungspartner zur Verfügung stehen, dann bilden sich, damit die Viererregel eingehalten wird, Doppelbindungen zwischen zwei Kohlenstoffatomen aus. Das ist eine ungesättigte Verbindung.

Gesättigte Verbindung

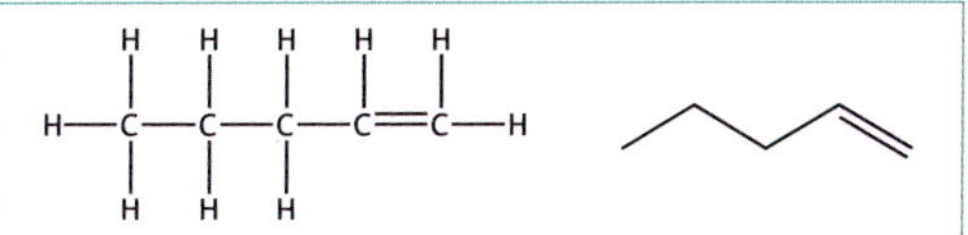

Ungesättigte Verbindung

Der Aufbau der Fettsäuren

Fettsäuren sind organische Säuren, sogenannte Carbonsäuren. Man erkennt sie an der COOH-Gruppe in einer Formel. Sie unterscheiden sich durch die Anzahl der Kohlenstoff-Atome. Ab vier C-Atomen in der Kette bezeichnet man die Carbonsäuren auch als Fettsäuren. Die bekanntesten Vertreter sind die Ameisensäure und die Essigsäure. Ameisensäure ist die kleinste Carbonsäure mit nur einem Kohlenstoffatom, Essigsäure hat zwei Kohlenstoffatome.

Die Tabelle gibt einen Überblick über die Fettsäuren. In der ersten Spalte gibt die erste Zahl die Anzahl der Kohlenstoffatome an, die Zahl hinter dem Doppelpunkt die Anzahl der Doppelbindungen. Natürlich vorkommende Fettsäuren haben meistens eine gerade Anzahl an Kohlenstoffatomen, weshalb ihre Anzahl in Zweierschritten steigt.

Ein Beispiel: Fettsäuren mit 18 Kohlenstoffatomen gibt es demnach vier. Die Stearinsäure ist eine gesättigte Fettsäure, die Ölsäure eine einfach ungesättigte und Linolsäure und Linolensäure sind mehrfach ungesättigte.

FETTSÄUREN IM ÜBERBLICK

Anzahl Kohlenstoffatome : Anzahl Doppelbindungen	Name der Fettsäure
4:0	Buttersäure
6:0	Capronsäure
8:0	Caprylsäure
10:0	Caprinsäure
12:0	Laurinsäure
14:0	Myristinsäure
16:0	Palmitinsäure
16:1	Palmitoleinsäure
18:0	Stearinsäure
18:1	Ölsäure
18:2	Linolsäure
18:3	Linolensäure
20:0	Arachinsäure
22:0	Behensäure
22:1	Erucasäure

GUT ZU WISSEN

- Jedes Fett hat seine eigene Fettsäurenzusammensetzung. Diese Fettsäuren sind für die Eigenschaften der Seife verantwortlich.
- Wie andere Säuren auch können Fettsäuren mit Laugen neutralisiert werden und Salze bilden.
- Die Natrium- und Kaliumsalze der Fettsäuren sind Seifen.

Gesättigte Fettsäuren

Gesättigte Fettsäuren sind Fettsäuren, die keine Doppelbindungen, also keine ungesättigten Stellen in ihrer Kohlenstoffkette aufweisen, jedes Kohlenstoffatom hat also vier Bindungspartner. Sie kommen hauptsächlich in festen Fetten wie Kokosfett, Palmfett, Kakao- und Mangobutter und in tierischen Fetten vor. Als Seifensieder müssen wir hier zwischen den kurzkettigen und den langkettigen Fettsäuren unterscheiden.

- Langkettige Fettsäuren sind für die Härte der Seife verantwortlich. Sie verseifen langsam und mit ihren langen Ketten mischen sie sich nicht gut mit Wasser.
- Bei den kurzkettigen Fettsäuren dagegen überwiegt noch der Einfluss der COOH-Gruppe und sie mischen sich besser mit Wasser, so dass sie die Seife zum Schäumen bringen.

Caprin-, Laurin- und Myristinsäure, mit 10 bzw. 12 und 14 Kohlenstoffatomen, zählen zu den kurzkettigen Fettsäuren. Sie sind die Säuren, die für den großblasigen, üppigen Schaum der Schaumfette verantwortlich sind. Sie kommen vor allem in Kokos- und Palmkernfett sowie Babassu vor, weshalb diese als Schaumfette bezeichnet werden. Diese Fette verseifen so bereitwillig, dass man sie bei höheren Temperaturen mit dem Schneebesen zum Andicken bringen kann.

Einfach ungesättigte Fettsäuren

Palmitoleinsäure (16 : 1) und Ölsäure (18 : 1) haben jeweils nur eine Doppelbindung in ihrer Kohlenstoffkette und sind somit einfach ungesättigte Fettsäuren. Da sie aufgrund der Doppelbindung einen niedrigeren Schmelzpunkt haben, sind sie hauptsächlich Bestandteil von Ölen.

In Seife wie in Öl sind sie recht stabil und länger haltbar. Sie pflegen die Haut und nehmen der Seife die splitternde Härte, die sie ohne Öle hätte. Öle mit hohen Ölsäuregehalten sind Olivenöl und die sogenannten high oleic-Öle, das sind ölsäurereiche Züchtungen von Distel-, Sonnenblumen- und Rapsöl. Palmitoleinsäure ist eine etwas seltener vorkommende Fettsäure und in größeren Mengen nur in Macadamianussöl und grünem Avocadoöl enthalten.

Mehrfach ungesättigte Fettsäuren

Linolsäure (18 : 2) und Linolensäure (18 : 3) sind mehrfach ungesättigte Fettsäuren. Linolsäure hat zwei, Linolensäure drei Doppelbindungen in der Kohlenstoffkette. Linolsäure und Linolensäure sind sogenannte essentielle Fettsäuren, da der Körper sie nicht selbst herstellen kann.

Sie kommen in hochwertigen Ölen vor und machen sehr weiche, wenig haltbare Seifen. Je mehr ungesättigte Stellen eine Fettsäure hat, desto empfindlicher ist sie gegen den Sauerstoff aus der Luft, desto schneller ranzt sie. Öle, in denen diese beiden Fettsäuren in größerer Menge vorkommen, bezeichnet man deshalb auch als schnellranzende Öle, zum Beispiel Walnuss-, Distel- oder Traubenkernöl.

AUF EINEN BLICK: DIE WICHTIGSTEN FETTSÄUREN UND IHR EINFLUSS AUF DIE SEIFE

Laurinsäure und **Myristinsäure**: Härte, Reinigungskraft und großblasiger Schaum

Palmitinsäure und **Stearinsäure**: Härte und cremiger, stabiler Schaum

Palmitoleinsäure und **Ölsäure**: harte Seifenstücke, die leicht im Wasser aufweichen, pflegende Wirkung

Linolsäure und **Linolensäure**: weiche Seife, pflegende Wirkung

Ricinolsäure: Härte, leicht im Wasser aufweichendes Seifenstück, cremiger, blasenloser Schaum, schaumunterstützend

WEITERE INHALTSSTOFFE VON FETTEN

Tierische und pflanzliche Fette bestehen nicht nur aus Fett (Triglyceriden), also aus einer Verbindung von Glycerin mit drei Fettsäuren, sondern auch aus den Fettbegleitstoffen.

Fettbegleitstoffe

Darunter versteht man fettlösliche Farbstoffe wie Carotine und Chlorophylle, Vitamine, freie Fettsäuren, Wachsester, Phosphatide (Lecithine) und Sterine. Bei den Sterinen unterscheidet man zwischen im tierischen Fett vorkommenden Cholesterin und den in pflanzlichen Fetten enthaltenen Phytosterinen (Stigmasterin, β-Sitosterin, Campesterin). Diese Fettbegleitstoffe werden durch die Raffination der Fette zum großen Teil entfernt. Zu erkennen ist das besonders gut durch den Vergleich von raffiniertem Avocadoöl, welches hellgelb ist, und unraffiniertem, dunkelgrünem Avocadoöl. Auch beim Geruch ist der Unterschied deutlich zu bemerken. So riechen unraffinierte Fette noch nach der Pflanze aus der sie gewonnen wurden. Die raffinierten Fette riechen und schmecken meist nur noch nach – Fett.

ÖLE MIT HOHEM ANTEIL AN UNVERSEIFBAREM

- Sheabutter: 2–11 %
- Avocadoöl: 2–6 %
- Olivenöl: 0,5–1,3 %
- Sesamöl: 0–2 %
- Sojaöl: 0,5–2 %

Unverseifbares

Unter dem Unverseifbaren versteht man Stoffe, die durch die Lauge nicht angegriffen und in Seife umgewandelt werden. Das sind die Farbstoffe, Vitamine (A, D, E und K), Sterine und Squalen. Alle anderen Stoffe, freie Fettsäuren, Wachsester und die für die Hautpflege besonders geeigneten Phosphatide, werden verseift.

Das Unverseifbare der Öle gilt als besonders hautpflegend und barriereschützend. Es wirkt der entfettenden Reinigung der Seife entgegen und pflegt die Haut. Besonders wichtig ist das Vitamin E, welches für eine längere Haltbarkeit der Seife sorgt. Generell ergeben unraffinierte Fette mit einem größeren Anteil an Unverseifbarem sehr pflegende Seifen. Besonders viel Unverseifbares enthält das Avocadoöl. Aus ihm stammt auch das für die Cremeherstellung gewonnene Avocadin. Das Öl enthält 2–6 % Unverseifbares, darunter die Vitamine A, D, E, Squalen sowie Carotine und Chlorophylle.

FETTKENNZAHLEN

Auf einer Ölflasche befinden sich Angaben zum Gehalt an gesättigten, einfach ungesättigten und mehrfach ungesättigten Fettsäuren. Diese Angaben erleichtern die Einordnung, wie ein Öl eingesetzt werden kann. Auch ist anhand der Zahlen erkennbar, ob z. B. ein Distelöl nun schnell ranzend ist oder ob es sich um die ölsäurereiche Züchtung handelt. Diese high oleic-Öle enthalten einen hohen Anteil Ölsäure, einer einfach ungesättigten Fettsäure, und sind dadurch gut für die Seifenherstellung geeignet.

Auf der Vorderseite der Flasche steht dazu nur „Reich an ungesättigten Fettsäuren“. Da das nicht weiterhilft, müssen wir uns auf der Rückseite die Tabelle mit den Nährwertinformationen anschauen, um herauszufinden, wie hoch der Anteil der einfach und der mehrfach ungesättigten Fettsäuren ist. Öle mit einem hohen Prozentsatz an einfach ungesättigten Fettsäuren sind länger haltbar als solche mit vielen mehrfach ungesättigten. Da es beim Distelöl beide Varianten gibt, können sie nur durch den Blick auf die *Nährwertinformation* unterschieden werden (siehe auch „Gut zu wissen“ ▸ Seite 89).

Mehr Informationen erhält man über ein Analysenzertifikat, auch Spezifikation genannt, das jeder Händler vorliegen hat. Dort können die physikalischen und chemischen Kenndaten des Öls abgelesen werden. Dazu gehören Dichte und Brechungsindex, die chemischen Parameter Säurezahl, Peroxidzahl, Verseifungszahl und Jodzahl und die unverseifbaren Anteile, ebenso die Fettsäurezusammensetzung. Es wäre äußerst wünschenswert, wenn jeder Verbraucher diese Zertifikate erhalten könnte, denn daraus ist z. B. auch ersichtlich, wie gut die Qualität des Ausgangsmaterials und damit auch das daraus gepresste Öl ist. Die meisten Händler geben die Zertifikate aber nur an gewerbliche Kunden heraus.

Säurezahl und Peroxidzahl

Sie lassen Rückschlüsse zu, welche Qualität Samen und Früchte hatten, aus denen das Öl gepresst wurde, bzw. wie haltbar es ist.

Verseifungszahl

Sie wird zum Ausrechnen der Laugenmenge bei der Seifenherstellung benötigt.

Jodzahl

Die Jodzahl ist ein Maß für die Anzahl an Doppelbindungen in einem Öl (siehe auch *„Gesättigte und ungesättigte Fettsäuren“* ▸ Seite 86). Eine hohe Jodzahl bedeutet, dass viele ungesättigte Fettsäuren in einem Öl enthalten sind. Hierbei muss unterschieden werden zwischen der einfach ungesättigten Ölsäure, die lange haltbare, harte Seifen hervorbringt, und den mehrfach ungesättigten Fettsäuren, die weiche Seifen mit kurzer Haltbarkeit ergeben.

Das bedeutet, dass die Jodzahl leider für die Vorhersage der Seifeneigenschaften unzureichend ist, da sie als Summenparameter nicht zwischen Ölsäure (18 : 1), Linolsäure (18 : 2) und Linolensäure (18 : 3) unterscheidet. Hierfür wird später eine geeignetere Möglichkeit vorgestellt.

GUT ZU WISSEN

Ölsäurereiche Züchtungen, sogenannte high oleic-Öle, besitzen mindestens 60 g einfach ungesättigte Fettsäuren in 100 ml Öl. Sie sind ein hervorragender Ersatz für Olivenöl, welches immer gelbliche Seife ergibt. Wie dieses ergeben sie lange haltbare, harte Seifen.

FETTHÄRTUNG UND FRAKTIONIERUNG

Mit beiden technischen Verfahren können flüssige Öle in feste Fette umgewandelt werden.

Fetthärtung

Zum Beispiel wird aus Sonnenblumenöl ein festes Fett für die Margarineherstellung, aus Avocadoöl Avocadobutter und aus Sojaöl „Sojawachs“. Die Fettsäuren, die bewirken, dass Sonnenblumenkernöl flüssig ist, sind die ungesättigten Fettsäuren. Ihnen fehlen ausreichend Wasserstoffmoleküle, weshalb man mittels eines chemischen Vorgangs unter Zuhilfenahme eines Katalysators Wasserstoff an die Doppelbindungen addiert (Hydrierung). Somit wird die Doppelbindung entfernt, das Öl wird härter und ist bei Raumtemperatur fest.

Fraktionierung

Sicher haben Sie das auch schon beobachtet: Wird Olivenöl in den Kühlschrank gestellt, kristallisiert es aus und wird fest. Bei Raumtemperatur wird es wieder flüssig. Diese Eigenschaft macht sich die Industrie zunutze: Kühlt man das Öl langsam ab, bis nur ein Teil des Öls fest geworden ist, kann der feste Anteil abfiltriert werden. Dabei wird das Öl in zwei verschiedene Fraktionen aufgeteilt, eine feste, die Butter, und eine flüssige, das Öl. Oliven- und Avocadoöl können durch beide Verfahren in eine feste Pflanzenbutter, Oliven- bzw. Avocadobutter, umgewandelt werden.

BEDEUTUNG DER BEIDEN VERFAHREN FÜR DIE SEIFENHERSTELLUNG

Pflanzenbutter wird beim Seifensieden eingesetzt, um der Seife ausreichende Härte und Wasserfestigkeit zu verleihen, damit sie beim Gebrauch nicht so leicht aufweicht und eine gute Haptik aufweist. Sojawachs – eigentlich ein gehärtetes Sojaöl, welches den Namen wegen seiner wachsartigen Konsistenz trägt – wird zukünftig eine größere Rolle beim Seifesieden bekommen, da es ein **guter und veganer Ersatz** für **Palmfett** darstellt.

DIE VERSEIFUNGSREAKTION

Fette und Öle sind Ester aus Glycerin (Glycerol) und drei Fettsäuren. Glycerin ist ein Alkohol, der im Gegensatz zu anderen Alkoholen wie Weingeist (Ethanol) drei OH-Gruppen hat, deshalb kann er mit drei Fettsäuren verestert sein. Man nennt Fette und Öle deshalb auch Triglyceride (tri bedeutet drei). Bei der Verseifung werden die drei Fettsäuren durch eine chemische Reaktion vom Glycerin abgelöst, das heißt verseift. Dass der Vorgang nicht von alleine in Gang kommt, weiß man aus der Alltagserfahrung: Fette können stark erhitzt oder mit Wasser gekocht werden, ohne dass sie sich zersetzen und Seife bilden. Hierzu wird eine starke Lauge aus Natriumhydroxid (NaOH) oder Kaliumhydroxid (KOH) benötigt.

Fettmolekül aus Glycerin (grau) und drei Fettsäuren (dunkelrot-blau)

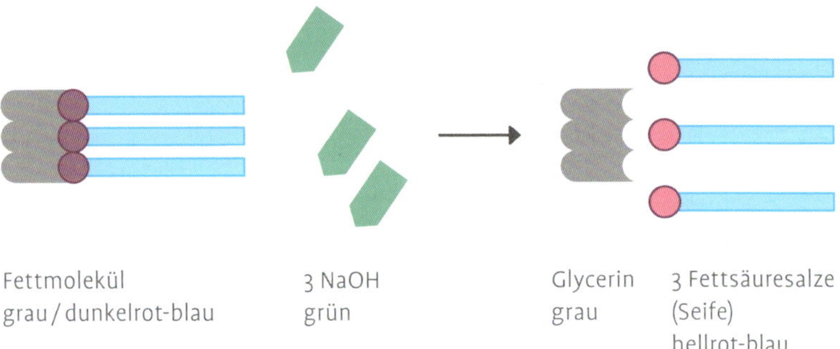

Die Basis der Lauge ist Wasser, worin Natriumhydroxid gelöst wird. Da sich Wasser und Fett nicht einfach mischen, mischt sich die Lauge auch nicht mit dem Fett. Beide stoßen sich ab, und so kann die Lauge zunächst nicht mit dem Fett reagieren. Durch die intensive Mischung mit dem Pürierstab kommt die Reaktion erst in Gang. Erste OH–Ionen aus der Lauge treffen ein Fettmolekül an der richtigen Stelle und lösen die Fettsäure ab. Es bilden sich die ersten Seifenmoleküle. Diese wirken als Emulgator und erleichtern die bessere Verbindung von Lauge und Wasser. Der Seifenleim wird milchig und dicker. Je mehr Seifenmoleküle gebildet werden, desto besser funktioniert die Durchmischung und der Seifenleim dickt an.

Jede Fettsäure muss mit einem NaOH-Molekül vom Glycerin abgetrennt werden. Pro Fett- werden also drei NaOH-Moleküle benötigt. Dabei entstehen aus einem Fett- drei Seifenmoleküle.

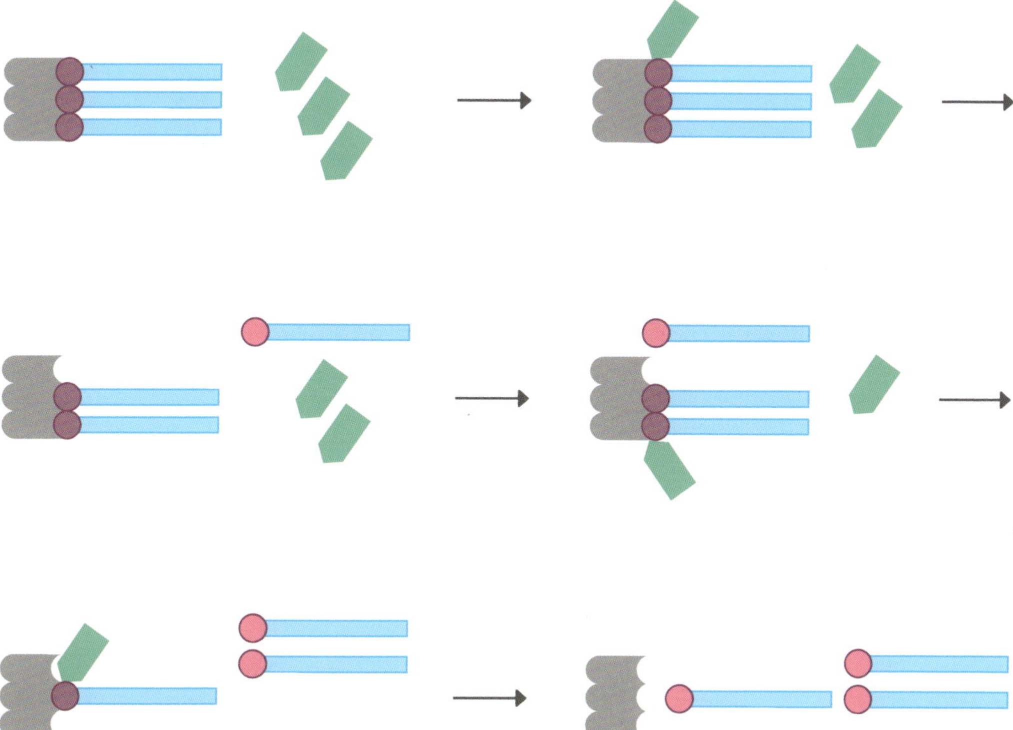

Verseifung in Einzelschritten

ÜBERFETTUNG ODER LAUGENUNTERSCHUSS?

Fette und Öle sind als natürliche Stoffe Schwankungen in ihrer Fettsäurezusammensetzung ausgesetzt. Damit schwanken auch die Verseifungszahlen: Man braucht unterschiedliche Mengen an NaOH, um das Fett komplett zu verseifen. Um zu verhindern, dass nach der Verseifung noch freies NaOH vorliegt, rechnet man einen Sicherheitsfaktor mit ein, der Überfettung genannt wird. In der älteren Literatur zur Seifenherstellung wurde davon ausgegangen, dass ein kleiner Anteil an Fett übrig bleibt, wenn weniger NaOH genommen wird, als für die komplette Verseifung notwendig ist. Um zu steuern, welches Öl übrig bleiben soll, wurde es nach dem Andicken zugegeben. Da die Verseifung jedoch, je nach Temperatur, bis 24 Stunden in Anspruch nimmt, macht die Zugabe eines Öls einige Minuten später keinen Unterschied. Die Lauge verseift das, worauf sie gerade trifft.

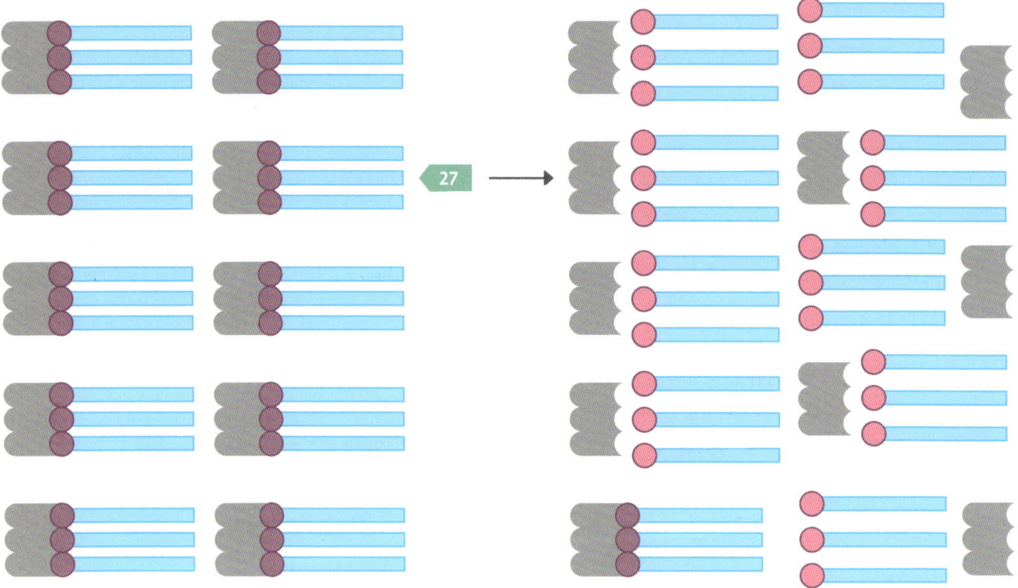

10 %ige Überfettung

Für 10 Fettmoleküle müsste eine 10 %ige Überfettung so aussehen: zehn Fettmoleküle werden bei 10 % iger Überfettung statt mit 30 NaOH nur mit 27 NaOH verseift. Es entstehen 27 Seifenmoleküle, neun Glycerinmoleküle und ein Fettmolekül, für das die drei NaOH gefehlt haben, bleibt übrig. Soweit die bisherige Theorie. Dass dies nicht zutrifft, kann man an der folgenden Grafik sehen. Die Lauge verseift das, worauf sie bei der Reaktion zufällig trifft. Die Wahrscheinlichkeit, dass genau ein Fettmolekül übrig bleibt, ist dabei sehr gering.

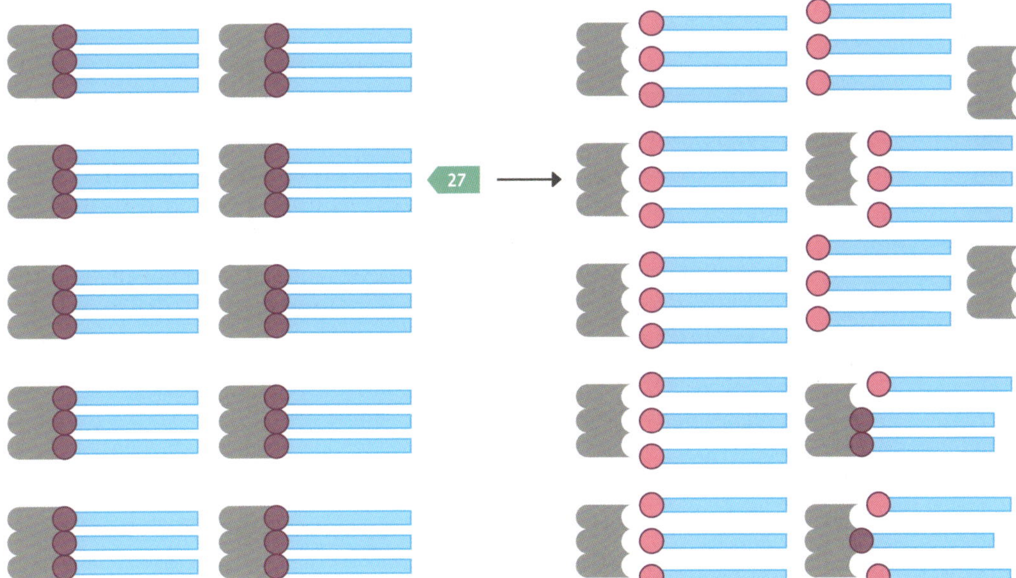

Tatsächlicher 10 %iger Laugenunterschuss

In der Grafik sieht man, dass acht Fettmoleküle ganz und zwei Fettmoleküle nicht vollständig verseift wurden. Eins enthält noch eine Fettsäure (Monoglycerid), ein anderes noch zwei Fettsäuren (Diglycerid). Jedoch bleibt kein Fettmolekül vollständig erhalten. Halb verseifte Fette sind keine Fette im ursprünglichen Sinne mehr. **Mono- und Diglyceride sind Emulgatoren.**

Fazit aus dieser Betrachtung: Der Ausdruck „Überfettung" ist falsch, weil keine Fette die Verseifung überstehen. Man spricht also besser von einem Laugenunterschuss (lye discount) von 10 %.

Eine echte Überfettung kann es nur geben, wenn das Fett nach Abschluss der Verseifung hinzugefügt wird, wie das bei einer Heißverseifung der Fall ist. Denn dann ist keine Lauge mehr vorhanden, die das Überfettungsöl verseifen kann.

GUT ZU WISSEN

Bei einer Verseifung nach der bisherigen Methode, CP-Methode (cold process) oder Kaltverseifung, bleiben **nach der Verseifung keine Fette übrig**. Deshalb ist die Bezeichnung Überfettung irreführend. Hier wird besser von einem Laugenunterschuss gesprochen. Eine echte Überfettung kann nur durch nachträgliche Fettzugabe erreicht werden, siehe *„Herstellung im Heißverfahren"* ▶ Seite 176 ff.

SYSTEMATISCHE EINTEILUNG DER FETTE UND ÖLE

Im Allgemeinen wird eine Seife nicht nur aus einem Öl hergestellt, sondern es werden mindestens zwei, meist noch mehr miteinander gemischt, die der Seife unterschiedliche Eigenschaften verleihen. Dafür sind in erster Linie die unterschiedlichen Fettsäuren verantwortlich.

Ich habe eine für die Seifenherstellung hilfreiche Systematik für die verschiedenen Fette und Öle erstellt. Dabei sind die in der Tabelle aufgeführten fünf Gruppen entstanden, innerhalb derer die Öle gegeneinander ausgetauscht werden können, ohne dass sich die Eigenschaft der daraus hergestellten Seife grundlegend ändert.

EINTEILUNG DER FETTE UND ÖLE NACH IHREM EINSATZ IN DER SEIFENHERSTELLUNG

Gruppe 1: Schaumfette	Gruppe 2: Basisfette	Gruppe 3 a: stabile Basisöle	Gruppe 3 b: Basisöle	Gruppe 4: Pflegeöle	Schaum-verstärkung
Babassu	**Pflanzliche Fette 2 a**	Aprikosen-kernöl	Rapsöl	Arganöl	Rizinusöl
Kokos	Cupuacubutter	Avocadoöl	Reiskeimöl	Schwarz-kümmelöl	
Palmkernöl	Kakaobutter	Erdnussöl	Sesamöl	Sojaöl	
	Mangobutter	Macadamia		Hanföl	
	Palmfett	Haselnussöl		Traubenkernöl	
	Sheabutter	Mandelöl		Weizenkeimöl	
Lorbeeröl		Olivenöl		Borretsch-samenöl	
	Tierische Fette 2 b	Distelöl h.o.		Hagebutten-kernöl	
	Gänseschmalz	Sonnen-blumenöl h.o.		Sonnen-blumenöl	
	Rindertalg			Distelöl	
	Schweine-schmalz			Mohnöl	
	Straußenfett			Walnussöl	
				Nachtkerzenöl	

Gruppe 1 ist die Gruppe der Schaumfette. Sie umfasst harte Fette. Schaumfette sind Kokos, Babassu und Palmkernöl. Murumurubutter kann ebenfalls dazu gezählt werden, aber in Europa ist ihr Preis so hoch, dass die Butter nicht in Seife eingesetzt wird.

Weitere Fette, die eine harte Seife ergeben, sind in Gruppe 2 aufgeführt. Diese Gruppe der Basisfette lässt sich in tierische und pflanzliche Fette unterteilen. Weitere feste Fette sind nötig, weil man die Seife nicht nur mit Schaumfetten härten kann. Am geeignetsten aus der Gruppe 2 ist das Palmfett. Es ist erschwinglich, lässt sich innerhalb einer größeren Temperaturspanne verarbeiten und bringt den Seifenleim nicht zum sofortigen Andicken. Wer auf Palmfett verzichten möchte, kann es durch eine kleinere Menge an Cupuacu, Kakao- oder Sheabutter ersetzen oder durch tierische Fette, die ich aus diesem Grund extra mit aufführe.

Die Gruppe 3 a umfasst die stabilen Basisöle, wie Olivenöl, Macadamiaöl und die ölsäurereichen Öle. Die Gruppe 3 b enthält etwas weniger stabile Öle. Die Gruppe 4, die leicht verderblichen Öle, sind von oben nach unten nach ihrer Haltbarkeit sortiert. Das heißt, je weiter oben das Öl in der Tabelle steht, desto haltbarer ist es. Die Öle der Gruppen 3 und 4 verleihen der Seife eine pflegende Komponente und verhindern, dass sie splitterhart wird.

Rizinusöl hat aufgrund seiner einzigartigen Fettsäure, der Ricinolsäure, eine Sonderstellung. Ricinolsäure kommt in keinem anderen Fett vor. Sie erzeugt keinen Schaum, verstärkt jedoch die Haltbarkeit des Schaumes und wirkt pflegend.

EIGENE REZEPTE ERSTELLEN

In der Tabelle links sind die Öle in Gruppen eingeteilt. Fette und Öle innerhalb einer Gruppe können meist problemlos getauscht werden, um eigene Rezepte zu erstellen.

ERLÄUTERUNGEN ZU DEN ÖLPORTRÄTS

Im folgenden Kapitel finden Sie ausführliche Porträts aller der in der Tabelle aufgeführten Öle. Damit können Sie die Wirkung eines Öles in der Seife einschätzen. Dazu gibt es Bilder der Einölseifen, sofern es sinnvoll ist, eine Seife mit nur diesem einen Öl herzustellen. Neben einer allgemeinen Beschreibung des Öls und seines kosmetischen Einsatzes wird auch die aus ihm hergestellte Einölseife genau beschrieben, mit Härte, Haptik und Schaumverhalten. Ebenso finden Sie dort übliche Einsatzmengen und Hinweise zur Verwendung in besonderen Seifen wie Haarseife.

RANZIDITÄTSFAKTOR

Neu ist die Einführung des sogenannten Ranziditätsfaktors RZF, der es Ihnen ermöglichen soll, die Haltbarkeit Ihres Rezeptes abzuschätzen, da die Jodzahl alleine keine sinnvolle Aussage zulässt (siehe dazu auch *„Jodzahl“* ▸ Seite 89). Sie soll einen Wert von 70 nicht überschreiten, da die Seife sonst weich bleibt und nur eine recht kurze Haltbarkeit hat. Olivenöl hat eine Jodzahl von 78–98 und die Seife ist hart und haltbar, weshalb die Einführung eines geeigneteren Parameters sinnvoll erschien.

Abweichend von der Jodzahl wird beim RZF berücksichtigt, dass ölsäurereiche Öle, wie Olivenöl, lange haltbare Seifen ergeben. Der Ranziditätsfaktor nimmt Werte zwischen 0 (harte Seife, sehr lange haltbar) und 170 (weiche Seife, ranzt innerhalb der Reifezeit) ein. Je niedriger der Wert ist, desto länger hält die Seife. Olivenöl erhält einen Wert von 30 zugeordnet. Werte bis etwa 40 ergeben lange haltbare Seife, kritischer werden Rezepte mit einem RZF von 40 bis 60. Bei höheren Werten sollte man mit einer kürzeren Haltbarkeit der Seife rechnen.

RANZIDITÄTS-FAKTOR UND HÄRTE

- **RZF bis 40:** lange haltbare Seife, bis zu mehreren Jahren
- **RZF 40–60:** Rezept nicht so lange haltbar
- **RZF größer 60:** Haltbarkeit von 4 Wochen bis zu 6 Monaten
- **Härte bis 60:** Seife zu weich
- **Härte bis 80:** Seife weich
- **Härte 80–90:** harte Seife
- **Härte 90–100:** sehr harte Seife

Bei den Beschreibungen der einzelnen Öle sind die RZF-Werte angegeben. Der Gesamtwert für die Seife berechnet sich, indem der RZF des jeweiligen Öles mit der Prozentzahl multipliziert wird. Aus der Summe ergibt sich der Wert für das gesamte Rezept. Beispielsweise für das 25er Grundrezept: (Kokos) 0 × 0,25 + (Palm) 19,7 × 0,25 + (Olive) 27 × 0,25 + (Raps) 73,5 × 0,25 = 30,05. Da das Grundrezept einen RZF-Wert kleiner 40 hat, ist die Seife lange haltbar.

HÄRTE

Die Härte der Seife berechnet sich aus der Summe der gesättigten Fettsäuren plus der Ölsäure. Sie nimmt Werte von etwa 20 (sehr weiche Seife) bis 100 ein, wobei ganz harte Seifen Werte von mehr als 90 haben. Angestrebte Werte für harte Seifen liegen zwischen 80 bis 90. Die Berechnung erfolgt analog dem RZF.

Ist die Seife nach Ihrer Berechnung zu weich, kann sie mit etwas Wachs im Rezept (1–2 %) oder durch Sole in der Laugenflüssigkeit gehärtet werden.

Es ist nicht nötig, dass Sie alle Ölporträts lesen. Suchen Sie sich die für Sie interessanten Öle heraus oder schmökern Sie nach Lust und Laune. Am Ende dieses Buches befindet sich zum schnellen Nachschlagen eine alphabetisch geordnete Tabelle mit allen Informationen zu den *gängigsten Ölen* ▸ Seite 244.

GRUPPE 1: SCHAUMFETTE

Schaumfette sind Fette mit einem großen Prozentsatz an kurzkettigen Fettsäuren, die sich besser als die langkettigen mit Wasser mischen und so für viel großblasigen Schaum und hohe Reinigungskraft sorgen.

BABASSUÖL

Babassuöl ist ein weißes, talgartiges Fett, von kokosartigem bis leicht fettigem Geruch. Raffiniertes Babassuöl ist fast geruchslos. Auf der Haut schmilzt es sofort.

Kosmetischer Einsatz

Es lässt sich gut verteilen und hinterlässt ein glattes Hautgefühl. Zwar zieht es gut ein, dringt jedoch nicht in tiefere Schichten, sondern bildet einen schützenden, nicht glänzenden Film. Durch das Schmelzen beim Auftragen entsteht ein kühlendes Gefühl. Gepaart mit dem hohen Laurinsäuregehalt und dem einhüllenden Film wird Babassuöl deshalb gerne bei Ekzemen verwendet. Die Laurinsäure wirkt antibakteriell und schützt so vor Infektionen.

Seife

Seife aus reinem Babassuöl ist reinweiß bis maximal cremeweiß. Sie ist sehr hart und hat eine glatte Oberfläche. Auch ist sie wasserstabil gegen Aufweichen. Reine Babassuseife ergibt viel großblasigen Schaum, der die Haut ein wenig austrocknet, jedoch im Blindtest nicht stärker als eine auf gleiche Weise hergestellte Seife aus reinem Kokosfett. Diesem Effekt kann man durch längere Lagerung und höhere Überfettung entgegenwirken.

Spezialseifen

Salzseife mit 60–96 % der GFM, Haarseife mit 10–30 %. Der Geschmack ist sehr unangenehm, deshalb nur in kleinen Mengen (~ 10 %) in Zahnseifen verwenden.

Orbignya oleifera **oder *O. phalerata***

Herkunft:
Süd- und Mittelamerika

Verseifungszahl:
NaOH 0,175

Schmelzpunkt: 24 °C

Jodzahl: 14–20

RZF: 4

Härte: 98

Unverseifbares:
0,1–1,0 %

Haltbarkeit des Öls:
24 Monate und länger

Farbe der Seife: weiß

Härte: harte Seife

Schaumverhalten:
viel großblasiger Schaum

Einsatzmengen:
10–40 %

Empfohlen für:
Salzseife mit 60–96 % der GFM

Einteilung der Fettsäuren:

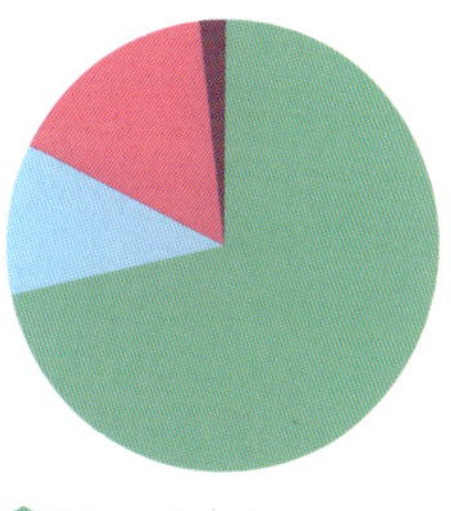

Cocos nucifera
Herkunft:
Asien, heute in den gesamten Tropen
Verseifungszahl:
NaOH 0,183
Schmelzpunkt: 21–25 °C
Jodzahl: 7–10
RZF: 0
Härte: 100
Unverseifbares:
0,4–1,2 %
Haltbarkeit des Öls:
24 Monate
Farbe der Seife: weiß
Härte: sehr harte Seife
Schaumverhalten:
viel großblasiger Schaum
Einsatzmengen:
10–40 %
Empfohlen für:
Haarseife mit 10–30 %, Salzseife

KOKOSFETT ODER KOKOSÖL

Kokosöl ist ein reinweißes Fett mit typisch kokosartigem Geruch. Raffiniertes Kokosöl dagegen riecht gar nicht. Da es bei Raumtemperatur fest ist, spricht man auch von Kokosfett.

Kosmetischer Einsatz

Auf der Haut schmilzt natives Kokosöl sofort mit einem kühlenden Gefühl und hinterlässt einen feinen Kokosgeruch. Da es sich gut verteilen lässt, wird es in Kombination mit anderen Ölen gern in Cremes eingesetzt. Der hohe Laurinsäuregehalt bewirkt eine leicht desodorierende Wirkung, weshalb es häufig in Deocremes eingesetzt wird.

Seife

Die Einölseife aus reinem Kokosöl ist weiß. Sie ist sehr hart und hat eine glatte Oberfläche. Der feine Duft des unraffinierten Kokosöls ist nach der Verseifung leider verschwunden. Die Kokosseife ist stabil gegen Aufweichen. Dabei ergibt sie viel großblasigen, stabilen Schaum, der austrocknend wirkt. Entgegenwirken kann man mit längerer Lagerung und höherer Überfettung oder im Rezept durch Herabsetzung der Menge an Kokosöl. Ein Unterschied in der Pflege zwischen einer Einölseife aus unraffiniertem und raffiniertem Kokosöl konnte ich nicht feststellen.

Spezialseifen

In Salzseife kann Kokos mit 60–96 % der GFM eingesetzt werden, da das Salz die Seife verdünnt. Als Schaumfett in Haarseife nimmt man 10–30 %. Da der Geschmack der reinen Kokosölseife sehr unangenehm ist, nimmt man es in Zahnseifen nur in kleinen Mengen von 10 %.

Einteilung der Fettsäuren:

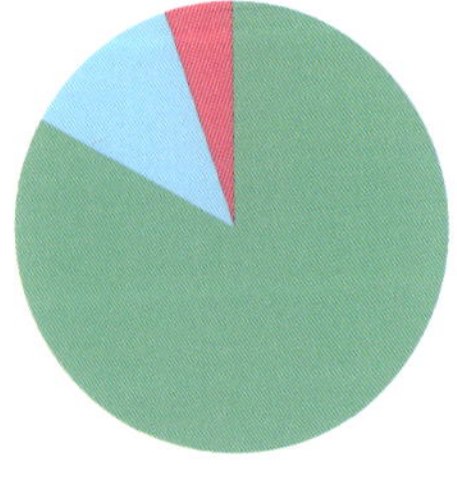

Schaumfettsäuren
Cremiger Schaum
Pflegefettsäuren

KOKOSFETT IM SOMMER IN DEN KÜHLSCHRANK

Kokosfett hat einen recht niedrigen Schmelzpunkt von 21–25 °C. In den Wintermonaten ist es bei uns fest. Im Sommer lagern Sie es besser im Kühlschrank. In den Anbauländern ist Kokosfett aufgrund des wärmeren Klimas flüssig. Hier spricht man deshalb von Kokosöl, gemeint ist aber immer dasselbe Fett beziehungsweise Öl.

PALMKERNFETT

Elaeis guineensis
Herkunft: Afrika
Verseifungszahl: NaOH 0,176
Schmelzpunkt: 23–30 °C
Jodzahl: 14–21
RZF: 4,4
Härte: 100
Unverseifbares: ca. 0,1 %
Haltbarkeit des Öls: 12–15 Monate
Farbe der Seife: weiß
Härte: splitterharte Seife
Schaumverhalten: viel großblasiger Schaum
Einsatzmengen: 10–40 %
Empfohlen für: Haarseife mit 15–35 %, Salzseife

Palmkernfett ist eine weiße, fettig aussehende Masse. Es wird aus den Kernen der Ölpalme gepresst und ist ein Nebenprodukt der Palmölgewinnung.

Kosmetischer Einsatz

Dieser beruht wie beim Palmfett nur in der Verwendung der Fettsäuren zur Herstellung von Reinigungsmitteln oder von Tensiden.

Seife

Reines Palmkernöl ergibt eine weiße Seife von glatter Textur. Sie ist wasserstabil und splitterhart bis sehr hart. Im Einöltest wurde sie als härteste Seife überhaupt bewertet. Deshalb wurde sie früher auch fein gerieben als Waschpulver verwendet. Durch ihre Härte ist sie leicht zu reiben.

Diese Seife ergibt viel stabilen, großblasigen Schaum, der von den meisten Testern als der mildeste aller Schaumfette bewertet wurde. Leider erwies sich die Einölseife aus Palmkernöl als nicht ganz so ranzstabil wie die beiden anderen Schaumfette.

Spezialseifen

Als mildes Schaumfett in Haarseifen mit 15–35 % der GFM kann Palmkernöl eingesetzt werden. Auch in Salzseife findet es Verwendung mit bis zu 100 % der GFM. Nur in Zahnseifen nimmt man aufgrund des unangenehmen Geschmacks höchstens 10 %.

Als Basisfett für Reinigungsmittel bis 100 % ist es ebenfalls verwendbar, zum Beispiel in ausgesalzener Putzseife.

Einteilung der Fettsäuren:

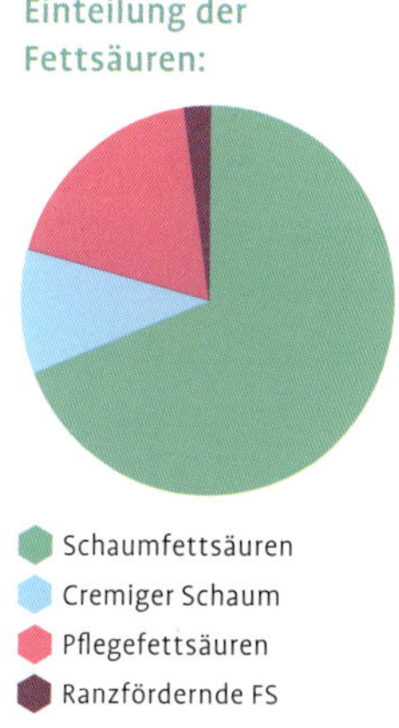

GRUPPE 2A: BASISFETTE

Basisfette dienen dazu, einer Seife Härte und Wasserstabilität zu verleihen, ohne ihr dabei noch mehr Reinigungskraft zu geben, wie es eine Erhöhung der Schaumfette tun würde.

Theobroma grandiflorum Seed Butter
Herkunft: Amazonas-Regenwald, Südamerika
Verseifungszahl: NaOH 0,137
Schmelzpunkt: 32–38 °C
Jodzahl: 35–50
RZF: 14
Härte: 94
Unverseifbares: ca. 2 %
Haltbarkeit des Fettes: 12 Monate
Farbe der Seife: beige
Härte: sehr hart
Schaumverhalten: sehr wenig
Einsatzmengen: 5–10 %
Empfohlen: zur Härtung der Seife

Einteilung der Fettsäuren:

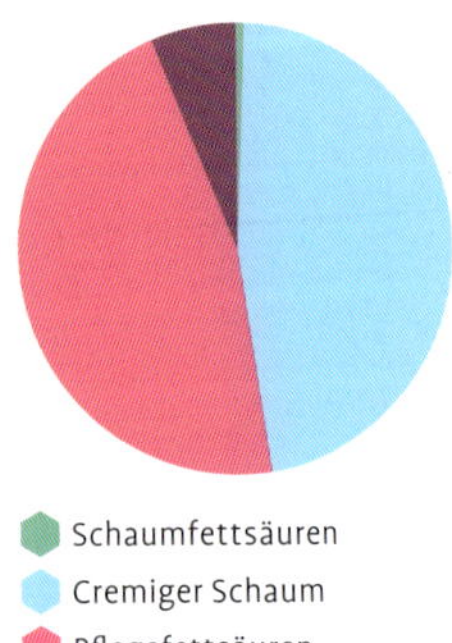

CUPUAÇUBUTTER

Cupuaçubutter ist eine weiße bis hellbeige Pflanzenbutter, die Ähnlichkeit mit Kakao- oder Sheabutter hat.

Kosmetischer Einsatz

Cupuaçubutter wird meist als raffinierte Qualität angeboten. Dann ist sie weiß bis hellgelb und hat fast keinen Geruch. Die Konsistenz ist ähnlich der von Kokosfett, leicht vaselineartig. Aufgrund des im Vergleich zur Kakaobutter und Sheabutter niedrigeren Schmelzpunkts lässt sie sich leicht auf der Haut verteilen und zieht sehr gut ein. Außerdem ist Cupuaçubutter ein guter Feuchtigkeitsbinder, was sie sowohl für Cremes als auch für Haarpflegeprodukte interessant macht.

Seife

Die Einölseife ist nach der Reifezeit sehr hart, sie ließ sich aber gut herstellen. Von dieser sehr harten Seife etwas Schaum zu bekommen, ist schwierig. Es ließen sich nur wenige Schaumbläschen entlocken. Sie weicht jedoch so gut wie gar nicht auf und verleiht somit Rezepturen ein gutes Aufweichverhalten und Stabilität.

Spezialseifen

Nur zum Härten der Rezeptur mit 5–10 %.

KAKAOBUTTER

Die leicht gelbe Kakaobutter duftet unraffiniert nach Schokolade, in raffinierter Form kann man noch einen leichten Schokoladenduft wahrnehmen. Kakaobutter ist ein sehr hartes Fett, das beim Schneiden bröckelt.

Kosmetischer Einsatz

Auf der Haut schmilzt die Kakaobutter und hinterlässt nach dem Einziehen einen leichten Film. Sie wird deshalb gern in der Lippenpflege, aber auch bei trockener Haut in der Körperpflege, beispielsweise in Sheasahne, eingesetzt. In Cremes wirkt sie konsistenzgebend, ebenso in Massagebars (feste Cremestücke auf Basis von festen Fetten). In der Schwangerschaft wird Kakaobutter zusammen mit anderen Ölen zur Vorbeugung gegen Schwangerschaftsstreifen benutzt.

Seife

Eine reine Kakaobutterseife ist sehr glatt und hell mit einem Stich ins Cremefarbene. Sie ist eine sehr harte Seife, deswegen bringt sie auch Härte in eine Rezeptur, wenn sie in kleinen Mengen eingesetzt wird. Schaum dagegen ergibt sie fast keinen. Es entsteht eher eine sehr kleinblasige cremige Emulsion. Entgegen den Erwartungen war die Seife sehr mild.

Das Aufweichverhalten ist gering und die Seife zeigt eine lange Haltbarkeit. Der Kakaobuttergeruch kommt in der Seife nicht durch, ihr Geschmack ist neutral bis lecker, so dass sie gut in Zahnseifen eingesetzt werden kann.

Zur Härtung einer Rezeptur nimmt man 5 bis 20 % der GFM, die ebenso in Zahnseifen und Haarseife gelten. Empfehlenswert ist die Kombination mit Reiskeimöl im Verhältnis 1 zu 2.

Spezialseife

In Zahnseifen verwendet.

Theobroma Cacao Seed Butter

Herkunft: urspr. Amerika, heute Afrika, Brasilien, Equador, Kolumbien

Verseifungszahl: NaOH 0,138

Schmelzpunkt: 30–35 °C

Jodzahl: 33–42

RZF: 6

Härte: 100

Unverseifbares: <0,4 %

Haltbarkeit des Fettes: bis 24 Monate

Farbe der Seife: hell, nicht reinweiß

Härte: sehr harte bis splitterharte Seife

Schaumverhalten: sehr wenig, eher eine milchige Creme

Einsatzmengen: 5–20 %

Empfohlen für: Zahnseife, Haarseife mit 5–20 %

Einteilung der Fettsäuren:

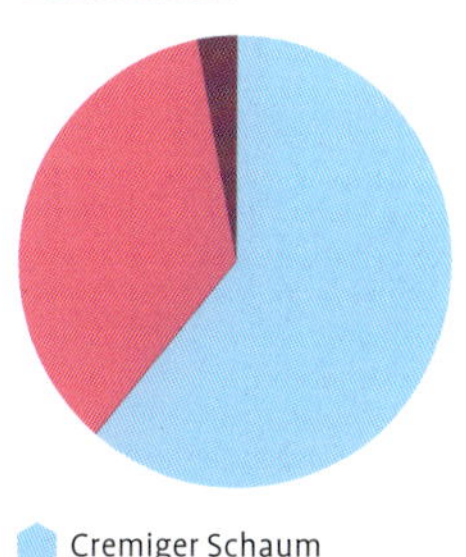

Mangifera indica seed butter
Herkunft:
Indien bis Burma
Verseifungszahl:
NaOH 0,136
Schmelzpunkt:
34–36 °C
Jodzahl: 33–49
RZF: 12
Härte: 94
Unverseifbares:
unraffiniert 4–7 %,
raffiniert bis ca. 1 %
Haltbarkeit des Fettes:
bis 12 Monate
Farbe der Seife:
hellbeige
Härte: hart
Schaumverhalten: sehr wenig, cremiger Schaum
Einsatzmengen:
10–25 (40) %
Empfohlen für:
Duschseifen, Haarseife mit 10–20 %

MANGOBUTTER

Mangobutter ist eine weiße, leicht fettig aussehende Masse, die aus den Kernen der Mango meist durch Hexanextraktion mit anschließender Raffination gewonnen wird.

Kosmetischer Einsatz

Mangobutter ist ein mildes Fett, mit seinen heilenden, einhüllenden Eigenschaften wird es in Feuchtigkeitslotionen, Lippenpflegeprodukten und in der Haarpflege eingesetzt.

Einteilung der Fettsäuren:

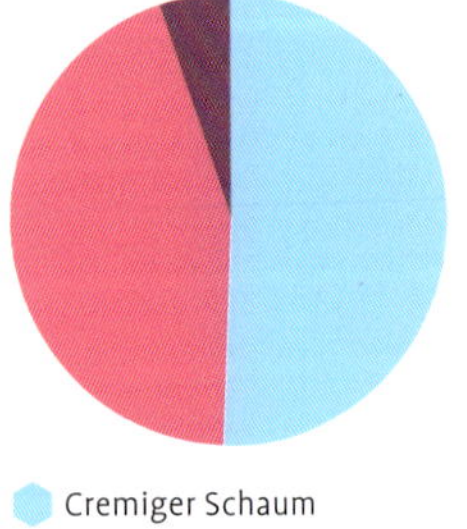

Cremiger Schaum
Pflegefettsäuren
Ranzfördernde FS

Seife

Rezepturen mit Mangobutter dicken schnell an. Eine reine Mangobutterseife ist eine sehr harte Seife, weshalb sie in kleinen Mengen eingesetzt wird. Schaum dagegen macht sie wenig, dafür ist sie aber leicht cremig. Die Seife ist sehr mild und hinterlässt ein gutes Hautgefühl.

Das Aufweichverhalten ist gering und die Seife zeigt eine gute Haltbarkeit.

Spezialseifen

In Haarseifen bis 20 % und in Zahnseifen.

PALMFETT / PALMÖL

Palmfett wird aus den Früchten der Ölpalme gepresst. Dabei fällt ein tief gelboranges Fett von charakteristischem Geruch an. Die Farbe des Fettes ist so intensiv, dass sie auch in der Seife gut haltbar ist, aber leider stark ausblutet und dabei Wäsche und Handtücher färbt. In raffinierter Qualität ist Palmfett weiß, höchstens leicht cremefarben und geruchlos.

Der Einsatz von Palmfett in unseren Seifen wird von vielen Siederinnen abgelehnt, weil für den Anbau der Ölpalmen viel Regenwald abgeholzt und durch Monokulturen ersetzt wird. Ich habe es trotzdem in den Fettbeschreibungen und einigen Seifenrezepten mit aufgenommen, weil Palmfett eines der am einfachsten zu verarbeitenden Fette für Anfänger ist und weil man auch Palmfett in geprüfter Bioqualität verwenden kann. Mit etwas Erfahrung kann es ein Sieder ersetzen.

Kosmetischer Einsatz

Palmfett wird in der Kosmetik, außer zur Seifenherstellung, nicht verwendet. Es ist Hauptbestandteil der sogenannten Fettstange oder des Frittierfetts. Man muss für die Seifenherstellung darauf achten, dass man die genaue Zusammensetzung oder die Verseifungszahl erhält. Kann man beides nicht in Erfahrung bringen, so rechnet man mit einer mittleren Verseifungszahl von 0,139. Das entspricht bei Verwendung eines Seifenrechners der Kakaobutter oder des Macadamianussöls.

Seife

Reine Palmfettseife ist von der Farbe her beige, dabei glatt und hart bis sehr hart. Deshalb wird das Fett eingesetzt, um die Härte der Seife zu erhöhen und sie wasserstabiler zu machen. Sie schäumt dabei fast nicht, erzeugt nur wenig kleinblasigen Schaum. Die Haltbarkeit der Seife ist sehr gut. Palmfett ergibt eine lange sehr ranzstabile Seife und eignet sich daher zum Mischen mit nicht so haltbaren Ölen aus der Gruppe der Pflegeöle. Der Geruch der Seife ist neutral, der Geschmack neutral, manchmal unangenehm.

Sondereinsatz

Zum Härten eines Rezepts und zur Erhöhung der Wasserstabilität.

Elaeis Guineensis (Palm) Oil

Herkunft: tropisches Afrika, heute überall in den Tropen

Verseifungszahl: NaOH 0,1405

Schmelzpunkt: 33–40 °C

Jodzahl: 49–55

RZF: 20

Härte: 90

Unverseifbares: 0,1

Haltbarkeit des Fettes: bis 24 Monate

Farbe der Seife: weiß bis leicht cremefarben

Härte: hart

Schaumverhalten: wenig Schaum, mittelhaltbar

Einsatzmengen: 10–40 %

Empfohlen für: Anfängerseifen, da leicht handhabbar, Haarseife mit 10–40 %

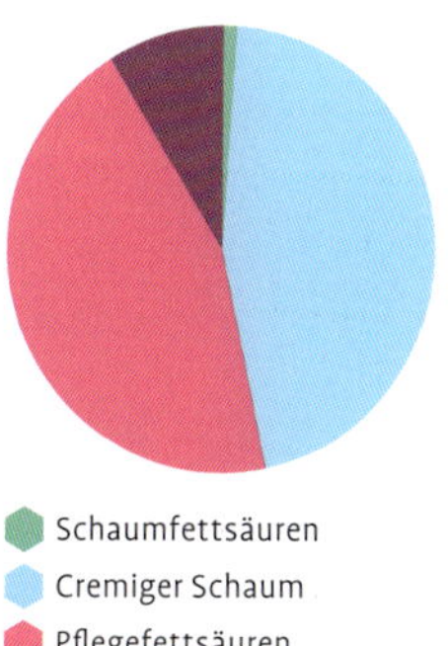

Butyrospermum Parkii (Shea) Butter
Herkunft: Westafrika bis zur oberen Nil-Region, Mali, der Senegal, die Elfenbeinküste, Ghana, Gambia, Nigeria und Benin
Verseifungszahl: NaOH 0,128
Schmelzpunkt: 32–45 °C
Jodzahl: 52–66
RZF: 13
Härte: 94
Unverseifbares: 2–11 %
Haltbarkeit des Fettes: 24 Monate
Farbe der Seife: reinweiß
Härte: sehr hart
Schaumverhalten: wenig, dafür sehr cremig
Einsatzmengen: 10–25 (40) %
Empfohlen für: Zahnseifen und für Menschen mit Hautproblemen oder trockener Haut

Einteilung der Fettsäuren:

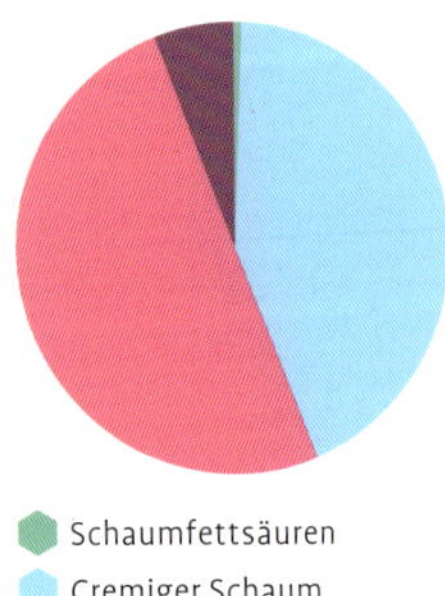

- Schaumfettsäuren
- Cremiger Schaum
- Pflegefettsäuren
- Ranzfördernde FS

SHEABUTTER

Sheabutter ist ein hellgelbes Fett von fettigem oder leicht nussigem, manchmal säuerlichem Geruch. Der Geruch hängt stark von der Gewinnungsmethode ab. Traditionell wird die Sheanuss von Frauen in Afrika gesammelt und verarbeitet. Dazu wird die geschälte Nuss zerstampft und mit Wasser vermischt, um das Fett daraus zu lösen. Geschieht das über einem Holzfeuer, so kann die Butter durchaus etwas rauchig riechen.

Kosmetischer Einsatz

Sheabutter pflegt die Haut durch ihren hohen Gehalt an Unverseifbarem und ihrem Wasserbindevermögen. Sie hinterlässt einen zarten Schutzfilm auf der Haut, der auch von neurodermitischer Haut als angenehm und gut verträglich empfunden wird. Sheabutter, auch unter dem Namen Karitébutter bekannt, wird in Cremes als Konsistenzgeber eingesetzt, ebenso in reiner Fettpflege als Sheasahne oder Balsam.

Seife

Die reine Sheabutterseife war die weißeste Seife der Einöltests und eine sehr harte Seife. Daher ist sie stabil gegen das Aufweichen. Sie erzeugt einen sehr kleinblasigen, eher cremigen Schaum. Wie die Butter ist auch die Seife lange haltbar. Seifen mit 10–25 % Sheabutter sind durch den hohen Gehalt an Unverseifbarem mild und pflegend. Höhere Konzentrationen werden von manchen Menschen als unangenehm stoppend empfunden, was jedoch an der Wasserhärte liegen kann.

Sheabutter kann in höherer Konzentration zu Problemen bei der Verseifung führen. Hier muss man genau auf die Verarbeitungstemperatur achten. Ist sie zu hoch, größer als 38 °C, so dickt der Seifenleim schnell an. Ist sie zu niedrig, dickt der Seifenleim an, obwohl er noch nicht ausreichend mit der Lauge vermischt ist ▸ Seite 233.

Spezialseifen

Geruch und Geschmack der Sheabutterseife sind angenehm. Sie kann mit 10 bis 20 % in Zahnseife verwendet werden. Für Menschen mit Hautproblemen ist ein höherer Gehalt von 25 bis 40 % gut, am besten zusammen mit grünem Avocadoöl oder in einer Salzseife.

GRUPPE 2 B: TIERISCHE BASISFETTE

Meist sind tierische Fette Abfallprodukte der Schlachtung, die jedoch ebenfalls eine sinnvolle und damit nachhaltige Verwendung finden können. Soll auf Palmfett verzichtet und trotzdem eine harte, wasserstabile Seife gesiedet werden, kann auf tierische Fette zurückgegriffen werden. Mir war der Gedanke zuerst unangenehm, statt pflanzlicher Öle auch tierische Fette zu benutzen, aber aus ethischen Gründen und Umweltschutzgründen setze ich sie mittlerweile gerne ein. Da Seifen mit tierischen Fetten einen Eigengeruch haben können, sollten Sie diese Seifen immer parfümieren.

GÄNSESCHMALZ

Das Fett ist hellgelb und fast flüssig.

Seife

In Seifen kann es als guter Ersatz für Palmfett verwendet werden. Obwohl es als Fett halb flüssig war, wurde die Seife recht hart und schäumte besser als erwartet, mit ausreichendem mittelblasigem Schaum. Allerdings weicht sie schneller auf und zeigte eine Tendenz zum Fäden ziehen.

Adeps Anserinus

Herkunft: –

Verseifungszahl: NaOH 0,138

Schmelzpunkt: 25 °C

Jodzahl: 65

RZF: 21

Härte: 89

Unverseifbares: 0,2–2,0 %

Haltbarkeit des Fettes: 3–5 Monate

Farbe der Seife: weiß bis leicht gelblich

Härte: hart

Schaumverhalten: gut

Einsatzmengen: 10–40 %

Empfohlen für: Hand- und Duschseifen, Haarseife

Einteilung der Fettsäuren:

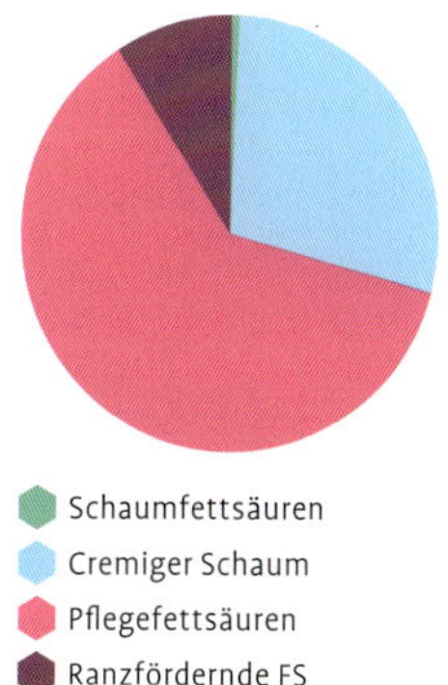

Sodium Tallowate oder _Adeps Bovis_
Herkunft: –
Verseifungszahl: NaOH 0,143
Schmelzpunkt: 42–52 °C
Jodzahl: 45
RZF: 10
Härte: 95
Unverseifbares: 0,1–0,2 %
Haltbarkeit des Fettes: 5–12 Monate
Farbe der Seife: wollweiß
Härte: sehr hart
Schaumverhalten: mittelblasiger Schaum
Einsatzmengen: 10–40 %
Empfohlen für: häufig benutzte Seifen, die wenig Zeit zum Trocknen haben, Duschseifen

Einteilung der Fettsäuren:

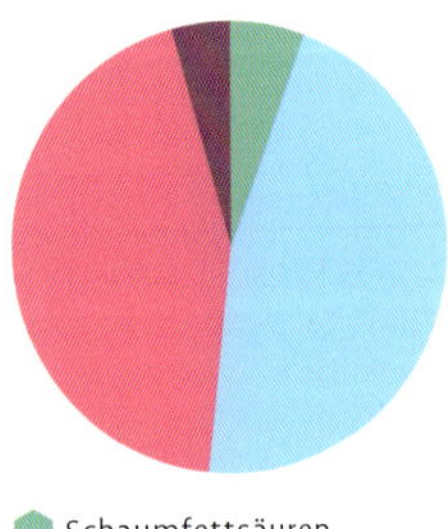

Schaumfettsäuren
Cremiger Schaum
Pflegefettsäuren
Ranzfördernde FS

RINDERTALG

Das Fett ist reinweiß und wird aus dem Fett von Rindern, oft auch dem Nebennierenfett, ausgelassen. Rindertalg und Schweineschmalz gibt es fertig zu kaufen oder die Fette werden selbst sorgfältig ausgelassen. Damit können Seifen hergestellt werden, wie es früher üblich war. Auch heute noch ist in vielen Seifen unter der INCI Sodium Tallowate Rindertalg zu finden.

Kosmetischer Einsatz

Außer in Seifen keine Verwendung mehr.

Seife

Rindertalg findet oft Verwendung in Seifen, da er eine optimale Fettsäureverteilung aufweist. Seife aus reinem Rindertalg wird sehr hart und glatt, besitzt eine angenehme Haptik und ist daher als Handseife geeignet. Ihre Farbe ist wollweiß und der Schaum entwickelt sich im Laufe der Reifezeit von kleinblasigem, eher cremigem Schaum zu einer recht gut schäumenden Seife. Das Seifenstück riecht fast nicht nach dem Tierfett, sofern es sorgfältig ausgelassen und nicht zu heiß geschmolzen wurde.

In Fettmischungen bis 40 % eingesetzt, gibt es der Seife eine Härte und seidenglatte Haptik. Verseift ist es lange haltbar, kann jedoch im Laufe der Reifezeit gelblich nachdunkeln.

Spezialseifen

Der leichte Eigengeruch von gut ausgelassenem Rindertalg kann leicht durch ein PÖ überdeckt werden. In Haarseifen kann Rindertalg deshalb mit 10-20 % eingesetzt werden, um dem Aufweichen der Seife durch einen hohen Ricinusgehalt entgegenzuwirken.

SCHWEINESCHMALZ

Das Fett ist weiß und wird durch Auslassen von Speck hergestellt.

Kosmetischer Einsatz

Aufgrund der Ähnlichkeit mit dem menschlichen Hautfett wurde Schweineschmalz früher gern für die Herstellung von Ringelblumensalbe benutzt. Ich mag nur den Geruch nicht und benutze lieber Olivenöl.

Seife

Reine Seife aus Schweineschmalz ist angenehm glatt und fest. Ihre Farbe ist anfangs weiß, dunkelt jedoch bald gelblich nach. Sie bildet sehr angenehmen, cremigen Schaum, der jedoch einen leichten Geruch nach Tier auf der Haut hinterlässt, weshalb ich empfehlen würde, Schweineschmalz mit nicht mehr als 25 % in einer Seife einzusetzen. Aus dem gleichen Grund entfällt die Verwendung in Haar- oder Zahnseife.

Auch aus diesem Grund würde ich Schweineschmalz nicht in höherer Konzentration als 25 % einsetzen. Die Einölseife ist nicht sehr lange haltbar und bekommt bald gelbe Flecken. Die Kombination mit Vitamin-E-reichen Ölen verlängert die Haltbarkeit.

Spezialseife

Keine.

Adeps Suillus
Herkunft: –
Verseifungszahl: NaOH 0,141
Schmelzpunkt: 28–40 °C
Jodzahl: 57
RZF: 19
Härte: 91
Unverseifbares: 0,14–0,35 %
Haltbarkeit des Fettes: 5–7 Monate
Farbe der Seife: weiß bis leicht gelblich
Härte: harte Seife
Schaumverhalten: kleinblasiger, cremiger Schaum
Einsatzmengen: 10–25 %
Empfohlen für: Hand- und Körperseifen

Einteilung der Fettsäuren:

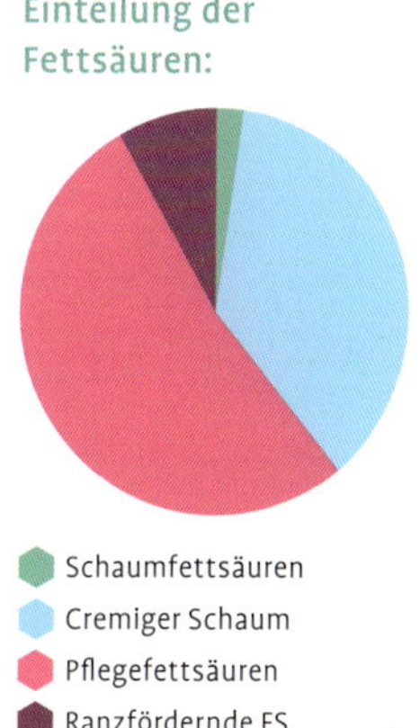

Struthio Oil
Herkunft: –
Verseifungszahl:
NaOH: 0,139
Schmelzpunkt: 35 °C
Jodzahl: 75
RZF: 16
Härte: 79
Unverseifbares:
keine Angabe
Haltbarkeit des Fettes:
5–7 Monate
Farbe der Seife:
gelblich beige
Härte: hart
Schaumverhalten:
ausreichend feinblasiger Schaum
Einsatzmengen:
bis 100 %
Empfohlen für:
Haarseife mit bis 25 %

STRAUSSENFETT

Straußenfett bekommen Sie über einige Straußenfarmen in Deutschland. Manchmal ist es sogar schon ausgelassen. Es hat pur eine gelbliche Farbe, vergleichbar mit Kakaobutter.

Kosmetischer Einsatz

Straußenfett wird für Allergiker, Menschen mit empfindlicher, trockener Haut, Neurodermitis und Schuppenflechte für Cremes, Lotionen und andere Pflegeprodukte, auch für Seifen, angepriesen.

Seife

Selten hat mich eine Einölseife so überrascht. Die Seife wurde bei Laugenzugabe orange, später beige und dickte sehr schnell an. Sie blieb auch nach der Reifezeit gelblichbeige gefärbt und war hart.

Der Schaum wird üppiger als erwartet, dabei kleinblasig und cremig. Die Haut fühlt sich nicht ausgetrocknet an, allerdings bekommt sie einen charakteristischen Geruch nach dieser Seife. Durch ihre Härte weicht die Seife nicht so schnell auf. Ihre Haltbarkeit ist gut.

Spezialseifen

Für Dusch- und Handseifen bis 100 %, eventuell in Kombination mit einem Öl der Gruppe 3 a oder 10 % Schaumfett und etwas Rizinusöl.

Einteilung der Fettsäuren:

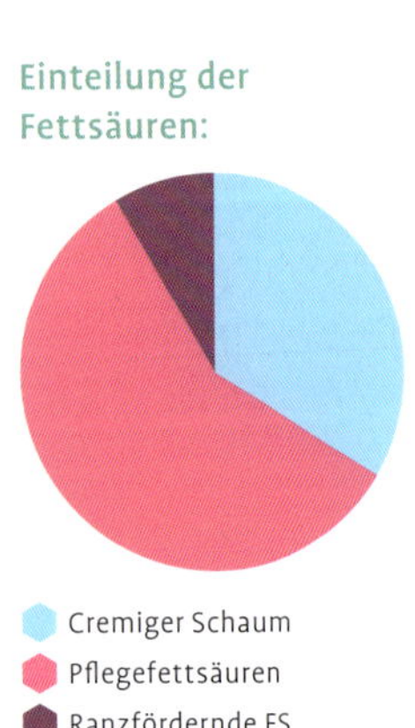

GRUPPE 3 A: STABILE BASISÖLE

Stabile Basisöle machen einen Hauptteil der Öle (25–100 %) einer Seife aus. Ihr Charakteristikum ist ihre Stabilität und Haltbarkeit.

APRIKOSENKERNÖL

Prunus Armeniaca (Apricot) Kernel Oil
Herkunft: Kleinasien, Mittelmeerraum
Verseifungszahl: NaOH 0,139
Jodzahl: 96–109
RZF: 56
Härte: 71
Unverseifbares: 0,4–1,3
Haltbarkeit des Öls: 12 Monate
Farbe der Seife: hell bis apricotfarben
Härte: mittlere Härte
Schaumverhalten: wenig Schaum, cremig
Einsatzmengen: bis 40 %
Empfohlen für: Zahnseife, Haarseife mit 40 %

Das nach Marzipan duftende Öl wird aus den Kernen der Aprikose gepresst.

Kosmetischer Einsatz

Das Aprikosenkernöl ist reich an Ölsäure und Linolsäure. Es ist dem Mandelöl sehr ähnlich, ein schnell einziehendes, wenig fettendes Öl für reife Haut, besonders um die Augen. Eingesetzt wird es in leichten Cremes für eine milde, reizarme Pflege und für Babyhaut.

Seife

Die Seife aus unraffiniertem Aprikosenkernöl ließ sich im Vergleich mit anderen ölsäurebasierenden Ölen gut herstellen und emulgierte bald. Das Seifenstück ist fest, leicht gelblich bis apricotfarben und duftet anfangs leicht nach dem Öl. Der Schaum ist mäßig, dabei sehr kleinblasig und cremig, die Seife leicht glitschig. Sie weicht leicht auf und zeigt dann fädige Tendenzen.

Aufgrund des recht hohen Linolsäureanteils sollte man es in der Seife mit maximal 40 % einsetzen.

Spezialseifen

Durch seinen neutralen Geschmack ist Aprikosenkernöl gut in Zahnseifen einsetzbar. Auch in Haarseifen kann man es als Ersatz für das beschwerende Olivenöl gut nehmen.

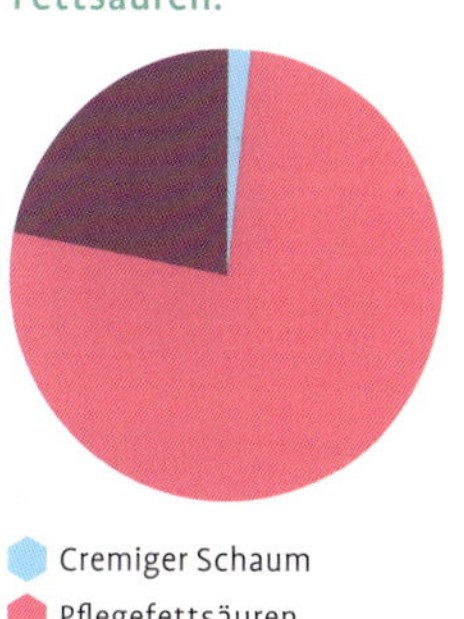

Persea gratissima oder _P. americana_
Herkunft:
Süd- und Mittelamerika
Verseifungszahl:
NaOH 0,1335
Jodzahl: 65–95
RZF: 25
Unverseifbares: 2–6 %
Haltbarkeit des Öls:
12–24 Monate
Farbe der Seife:
grün bis grünlich-gelb
Härte: feste Seife
Schaumverhalten: leicht schleimig, später kleinblasiger bis cremiger Schaum
Einsatzmengen:
10–100 %
Empfohlen für:
Duschseife, Zahnseife, Haarseife mit 30–60 %

Einteilung der Fettsäuren:

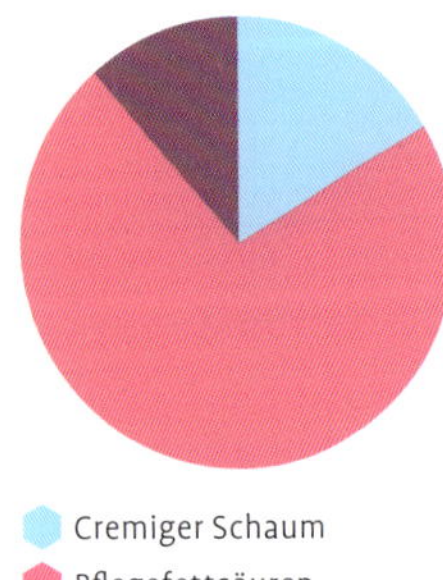

Cremiger Schaum
Pflegefettsäuren
Ranzfördernde FS

AVOCADOÖL

Das Avocadoöl wird aus dem Fruchtfleisch der Avocadofrucht gewonnen, die im Vergleich zu anderen Früchten sehr viel Fett enthält. Das Öl selbst ist trüb, dickflüssig und von grüner bis grünlich-brauner Farbe. Raffiniertes Öl ist hellgelb und ohne den typischen Geruch des Avocadoöls.

Kosmetischer Einsatz

Das unraffinierte, grüne Avocadoöl wird zur Pflege der trockenen, rissigen Haut eingesetzt. Es hat ein gutes Einziehverhalten und dringt tief in die Haut ein. Der recht hohe Gehalt von 2–6 % an Unverseifbarem wirkt barrierestärkend. Avocadoöl ist außerdem ein gutes Narbenpflegeöl.

Seife

Die reine Avocadoölseife wird grün, mit der Zeit verblasst die Farbe allerdings, da sie nicht lichtecht ist. Für ein flüssiges Öl wird die Seife daraus recht fest, da sie mehr als 50 % Ölsäure enthält. Anfangs ist das Schaumvermögen sehr verhalten und schleimig, vergleichbar mit reiner Olivenölseife. Das lässt jedoch mit der Reifezeit nach und die Seife schäumt kleinblasig und cremig. Der echte Vorteil einer hochprozentigen Avocadoölseife liegt im Hautgefühl. Nach dem Waschen fühlt sich die Haut gepflegt, sogar leicht gefettet an, was man am abperlenden Wasser erkennt. Das liegt am recht hohen Anteil an Unverseifbarem. Als nachteilig empfinde ich, dass die Seife im Wasser schnell aufweicht und sich dann rasch verbraucht. Eine hochprozentige Avocadoölseife ist eher eine Seife für die Dusche als für das Handwaschbecken, damit sie gut trocknen kann. Es empfiehlt sich ein festes Fett mit ins Rezept einzuplanen.

Spezialseifen

Avocadoöl ist nicht nur pflegend für die Haut, sondern auch fürs Haar, es kann gut mit 30–60 % in Haarseifen für trockenes Haar eingesetzt werden, zu viel führt zu fettig aussehendem Haar. Wegen seines neutralen Geschmacks kann es auch in Zahnseifen benutzt werden.

Einsatzmengen

Um die pflegende Wirkung zu spüren, sollte man mindestens 15 % Avocadoöl einplanen, bis 100 % sind möglich (Rezeptempfehlung ▸ Seite 162).

ERDNUSSÖL

Aus Erdnüssen wird ein farbloses bis leicht hellgelbes Öl gepresst. Menschen mit einer Erdnussallergie dürfen keine Produkte verwenden, in denen Erdnussöl enthalten ist.

Kosmetischer Einsatz

Da Erdnussöl nicht schnell in die Haut aufgenommen wird, wird es als Massage- und als Badeöl verwendet. Zudem nimmt man es, um Schuppen und Krusten auf der Kopfhaut aufzuweichen oder gleich als Kopfhaut- und Haarpflegeöl.

Seife

Die reine Erdnussölseife ist sehr weiß, glatt und hart. Der Schaum ist nur von mittlerer Menge mit kleinen Blasen. Sehr stabil ist er nicht, trotzdem wäre die reine Erdnussölseife eine schöne weiße Seife, wenn die geringe Haltbarkeit nicht wäre. Entgegen der Erwartungen aufgrund der Fettsäurezusammensetzung ranzten von der Einölseife einige Stücke sehr schnell, weshalb Erdnussöl nur als Basisöl bis 25 % empfohlen werden kann. Die Wasserstabilität ist nicht sehr ausgeprägt. Der Geruch der Seife ist neutral, der Geschmack neutral bis unangenehm.

Spezialseifen

In Dusch- und Haarseifen bis 25 %.

Arachis Hypogaea Oil
Herkunft: Südamerika
Verseifungszahl:
NaOH 0,1355
Jodzahl: 83–107
RZF: 42
Härte: 73
Unverseifbares: 0,1–0,3
Haltbarkeit des Öls:
bis 24 Monate
Farbe der Seife:
reinweiß
Härte: hart bis sehr hart
Schaumverhalten:
mittlere Menge
Einsatzmengen:
bis 25 %
Empfohlen für:
weiße Seife, Haarseife

Einteilung der Fettsäuren:

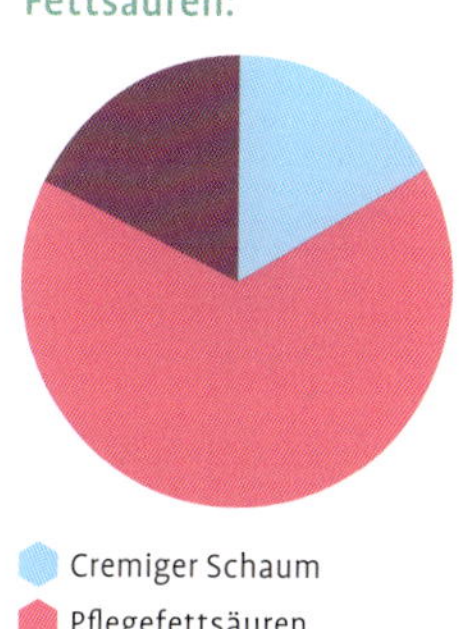

Macadamia Ternifolia Seed Oil
Herkunft: Australien
Verseifungszahl: NaOH 0,139
Jodzahl: 74–76
RZF: 5
Härte: 95
Unverseifbares: 0,5
Haltbarkeit des Öls: 9–12 Monate
Farbe der Seife: weiß
Härte: recht hart
Schaumverhalten: reichhaltiger Schaum
Einsatzmengen: bis 50 %
Empfohlen für: Körper- und Haarseifen, Zahnseifen

MACADAMIANUSSÖL

Macadamianussöl ist ein hellgelbes Öl mit nussigem Geruch.

Kosmetischer Einsatz

Sein hoher Palmitoleinsäuregehalt ist in Ölen selten und macht es zu einem verträglichen Öl, das gut in die Haut einzieht.

Seife

Seife aus reinem Macadamianussöl wird reinweiß und für eine Seife aus Öl auch recht hart. Bei der Verseifung dauerte es lange, bis der Leim andickte, so dass die Seife lange flüssig blieb und schließlich recht viel Sodaasche bekam. Das angewaschene Seifenstück war jedoch glatt und hatte eine angenehme Haptik, weder zu weich noch zu hart. Die Seife bekam nach dem Gebrauch eine schöne glatte, glänzende Oberfläche.

Der Schaum ist überraschend reichlich, dabei kleinblasig und cremig. Er ist sehr angenehm auf der Haut und nur leicht austrocknend, wie bei einem reinen Schaumfett. Allerdings weicht die Seife schnell auf und bekommt dann leichte Schleimfäden.

Spezialseifen

Der Geruch der Seife ist neutral, ihr Geschmack nussig und nur leicht seifig, so dass Macadamianussöl ein ideales Öl für Zahnseifen darstellt.

Einteilung der Fettsäuren:

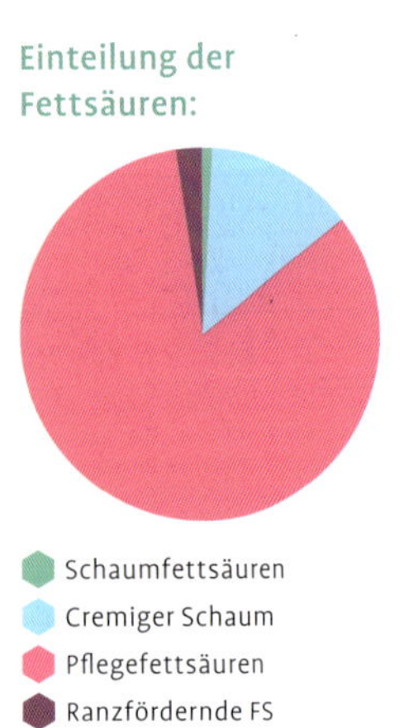

MANDELÖL

Da der Mandelbaum zur Familie der Rosengewächse gehört, ist die Mandel keine Nuss und sollte von Nussallergikern vertragen werden. Mandelöl ist hellgelb und dünnflüssig. Es gibt zwei Mandelarten, die Süßmandel und die Bittermandel (*Prunus amygalusamara*).

Kosmetischer Einsatz

Mandelöl ist ein mildes, feuchtigkeitsspendendes Öl für trockene bis normale Haut, das gut einzieht. Es ist sehr gut verträglich und wird deshalb in der Babypflege ebenso wie in Pflegeprodukten für Menschen mit Hauterkrankungen benutzt. In Mischungen mit anderen Ölen oder allein ist es ein gutes Massageöl.

Von der Fettsäurezusammensetzung und seinem mittleren Vitamin-E-Gehalt her müsste es länger haltbar sein. In der kosmetischen Qualität und nach dem amerikanischen Arzneibuch darf es mit anderen Ölen verschnitten sein. Benutzen Sie deshalb besser Süßmandelöl in Lebensmittelqualität.

Seife

Die Einölseife aus Mandelöl war anfangs sehr weiß, wurde jedoch innerhalb von zwei Monaten gelblich und war entgegen der Erwartungen nach drei Monaten klebrig und roch unangenehm.

Die Seife schäumt recht großblasig und reichlich, der Schaum ist cremig und haltbar. Das Hautgefühl nach der Benutzung ist gut.

Das Seifenstück ist von mittlerer Härte und glatter Oberfläche. Es verbraucht sich recht schnell, wenn es nicht ausreichend abtrocknen kann.

Spezialseifen

Gut für Duschseifen geeignet, in Haarseifen bis 25 %. Für Zahnseifen gibt es besser schmeckende Öle.

Prunus amygalus dulcis oil

Herkunft: West- und Zentralasien

Verseifungszahl: NaOH 0,1365

Jodzahl: 85–106

RZF: 40

Härte: 83

Unverseifbares: bis 1,5 %

Haltbarkeit des Öls: bis 12 Monate

Farbe der Seife: sehr weiß, später gelblich

Härte: mittel

Schaumverhalten: recht viel großblasiger bis cremiger Schaum

Einsatzmengen: bis 25 %

Empfohlen für: alle Seifen, Haarseife bis 25 %

Einteilung der Fettsäuren:

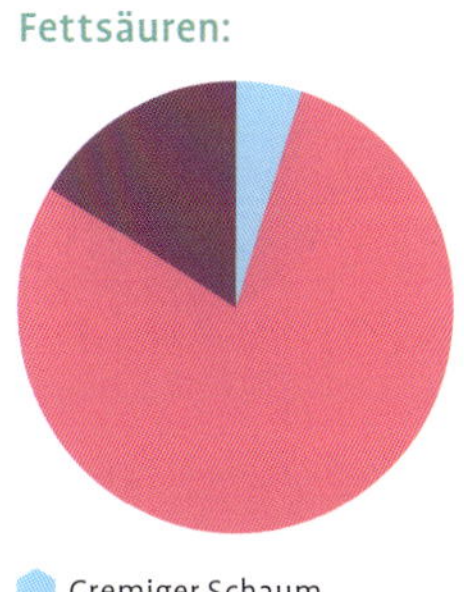

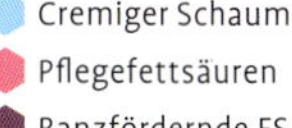

Corylus avellana (Hazel) Seed Oil
Herkunft: Europa
Verseifungszahl: NaOH 0,139
Jodzahl: 83–90
RZF: 32
Härte: 83
Unverseifbares: 0,2–0,3 %
Haltbarkeit des Öls: 9 Monate
Farbe der Seife: creme
Härte: harte Seife
Schaumverhalten: wenig mittelblasiger Schaum
Einsatzmengen: bis 40 %
Empfohlen für: Zahnseife, Haarseife mit 20–40 %

HASELNUSSÖL

Das Öl der Haselnuss ist ungeröstet ein hellgelbes bis gelbes Öl, geröstet wird es bräunlich. Es wird in vielen Gegenden der Welt angebaut und das unterschiedliche Klima wirkt sich auf die Fettsäurezusammensetzung aus, die dadurch beachtlich schwankt.

Kosmetischer Einsatz

Das leicht nussig riechende Öl wirkt leicht gefäßverengend und zieht nur langsam in die Haut ein, weshalb es gerne als Massageöl verwendet wird. Nussallergiker müssen bei diesem Öl aufpassen.

Seife

Die Farbe der Seife ist ein helles Creme. Der Schaum der Einölseife aus Haselnuss ist sehr wenig, die Schaumblasen klein bis mittel, dabei wenig stabil mit Tendenz zu schleimigen Fäden, wenn die Seife aufweicht. Sie hinterlässt ein gutes Hautgefühl. Die Textur der Seife ist glatt und das Seifenstück selbst hart. Es benötigt nach Benutzung ausreichend Zeit zum Trocknen, sonst braucht es sich schnell auf und zieht Schleimfäden.

Spezialseifen

Der Geschmack der Seife ist recht lecker, so dass Haselnussöl gut für Zahnseifen geeignet ist. Es kann mit 20–40 % eingesetzt werden.

Einteilung der Fettsäuren:

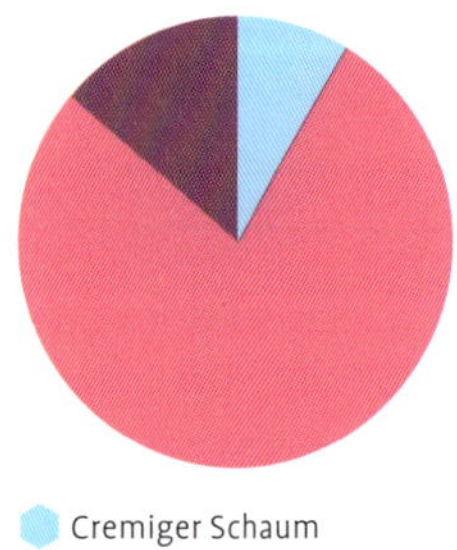

Cremiger Schaum
Pflegefettsäuren
Ranzfördernde FS

OLIVENÖL

Olivenöl ist ein gelbes bis grünes Öl aus dem Mittelmeerraum und wird traditionell in der dortigen Küche und zur Hautpflege verwendet.

Kosmetischer Einsatz

Olivenöl ist ein langsam einziehendes, einhüllendes Öl, welches gerne bei trockener Haut verwendet wird. Auch als Massageöl ist es deshalb gut geeignet. Sein hoher Gehalt an Ölsäure macht es oxidationsstabil und länger haltbar. Daher wird es gern als Auszugsöl von Johanniskraut, Ringelblume und Beinwell verwendet.

Seife

Die Tradition der reinen Olivenölseifen reicht weit zurück. So ist die Marseiller Seife (Savon de Marseille) eine Olivenölseife, für die es strenge Vorschriften gab, ebenso die Castileseife. Auch in Asien wurde Olivenöl zusammen mit Lorbeeröl zu Alepposeife verarbeitet, in Nordafrika zur Beldi oder Morocan Black Soap.

Die Einölseife aus Olivenöl hat eine gelbliche bis grünliche Farbe, je nach der Qualität des verseiften Öls. Die Farbe ist nicht lichtecht und verblasst schnell. Der Schaum der Seife hängt stark vom verwendeten Öl ab. Es gibt Seifen, die schäumen ab einem Alter von sechs Monaten ansprechend, andere schleimen noch nach zwei Jahren. Dabei ist eine hochprozentige, gut gelagerte Olivenölseife eine milde Seife für empfindliche Haut. Vergleichbar ist nur eine Seife mit viel Avocadoöl. Durch seinen hohen Anteil an Ölsäure verseift Olivenöl langsam, weshalb es ein gutes Öl für zeitaufwendige Herstellungsmethoden ist. Selbst gut durchgegelt ist die Seife noch einige Tage weich, wird jedoch im Laufe der langen Reifezeit sehr hart. Im Gebrauch weicht sie aber schnell auf und sollte gut trocknen können. Daher ist reine Olivenölseife eher als Dusch- als als Handseife geeignet. Ihre Haltbarkeit ist lang, ihr Geschmack nicht ganz so gut, weshalb Olivenöl in Zahnseifen weniger Verwendung findet.

Spezialseifen

Milde Dusch- und Haarseifen.

Olea Europaea (Olive) Fruit Oil

Herkunft: Mittelmeerraum
Verseifungszahl: NaOH 0,135
Jodzahl: 78–90
RZF: 27
Härte: 87
Unverseifbares: 0,5–1,3 %
Haltbarkeit des Öls: 12 Monate, oft länger
Farbe der Seife: grünlich bis gelb
Härte: hart bis sehr hart
Schaumverhalten: wenig kleinblasiger Schaum
Einsatzmengen: 25–100 %
Empfohlen für: alle Seifentypen, Haarseife bis 60 %

Einteilung der Fettsäuren:

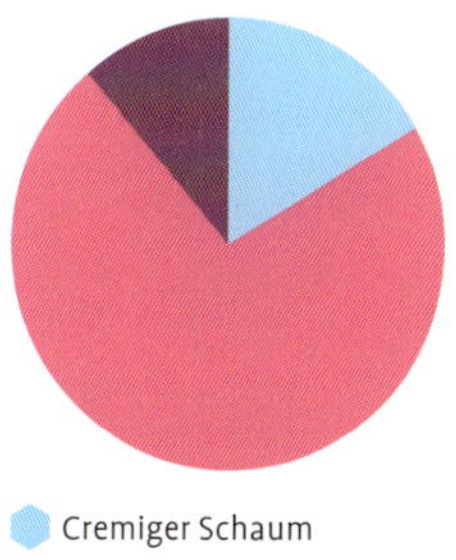

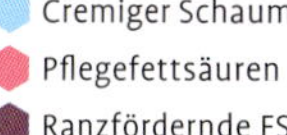

Carthamus tinctorius* und *Helianthus annuus
Herkunft: Nordamerika und Europa
Verseifungszahl: NaOH 0,1355
Jodzahl: 89–93
RZF: 22–30
Unverseifbares: 0,2–0,5 %
Haltbarkeit des Öls: 12–24 Monate
Farbe der Seife: weiß bis cremeweiß
Härte: bis splitterhart
Schaumverhalten: wenig, kleinblasiger bis cremiger Schaum, tendenziell schleimig
Einsatzmengen: bis 100 %
Empfohlen für: Ersatz für Olivenöl, Herstellung weißer Seife

Einteilung der Fettsäuren:

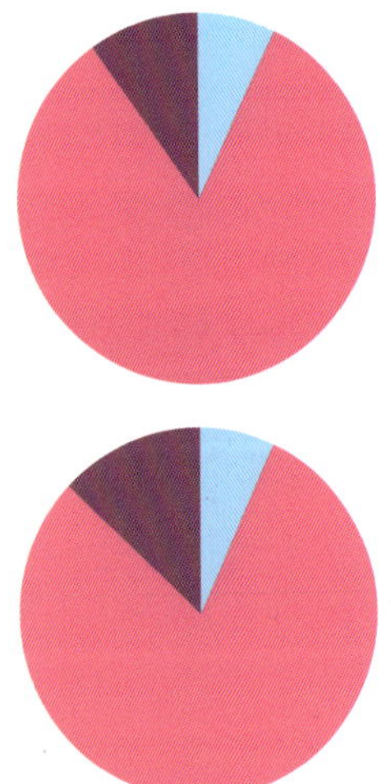

BESONDERE ÖLSÄUREREICHE ZÜCHTUNGEN: DISTELÖL H.O. UND SONNENBLUMENÖL H.O.

Diese Öle – mittlerweile gibt es auch eine Rapsölvariante – sind Zuchtformen der ursprünglichen Sorten mit mehr als 60 % Ölsäure. Im Handel sind sie als Bratöle oder als normale Öle erhältlich, wobei mit einem hohen Gehalt an ungesättigten Fettsäuren geworben wird. Gemeint ist hier ein hoher Ölsäuregehalt (auch mit dem englischen Begriff high oleic bezeichnet). Diese Öle unterscheiden sich in der Fettsäurezusammensetzung grundlegend vom Ursprungsöl, das meist reich an mehrfach ungesättigten Fettsäuren wie Linolsäure und Linolensäure ist. Beide Fettsäuren sind oxidationsempfindlich und haben deshalb eine kurze Haltbarkeit, besonders in Seifen. Werden die beiden Fettsäuren durch selektive Zucht vermindert, nimmt der Ölsäuregehalt (und der Gehalt an einfach ungesättigten Fettsäuren) zu. Diese Öle sind ranzstabil und können zum Anbraten verwendet werden. Dafür sind sie raffiniert und von der Farbe hellgelb bis fast wasserklar.

Kosmetischer Einsatz

Über den kosmetischen Einsatz können keine genauen Angaben gemacht werden, da sich die ölsäurereichen Züchtungen im Fettsäurespektrum komplett von den normalen Ölen unterscheiden. Vielfach werden sie in Unkenntnis dieser Tatsache jedoch einfach ausgetauscht.

Seife

Die Seifen aus den ölsäurereichen Ölen sind weiß bis leicht cremefarben. Ihre Textur ist glatt und hart bis sehr hart. Der Schaum ist wenig, kleinblasig und eher cremig und hinterlässt ein gutes Hautgefühl. Die Seife ist sehr lange ranzstabil.

Da das Fettsäuremuster dem der Olive stark ähnelt, ersetze ich Olivenöl vielfach durch eines der ölsäurereichen Öle, um damit eine helle Seife zu erhalten.

Spezialseifen

Als Ersatz für Olivenöl in den meisten Seifen. Über Haarseifen liegen noch keine Erkenntnisse vor.

GRUPPE 3 B: BASISÖLE

Zu dieser Gruppe gehören Basisöle, die eine nicht ganz so gute Haltbarkeit haben und deshalb nur mit 10–25 % der GFM eingesetzt werden.

RAPSÖL

Brassica Campestris*, *Brassica rapa* subsp. *Oleifera
Herkunft: Europa
Verseifungszahl: NaOH 0,133
Jodzahl: 94–120
RZF: 72
Härte: 69
Unverseifbares: 0,5–1,1 %
Haltbarkeit des Öls: bis 12 Monate
Farbe der Seife: beige bis hellbraun
Härte: mittlere Härte
Schaumverhalten: mittelgroße Blasen bis cremig
Einsatzmengen: bis 25 %
Empfohlen für: Hand- und Duschseifen

Das gelbliche Rapsöl gibt es in unterschiedlichen Qualitäten im Handel, von vor der Pressung geschälten Qualitäten bis hin zu ölsäurereichen Züchtungen. Dementsprechend sind die Erfahrungen mit Rapsölseifen auch sehr unterschiedlich.

Kosmetischer Einsatz

Natives Rapsöl soll entzündete Haut beruhigen, wird aber selten in der Kosmetik verwendet.

Seife

Vor einigen Jahren war Rapsöl ein gängiges, mit 25–40 % gern verwendetes Basisöl. Der Einöltest im Seifentreff zeigte jedoch, dass es nicht ganz so stabil ist, wie erwartet, weshalb ich es nur noch bis 25 % empfehle, mit Ausnahme der ölsäurereichen Züchtung.

Die Einölseife war beige und dunkelte bald zu Hellbraun nach. Sie war sehr glatt, aber nur von mittlerer Härte und wenig wasserstabil. Die Schaummenge und Qualität waren zufriedenstellend, das Hautgefühl nach der Wäsche zufriedenstellend und nicht ausgetrocknet. Jedoch verfärbte sich die Seife kurz nach der Herstellung nach Gelbbraun und begann innerhalb von zwei Monaten ranzig zu werden.

Spezialseifen

Für Dusch- und Handseifen bis 25 % der GFM, auch als Öl in Haarseifen einsetzbar.

Einteilung der Fettsäuren:

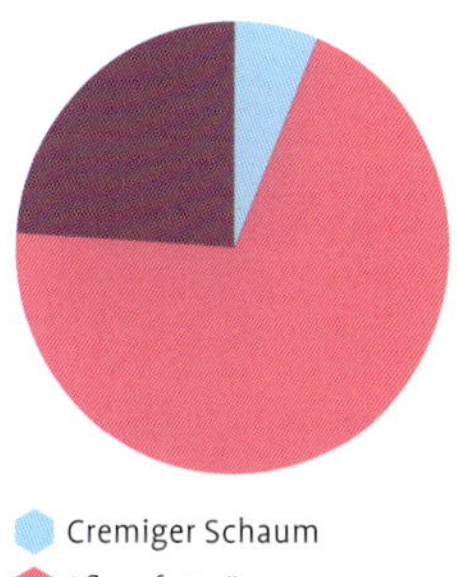

Oryza sativa
Herkunft: Asien
Verseifungszahl:
NaOH 0,133
Jodzahl: 89–108
RZF: 75
Härte: 60
Unverseifbares:
1,0–5,0 %
Haltbarkeit des Öls:
bis 12 Monate
Farbe der Seife:
beige bis leicht hellbraun
Härte:
hart bis mittelhart
Schaumverhalten:
recht viel, großblasiger Schaum
Einsatzmengen:
25–40 %
Empfohlen für:
alle Seifen, Haarseife mit 25–40 %

Einteilung der Fettsäuren:

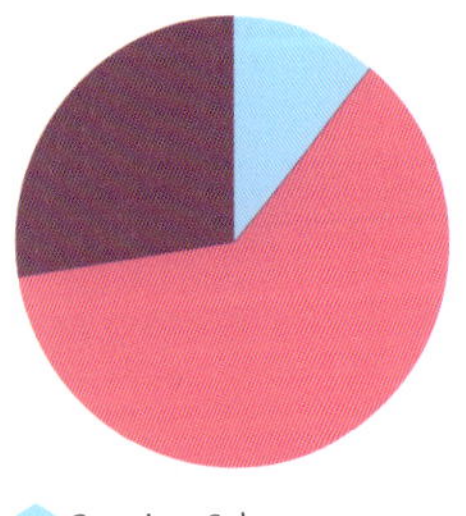

REISKEIMÖL

Reiskeimöl, auch Reiskleieöl genannt, ist ein helles bis leicht gelbes Öl. Im Handel wird es fast immer in der raffinierten Form angeboten, unraffiniert ist es gelb bis braun.

Kosmetischer Einsatz

Reiskeimöl ist ein leicht einziehendes Öl. Es enthält γ-Oryzanol, einen Ferulasäureester, der antioxidativ wirkt und UV-Schäden vorbeugen soll, weshalb Reiskeimöl gerne in Tagescreme und Sonnenschutzprodukten eingesetzt wird.

Seife

Die Einölseife aus Reiskeimöl ist eine beigefarbene, nicht ganz glatte Seife mittlerer Härte. Dafür, dass sie nicht zu den Schaumfetten gehört, ist der Schaum recht viel und ausreichend stabil. Die Seife mit Reiskeimöl ist recht gut haltbar und ranzt nicht schnell, trotz ihres Gehalts an Linolsäure.

Reiskeimöl kann also gut in größeren Mengen eingesetzt werden. Es hinterlässt keine trockene Haut und sollte mit festen Fetten kombiniert werden, damit die Seife nicht zu schnell aufweicht. Der Geschmack der Seife ist nicht unangenehm. Reiskeimöl kann also auch in Zahnseifen benutzt werden.

Spezialseifen

Zur Unterstützung der Schaumkraft in Haarseifen zusammen mit Rizinusöl oder in milden Duschseifen geeignet.

SESAMÖL

Natives Sesamöl ist ein hellgelbes bis goldgelbes Öl mit antioxidativen Eigenschaften, die während der Raffination oder durch Röstung verloren gehen. Der Duft des Öls ist beim nativen Öl leicht, aber charakteristisch, der des gerösteten Öls intensiv.

Kosmetischer Einsatz

Hier sollte aufgrund des Gehalts an Phytoöstrogenen nur das native Öl für trockene oder ältere, fahle Haut benutzt werden. Es wirkt leicht erwärmend, weshalb es für Menschen mit Neurodermitis nicht empfohlen wird, obwohl es wegen seiner Inhaltsstoffe entzündungshemmend wirkt. Die Verträglichkeit sollte daher selbst getestet werden.

Im Ayurveda und der traditionellen chinesischen Medizin wird Sesamöl häufig verwendet, zum Beispiel zur Entgiftung und Zellregeneration.

Seife

Die Einölseife aus Sesamöl war weißbeige bis weiß mit einem Gelbstich, dabei glatt und von mittlerer Härte. Sie bildet recht wenig Schaum, mit kleinen bis mittleren Blasen, hinterlässt aber ein gutes Hautgefühl. Allerdings ranzte sie innerhalb eines Jahres bei allen Testern.

Sesamöl ist ein gutes Öl für Haarseifen. Es wird von den meisten Nutzern gut vertragen, bei manchen wirkt es allerdings austrocknend.

Der Geschmack des Öls ist speziell, viele mögen deshalb auch den Geschmack der Seife nicht.

Spezialseifen

In Hand- und Körperseifen bis 25 %, in Haarseifen oft bis 40 %. Wegen der geringen Haltbarkeit sollte die Seife schneller verbraucht oder aber in Frischhaltefolie verpackt eingefroren werden.

Sesamum indicum, S. orientale

Herkunft:
Afrika, Vorderasien

Verseifungszahl:
NaOH 0,134

Jodzahl: 100–120

RZF: 91

Härte: 54

Unverseifbares:
0,4–1,9 %

Haltbarkeit des Öls:
ca. 9–12 Monate

Farbe der Seife:
weißbeige mit leichtem Gelbstich

Härte: mittlere Härte

Schaumverhalten:
wenig, klein bis mittelblasiger Schaum

Einsatzmengen:
10–25 %

Empfohlen für:
Haarseife bis 40 %

Einteilung der Fettsäuren:

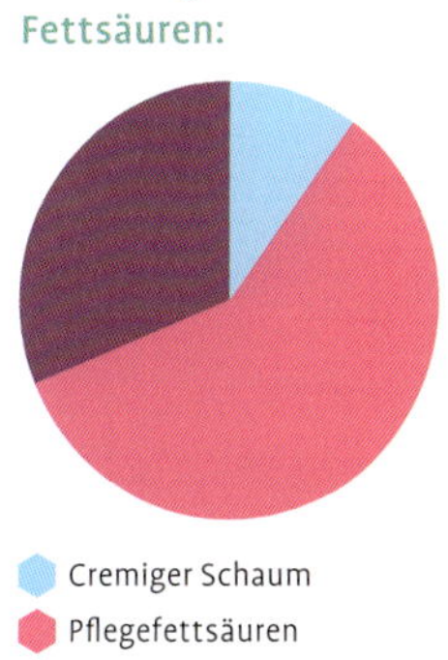

GRUPPE 4: PFLEGEÖLE

Pflegeöle sind Öle mit kürzerer Haltbarkeit, aus denen weiche, schnell aufweichende Seifen mit kurzer Haltbarkeit entstehen. Daher werden aus diesen Ölen nur selten Einölseifen hergestellt. Sie werden der Pflege halber zugesetzt. Besonders zu empfehlen ist ihr Zusatz in HP-Seifen als echtes Überfettungsöl nach abgeschlossener Verseifung, eventuell in Kombination mit einer Butter (Basisfett, Gruppe 2a).

Argania Spinosa Kernel Oil
Herkunft: Nordafrika
Verseifungszahl: NaOH 0,136
Jodzahl: 98
RZF: 80
Härte: 60
Unverseifbares: 1 %
Haltbarkeit des Öls: bis 12 Monate
Farbe der Seife: –
Härte: –
Schaumverhalten: –
Einsatzmengen: bis 10 %
Empfohlen für: alle Seifen, Haarseife mit bis zu 20 %

Einteilung der Fettsäuren:

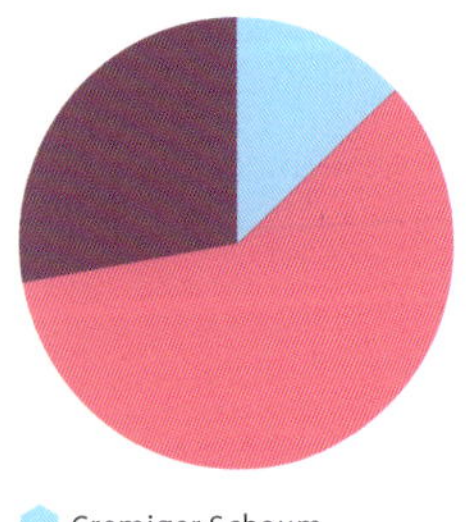

ARGANÖL

Arganöl ist ein goldgelbes Öl, welches von den Berberfrauen in Nordafrika oft noch von Hand hergestellt wird. Es wird in zwei Qualitäten angeboten, geröstet als Speiseöl und ungeröstet als Speise- und Kosmetiköl.

Kosmetischer Einsatz

Arganöl hat ein ausgewogenes Verhältnis zwischen Ölsäure und Linolsäure. Ebenfalls in ausreichendem Maße ist Palmitinsäure enthalten, so dass Arganöl als Anti-Aging-Öl zur Pflege der trockenen, reifen und allergischer Haut benutzt wird. In Haarprodukten soll es den Glanz verbessern.

Seife

Eine reine Arganölseife herzustellen, ist aufgrund des hohen Ölpreises nicht attraktiv. Da Arganöl im Fettsäurevergleich dem Reiskeimöl stark ähnelt, kann eine mittelharte, dabei recht gut schäumende, aufweichende Seife erwartet werden. Die Haltbarkeit wäre wahrscheinlich mittelmäßig.

Spezialseife

Als Überfettungsöl.

ARGANÖL ALS ÜBERFETTUNGSÖL NUTZEN

Setzen Sie das kostbare Arganöl als Überfettungsöl nach einer OHP ein oder noch spezieller zur Überfettung der Beldi, die auch als Moroccan Black Soap bezeichnet wird. Sie wird traditionell im nordafrikanischen Hamam zur Reinigung benutzt ▸ Seite 216.

DISTELÖL

Carthamus tinctorius
Herkunft: Asien
Verseifungszahl: NaOH 0,1355
Jodzahl: 138–152
RZF: 151
Härte: 24
Unverseifbares: 0,2–1,5 %
Haltbarkeit des Öls: bis 9 Monate
Farbe der Seife: –
Härte: weich
Schaumverhalten: –
Einsatzmengen: bis 10 %
Empfohlen für: alle Seifen, Haarseife mit bis zu 40 %

Distelöl, auch Färberdistelöl, ist ein helles Öl mit hohem Linolsäuregehalt. Es wird durch Kaltpressung aus den Samen der Färberdistel gewonnen. Der Name der Pflanze leitet sich von der Tatsache ab, dass ihre Blütenblätter eine intensive gelb-rote Farbe haben.

Kosmetischer Einsatz

Das Öl wird gerne für fettige Haut und Mischhaut verwendet, da es gut einzieht. Ergänzt durch ein γ-linolsäurereiches Öl, z. B. Hanföl, welches entzündungshemmende Eigenschaften mitbringt, ist es ideal zur Pflege problematischer, reifer Haut.

Seife

Eine reine Distelölseife mit normalem Distelöl wurde von mir nicht hergestellt. Da das Öl von den Fettsäuren her dem Sonnenblumenöl stark ähnelt, kann eine weiche, dabei recht gut schäumende, schnell aufweichende Seife erwartet werden. Die Haltbarkeit ist sehr kurz.

Spezialseifen

Linolsäurereiches Distelöl wird gerne in Haarseifen verwendet.

SEIFENSTÜCKE EINFRIEREN
Frieren Sie dafür die Seifenstücke nach der Reifezeit bald in Frischhaltefolie gewickelt ein.

Einteilung der Fettsäuren:

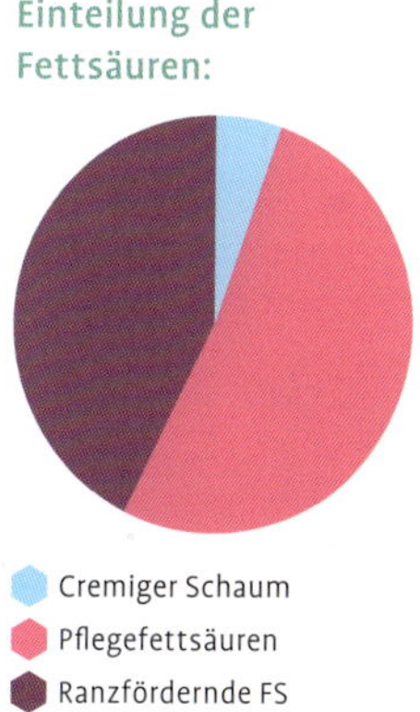

Cannabis Sativa
Herkunft: Zentralasien
Verseifungszahl: NaOH 0,138
Jodzahl: 143–166
RZF: 177
Härte: 21
Unverseifbares: 0,5–1,5 %
Haltbarkeit des Öls: 6–9 Monate
Farbe der Seife: –
Härte: weich
Schaumverhalten: –
Einsatzmengen: bis 10 %
Empfohlen für: Duschseifen, Haarseife mit 10–40 %

HANFÖL

Das aus den Hanfsamen oder Hanfnüssen gewonnene Öl ist von hellgrüner Farbe, natürlich ist es THC-frei.

Kosmetischer Einsatz

Das Öl wird bei trockener, schuppender Haut und vor allem bei Neurodermitis empfohlen. Es ist entzündungshemmend und liegt nicht auf, sondern zieht schnell in die Haut ein. Daher wird es als Massageöl in Mischungen mit anderen Ölen, zum Beispiel Mandelöl, verwendet. Für die Haare ist es ein gutes Pflegeöl, das die Haare weich macht.

Seife

Da es auch hier keine Einölseife gibt, ist es schwierig, eine Aussage zu treffen. In jedem Fall wird die Seife weich werden und nicht lange haltbar sein.

In Haarseifen habe ich Hanföl schon in Mengen bis 40 % benutzt. Die Seife war sehr pflegend für trockenes Haar. Jedoch fing sie rasch an zu schwitzen, weshalb sie bald verbraucht werden oder eingefroren werden musste.

Spezialseifen

In Haarseifen mit 10–40 %.

Einteilung der Fettsäuren:

Cremiger Schaum
Pflegefettsäuren
Ranzfördernde FS

LORBEERÖL

Lorbeeröl ist von salbenartiger Konsistenz, dunkelgrüner Farbe und einem charakteristischen, leicht rauchigen Geruch. Es wird durch Pressen oder Auskochen der Früchte des Lorbeerbaumes gewonnen. Es darf nicht mit dem ätherischen Lorbeeröl, das durch Wasserdampfdestillation aus den Blättern gewonnen wird, verwechselt werden.

Kosmetischer Einsatz

Laut der EU-Gesetzgebung ist Lorbeeröl in kosmetischen Mitteln verboten, da es Allergien auslösen könnte. Empfohlen wird es jedoch als antiseptischer Zusatz in Fußpflegeprodukten, zur Behandlung von Prellungen und als Mittel gegen Furunkel.

Seife

In Aleppo wurde seit Jahrhunderten in den Wintermonaten eine Seife nur aus Olivenöl und Lorbeeröl hergestellt, die mindestens sechs Monate bis zwei Jahre reifte. Die anfangs grüne Farbe verblasst dabei und es entstehen die bekannten olivgrünen bis graugrünen Würfel. Die Seifen dort enthalten zwischen 8 und 75 % Lorbeeröl und werden als desto hochwertiger angesehen, je mehr Lorbeeröl sie enthalten. Durch das im Öl enthaltene Chlorophyll wird die Seife zunächst grün, die Farbe ist jedoch nicht lichtecht.

In der Aleppo-Style-Seife sind zwar nur 10 % Lorbeeröl enthalten, jedoch ist dessen Geruch auch nach der Reifezeit noch deutlich, aber angenehm wahrnehmbar.

Spezialseifen

Lorbeeröl sorgt als Schaumkomponente in der Alepposeife für mehr Schaum.

Laurus nobilis
Herkunft: Mittelmeerraum
Verseifungszahl: NaOH 0,141
Schmelzpunkt: 30–40 °C
Jodzahl: 75–90
RZF: 55
Härte: 73
Unverseifbares: 1–6 %
Haltbarkeit des Öls: 8–12 Monate
Farbe der Seife: vermutlich grün
Härte: mitttel
Schaumverhalten: –
Einsatzmengen: 8–40 %
Empfohlen für: Duschseifen, Haarseife mit 10–20 %

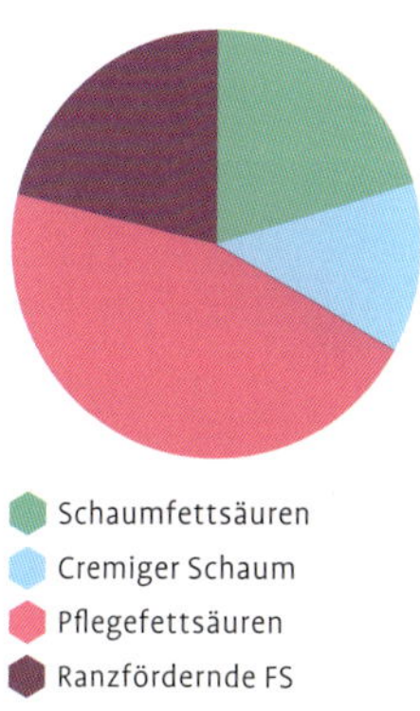

Glycine soja
Herkunft: Südostasien
Verseifungszahl: NaOH 0,136
Jodzahl: 124–136
RZF: 130
Härte: 38
Unverseifbares: 0,2–3,0
Haltbarkeit des Öls: bis 9 Monate
Farbe der Seife: hellgelb
Härte: weich
Schaumverhalten: guter Schaum mittlerer Menge
Einsatzmengen: bis 10 %
Empfohlen für: alle Seifen

SOJAÖL

Die Sojapflanze gehört zu den Hülsenfrüchten und wurde schon vor rund 4000 Jahren in China als Nahrungsmittel genutzt. Das Öl ist gelb bis dunkelgelb und hat mit 3,5 % den höchsten Lecithinanteil aller Pflanzenöle.

Kosmetischer Einsatz

Für den kosmetischen Einsatz sollte nur nicht genmanipuliertes, natives Sojaöl verwendet werden, damit Vitamine und Lecithine enthalten sind. Das Sojaöl ist für alle Hauttypen geeignet, es zieht gut ein, beruhigt die entzündliche Haut und macht sie weich und geschmeidig.

Seife

Die Einölseife aus Sojaöl ist gelblich-beige und dunkelt aufgrund ihrer kurzen Haltbarkeit schnell nach. Sie ist glatt, aber weich und macht einen guten Schaum sowohl von der Menge her als auch von der Stabilität. Jedoch weicht das Seifenstück schnell auf. Dann verbraucht es sich schnell und neigt zum Fäden ziehen. Aber das Hautgefühl, das die Seife hinterlässt, ist sehr gut. Der Geschmack der Seife ist ebenfalls gut, der Geruch etwas eigen, daher kann ein Einsatz in Zahnseife empfohlen werden.

Spezialseifen

Zahnseife bis 10 %, Haarseife 10 %.

Einteilung der Fettsäuren:

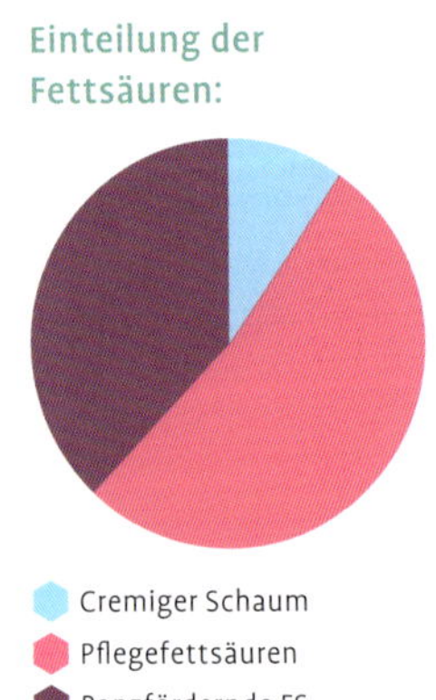

Cremiger Schaum
Pflegefettsäuren
Ranzfördernde FS

SONNENBLUMENÖL

Sonnenblumenöl gibt es in zwei Züchtungsformen: eine ölsäurereiche Form, die sich in der Gruppe 3 a bei den stabilen Basisölen befindet, und eine ursprüngliche Variante. Hier in der Gruppe 4 der Pflegeöle geht es um die ursprüngliche Variante, die reich an Linolsäure ist.

Sonnenblumenöl ist ein hellgelbes, wenig ausgeprägt riechendes Öl.

Kosmetischer Einsatz

Sonnenblumenöl ist ein mildes, Vitamin-E-reiches Öl für normale bis leicht fettige Haut, welches nicht aufliegend wirkt.

Seife

Seife aus reinem Sonnenblumenöl ist sehr hell bis weiß. Anfangs sehr weich, härtet sie nach Wochen noch aus, bleibt aber immer leicht eindrückbar und wird bald klebrig. Der Schaum hat mich anfangs erstaunt, weil er für eine Seife ohne Schaumfett doch recht üppig und großblasig ausfiel und danach sehr cremig wurde. Die Seife selbst ist im nassen Zustand glitschig und weicht schnell auf.

Die Haltbarkeit der Einölseife aus Sonnenblumenöl betrug knapp drei Monate. Durch Zusatz von 0,8 g Vitamin E oder Vitamin-C-Palmitat pro 100 g GFM konnte die Haltbarkeit um rund zwei Monate verlängert werden.

Spezialseifen

Jede Seife mit maximal 10 %. Bei Zugabe von 0,6 g Vitamin E und Vitamin-C-Palmitat pro 100 g Öl kann die Menge auf 30 % erhöht werden, beispielsweise für Haarseifen.

Helianthus annuus
Herkunft: Nordamerika
Verseifungszahl: NaOH 0,135
Jodzahl: 118–145
RZF: 143
Härte: 27
Unverseifbares: 0–1,5 %
Haltbarkeit des Öls: bis 6 Monate
Farbe der Seife: weiß
Härte: weich
Schaumverhalten: üppiger, cremiger Schaum
Einsatzmengen: bis 10 %
Empfohlen für: jede Seifenart

Einteilung der Fettsäuren:

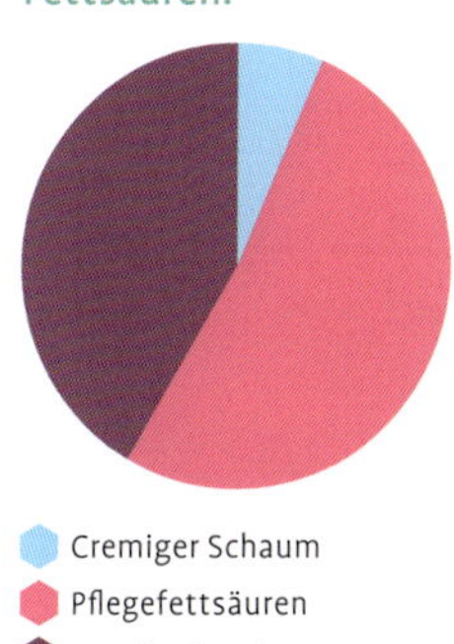

Vitis Vinifera Seed Oil
Herkunft: Europa
Verseifungszahl:
NaOH 0,129
Jodzahl: 125–144
RZF: 136
Härte: 34
Unverseifbares:
0,3–2,0 %
Haltbarkeit des Öls:
bis 9 Monate
Farbe der Seife:
cremeweiß
Härte: weich
Schaumverhalten:
mittelblasiger, cremiger Schaum
Einsatzmengen:
bis 10 %
Empfohlen für:
Haarseife mit 10(–20) %

TRAUBENKERNÖL

Das Öl aus den Kernen der Weintraube ist hellgelb bis leicht grünlich. Dunkelgrünes Öl stammt aus der Warmpressung und hat einen unangenehmen Geschmack.

Kosmetischer Einsatz

Das Traubenkernöl wird für fettige Haut und Mischhaut empfohlen. Es wirkt gegen Verhornungen und lässt den Talg abfließen. Sein Einziehverhalten ist gut und es hinterlässt kein fettiges Gefühl.

Seife

Die Einölseife aus Traubenkernöl wurde wollweiß und blieb weich. Innerhalb von nur zwei Monaten wurde sie gelb, klebrig und begann ranzig zu riechen. Schaum und Hautgefühl der Seife waren dabei gut, jedoch weichte die Seife bei Wasserkontakt schnell auf. In verseifter Form verhält sich Traubenkernöl ähnlich dem Sonnenblumenöl und kann dadurch ersetzt werden. (Außer bei Haarseifen, hier kann ich Traubenkernöl empfehlen.) Ebenfalls ist ein Einsatz von Vitamin E angeraten.

Spezialseife

Haarseife.

Einteilung der Fettsäuren:

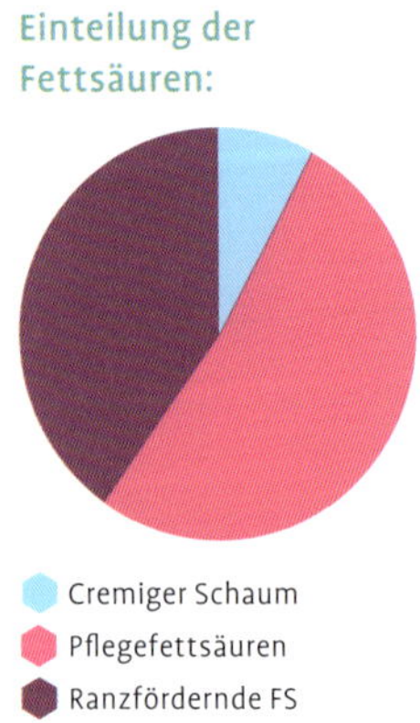

Cremiger Schaum
Pflegefettsäuren
Ranzfördernde FS

WALNUSSÖL

Jugulans regia
Herkunft: Persien
Verseifungszahl: NaOH 0,135
Jodzahl: 141–153
RZF: 151
Härte: 26
Unverseifbares: 0,2–0,4 %
Haltbarkeit des Öls: 6–9 Monate
Farbe der Seife: gelblich beige
Härte: weich, schmierig
Schaumverhalten: schäumt gut, aber recht schleimig
Einsatzmengen: bis 10 %
Empfohlen für: Dusch- und Haarseifen, Haarseife mit 10 %

Dieses hellgelbe Öl hat einen angenehmen, nussigen Geruch und Geschmack. Hochwertigere Öle werden meist kalt gepresst.

Kosmetischer Einsatz

Das Öl ist reich an Linolsäure und γ-Linolensäure. Es zieht damit gut in die Haut ein und macht sie geschmeidig. Das Öl ist auch für trockene und irritierte Haut geeignet, da es ihre Regeneration unterstützt. Aufgrund seiner kurzen Haltbarkeit ist es kein gängiges Kosmetiköl.

Seife

Die Einölseife blieb lange weich und wurde bald klebrig-schmierig. Noch innerhalb der Reifezeit bekam sie gelbe Ranzflecken. Der Schaum war gut, nur löste sich die Seife bei Wasserkontakt so schnell auf, dass das Gefühl beim Waschen schon schleimig wurde.

Spezialseifen

In Haar- und Zahnseifen bis 10 %.

GUT ZU WISSEN

Walnussöl wird relativ rasch ranzig. Angebrochene Flaschen sollten daher baldmöglichst verbraucht werden. Das gilt auch für andere Öle aus Nüssen und Saaten.

Einteilung der Fettsäuren:

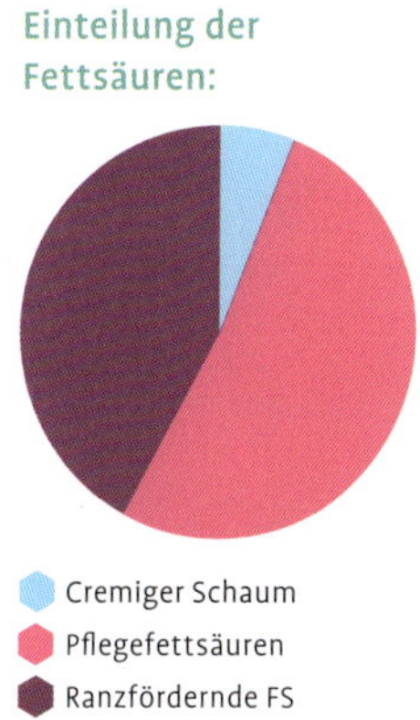

SCHWARZKÜMMEL-, BORRETSCHSAMEN-, WEIZENKEIM-, HAGEBUTTEN- UND NACHTKERZENÖL

Nigella sativa, Borago officinalis, Triticum aestivum, Rosa canina, Oenothera biennis

Herkunft: verschieden

Verseifungszahl: NaOH (siehe *Tabelle* ▶ Seite 244 f. beim jeweiligen Öl)

Jodzahlen: 107–169

RZF: > 130, Ausnahme Schwarzkümmelöl mit 107

Unverseifbares: ca. 2 %

Haltbarkeit des Öls: maximal bis 6 Monate

Farbe der Seife: –

Härte: weich

Schaumverhalten: –

Einsatzmengen: 5–10 %

Empfohlen für: spezielle Pflegeseifen fürs Gesicht, zur Überfettung von HP-Seifen, Haarseife mit 5–10 %

Hierbei handelt es sich um eine Sammlung von sogenannten Wirkstoffölen, welche aufgrund ihrer Fettsäurezusammensetzung weiche bis sehr weiche Seifen erwarten lassen und die für die Seifenherstellung zu teuer und zu wertvoll sind.

Kosmetischer Einsatz

All diese Öle werden wegen ihrer hohen Linolensäuregehalte gern in Kosmetikprodukten eingesetzt, zum Beispiel in Nachtpflegeprodukten, zur Pflege neurodermitischer oder reifer Haut. Da die Öle sehr reichhaltig und fettig sind, reicht ein Einsatz von 10 % der Öle.

Seife

Damit möglichst viel an Wirkstoffen erhalten bleibt, können die Öle als echte Überfettungsöle nach der Verseifung in eine heißverseifte Seife gerührt werden, eventuell unter Zusatz von Vitamin E. Die Haltbarkeit dieser Seifen ist begrenzt. Sie kann je nach Lagerung und Frische der Öle circa sechs bis neun Monate betragen. Getestet wurde dies mit Nachtkerzenöl. Es lässt sich auf andere Öle übertragen.

Spezialseifen

Gesichtsseife und Duschseife.

Einteilung der Fettsäuren:

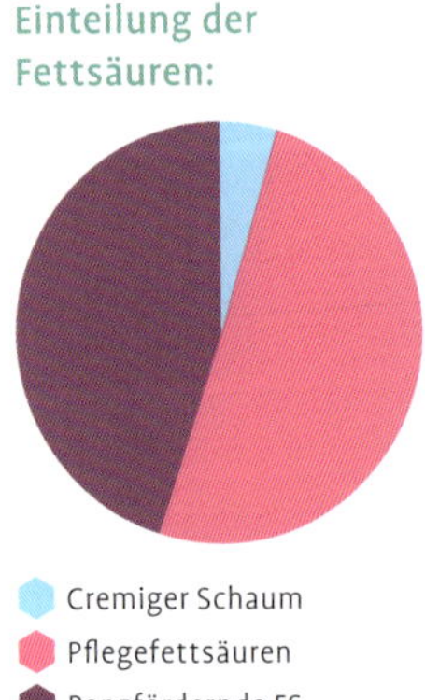

SCHAUMVERSTÄRKER: RIZINUSÖL

Rizinusöl ist ein weißes, manchmal leicht gelbliches, viskoses Öl.

Kosmetischer Einsatz

Als gut haftendes Öl wird es gerne in der dekorativen Kosmetik, zum Beispiel in Lippenpflegestiften, genutzt. Es zieht gut in die Haut ein und hinterlässt dabei ein geschütztes Gefühl. Für die Haarpflege, besonders der Wimpern und Augenbrauen, wird gerne Rizinusöl verwendet, da es einen schönen Glanz erzeugt. Hervorzuheben ist der Gehalt an Ricinolsäure, einer Fettsäure, die nur im Rizinusöl mit bis zu 83 % vorkommt.

Seife

Die Einölseife aus reinem Rizinusöl ist reinweiß bis cremeweiß. Sie ist sehr hart und hat eine glatte Oberfläche, auch ist sie wasserstabil gegen Aufweichen. Entgegen aller Erwartungen produziert Rizinusölseife gar keinen Schaum, sie unterstützt die Schaumkraft anderer Öle. Das Hautgefühl der Tester bei der Benutzung der Einölseife war sehr verschieden und reichte von austrocknend bis eingecremt. Da der Geschmack mehrheitlich als unangenehm beschrieben wurde, ist Rizinusöl für die Verwendung in Zahnseife nicht geeignet. Seine Vorzüge zeigt es in Haarseifen.

Spezialseife

In Salz- und Duschseifen zur Schaumverstärkung 3–10 %, Salzseife mit 5–15 % der GFM, Haarseife mit 15–30 %.

Einsatzmengen

Zwischen 3 und 30 %, je nach Einsatz.

Ricinus Communis Seed Oil

Herkunft: Tropen in Indien und Afrika

Verseifungszahl: NaOH 0,128

Jodzahl: 81-91

RZF: 2

Härte: 91

Unverseifbares: 0,5–1,5 %

Haltbarkeit des Öls: 6–8 Monate

Farbe der Seife: sehr hell

Härte: sehr hart bis splitternd

Schaumverhalten: kein Schaum

Einsatzmengen: 3–10 %, in Haarseifen teilweise bis 30 %

Empfohlen für: Schaumverstärkung und als Pflegekomponente in Haarseifen, Haarseife mit 15–30 %

Einteilung der Fettsäuren:

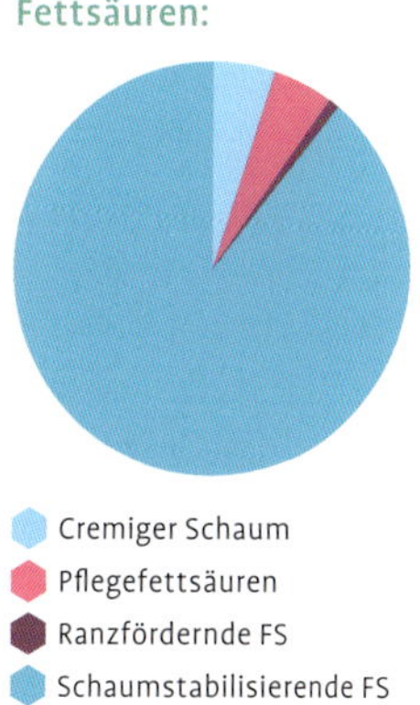

WACHSE UND FETTSÄUREN

Die meisten in dieser Gruppe enthaltenen Stoffe dienen dazu, die Seife härter zu machen oder den Schaum zu stabilisieren. Leider sind die Namen dabei manchmal irreführend, da sie sich nur auf das Aussehen, nicht auf die chemische Struktur beziehen, was leicht zu Verwirrungen führen kann.

Im Gegensatz zu Fetten und Ölen sind die Fettsäuren im Wachs nicht mit Glycerin verestert, sondern mit Alkoholen. Diese haben, wie die Fettsäuren auch, lange Kohlenstoffketten, dafür aber nur eine OH-Gruppe. Das bedeutet, dass sie sich auch nur mit einer Fettsäure verbinden können. Bei der Verseifung entstehen daher ein Seifenmolekül und kein Glycerin, sondern ein langkettiger Alkohol. Dieser wird zum Unverseifbaren gezählt. In höherer Konzentration erzeugen sie auf der Haut ein stoppendes, stumpfes Gefühl.

Manch andere Stoffe, die als Wachs bezeichnet werden, sind chemisch gesehen keine Wachse, sondern hydrierte Öle, wie Sojawachs. Hier entsteht bei der Verseifung dann kein Unverseifbares, sondern wieder Glycerin, weshalb man sie, abhängig von der Schmelztemperatur, auch in größeren Mengen einsetzen kann.

JOJOBAÖL

Simmondsia chinensis
Herkunft: Nordamerika
Verseifungszahl: NaOH 0,066
Schmelzpunkt: 7 °C
Jodzahl: 82–89
RZF: 0
Härte: 19
Unverseifbares: 37–49 %
Haltbarkeit des Öls: bis 2–5 Jahre
Einsatzmengen: 2–5 %, manchmal bis 10 %

Jojobaöl ist eigentlich ein flüssiges Wachs, aber aufgrund der flüssigen Form wird es meist als Öl bezeichnet. Unter 8 °C wird es trüb und fest, verflüssigt sich aber bei höheren Temperaturen wieder ohne Qualitätseinbußen. Da Jojobaöl sehr teuer ist, kann die Qualität so überprüft werden: Im Kühlschrank wird es fest. Sobald es herausgenommen wird, schmilzt es und wird flüssig. Als Wachs wird es auch nicht so schnell ranzig.

Jojobaöl verseift nicht so bereitwillig und soll die Seife weich machen. Aufgrund des Preises habe ich daraus bisher keine Einölseife gemacht, da auch schon 2 % dieses kostbaren Öles ausreichen, um der Seife eine angenehme Haptik zu verleihen.

WEITERE WACHSE UND WACHSARTIGE STOFFE

Alle anderen Wachse kommen in fester Form vor. Sie können tierischen oder pflanzlichen Ursprungs sein, oft haben sie einen hohen Schmelzpunkt. Wachse werden zur Härtung der Seife eingesetzt. Bei der Verarbeitung darauf achten, dass die Wachse noch komplett geschmolzen sein müssen, um mit verseift zu werden. Sie erstarren gern an der kühlsten Stelle, das ist die Gefäßwand.

BIENENWACHS

Bienenwachs ist ein toller Stoff, um Seifen eine festere Konsistenz zu verleihen. Wegen des stoppenden Hautgefühls nach dem Abwaschen wird es nur mit 1 bis 3 % der GFM benutzt.

Cera flava
Herkunft: -
Verseifungszahl: NaOH 0,067
Schmelzpunkt: 62–65 °C
Jodzahl: 10
RZF: 0
Härte: hart

BEERENWACHS

Beerenwachs ist die vegane Alternative zu Bienenwachs. Mit 48–54 °C liegt sein Schmelzpunkt etwas niedriger als der von Bienenwachs.

Rhus Verniciflua (Peel) Cera
Herkunft: Asien
Verseifungszahl: NaOH 0,128–0,157
Schmelzpunkt: 48–54 °C
Jodzahl: 8–10
RZF: 0
Härte: hart
Haltbarkeit: 2 – 3 Jahre
Einsatzmenge: 1 – 4%

BLÜTENWACHSE

Blütenwachse fallen als Nebenprodukte bei der Herstellung von Albsolues für die Parfumproduktion an. Sie besitzen einen zarten, charakteristischen Duft, der leider nicht so gut hält.

Jasminblütenwachs

Jasminum grandiflorum flower cera
Herkunft: -
Verseifungszahl: NaOH 0,028–0,049
Schmelzpunkt: 60 °C
Jodzahl: 39
RZF: 0
Härte: hart

Rosenblütenwachs

Rosa damascena flower cera,
Rosa centifolia flower cera
Herkunft: -
Verseifungszahl: NaOH: 0,021
Schmelzpunkt: 60 °C
Jodzahl: 13
RZF: 0
Härte: hart

WACHSARTIGE STOFFE

SOJAWACHS, SOJAFLOCKEN

Glycine soja
Herkunft: Nordamerika
Verseifungszahl: NaOH 0,138
Schmelzpunkt: 50–65 °C, je nach Herstellungsart
Jodzahl: 1
RZF: 0
Härte: hart
Unverseifbares: 0,2–3,0 %
Haltbarkeit: 24 Monate
Einsatzmengen: bis 25 % in Rasierseifen als OHP oder Mischverseifung, gut händelbar sind 5% in CPs

Sojawachs wird durch Hydrierung von Sojaöl gewonnen. Dabei werden die ungesättigten Stellen (Doppelbindungen) innerhalb der Fettsäuren mit Wasserstoff gesättigt. Das Öl ist dann nicht mehr so ranzanfällig, weil dadurch die Angriffspunkte für den Sauerstoff weggenommen wurden. Gleichzeitig wird es fest und enthält als Fettsäuren hauptsächlich Stearinsäure und Palmitinsäure. Durch die Umwandlung wird es allerdings nicht zum Wachs, sondern zu einem festen, wachsartigen Fett. Es dient zur Härtung des Seifenrezepts, aber noch häufiger wird es für einen stabilen Seifenschaum in Rasierseifen eingesetzt. Der hohe Anteil an Stearinsäure macht Sojawachs zu einer veganen und palmölfreien Quelle für Stearinsäure und Palmitinsäure.

SONNENBLUMENWACHS

Heliantus annuus seed wax
Herkunft: Indien, China
Verseifungszahl: NaOH 0,053 – 0,058
Schmelzpunkt: 74–80 °C
Jodzahl: 12
RZF: 5
Härte: hart
Haltbarkeit: 2–3 Jahre
Einsatzmengen: 1–2%

Es gibt zwei verschiedene Produkte unter diesem Namen. Einmal ein tatsächliches Wachs, das die Sonnenblumenkerne ummantelt hat. Bei der Ölgewinnung ist es in diesem gelöst und wird später davon getrennt. Von diesem sind die Daten. Dann gibt es noch einen wachsartigen Stoff, der durch Hydrierung der Doppelbindungen im Öl entsteht. Er wird auch in der Kerzenherstellung verwendet, aber er scheint noch nicht für die Kosmetik zugelassen zu sein. Ich bekam hierfür keine Stoffdaten.

RAPSWACHS ODER RAPSBUTTER

Hydrogenated Rapeseed Oil, teilgehärtet (Behawe)
Herkunft: Europa, Australien
Verseifungszahl: NaOH 0,1428
Schmelzpunkt: 36 – 39°C
Jodzahl: 65 - 95
RZF: 35
Härte: 88
Unverseifbares: -
Haltbarkeit: 1–2 Jahre
Einsatzmengen: bis 20%

Rapswachs ist hydriertes Rapsöl, welches für die Kerzen- und Kosmetikherstellung verwendet werden kann. Es besteht aus harten Flocken. Leider waren keine aussagekräftige Stoffdaten zu bekommen.

Die Rapsbutter ist nur zum Teil hydriert und ein cremiges Produkt, weshalb sie in Dosen verkauft wird.

Zusammenfassend kann man sagen, dass diese gehärteten Fette und Wachse gut geeignet sind, Palmöl und weitere tropische Fette wie Kakaobutter und andere Buttern ganz oder teilweise zu ersetzen, besonders wenn sie aus regionalem Anbau kommen.

STEARINSÄURE, PALMITINSÄURE UND MYRISTINSÄURE

Alle drei sind Fettsäuren und keine Fette, das heißt, sie sind nicht mehr mit Glycerin verestert und brauchen also auch nicht verseift werden. Trotzdem müssen sie bei der Berechnung der Natronlauge berücksichtigt werden, da sie als Säuren auch Lauge verbrauchen (sie werden neutralisiert). Dies ist wichtig zu wissen, weil die Neutralisation einer Fettsäure viel schneller vor sich geht als die Verseifung.

Dieser Vorgang bringt den Seifenleim schnell zum Andicken, weshalb Stearinsäure und Palmitinsäure nur in geringen Mengen von 10–25 % zur Härtung der Seife eingesetzt werden. Für stabilen Schaum in Rasierseifen kann mehr benutzt werden, wenn eine Heißverseifung gemacht wird.

Stearin ist eine Mischung aus Stearinsäure und Palmitinsäure. Es wird aus tierischen Fetten, beispielsweise Rindertalg, oder aus pflanzlichen Fetten wie Palmfett gewonnen und an Stelle des Paraffins zur Produktion von Kerzen benutzt. In CPs sind maximal 5% gut zu handhaben.

Myristinsäure ist ebenfalls eine Fettsäure, die jedoch eine kürzere Kohlenstoffkette hat. Dadurch ist sie besser wasserlöslich und eine der Schaumfettsäuren.

SCHMELZPUNKTE DER FETTSÄUREN

- Stearinsäure 69 °C
- Palmitinsäure 63 °C
- Stearin 54–55 °C
- Myristinsäure 54–55 °C

Verarbeitung der Fettsäuren

Behandelt werden Fettsäuren wie Fette, sie werden zusammen mit diesen geschmolzen.

Johanniskrautöl

ÖLAUSZÜGE

Ölauszüge werden auch Mazerate genannt. Ich verseife sie gern als pflegenden Zusatz in einer Kräuterseife oder zur Verwertung der mazerierten Ringelblumenblüten, nachdem ich einen Teil des Öles für eine Salbe verwendet habe. Wichtig ist, dass Sie sich das verwendete Auszugsöl notieren, da Sie dieses später in den Seifenrechner eingeben müssen.

Bevor die neue Kräutersaison beginnt, verseife ich die Mazerate des Vorjahres zusammen mit den getrockneten Kräutern. Neben dem Johanniskrautöl und dem Ringelblumenöl können Algenöl, Kamillenöl und sogar Kaffeebohnenöl angesetzt werden.

HERSTELLEN EINES ÖLAUSZUGS

Einen Ölauszug herzustellen ist kein Hexenwerk: Dafür wird eine Pflanze oder ein Pflanzenteil mit einem Öl übergossen. Dabei lösen sich öllösliche Wirkstoffe und Farbstoffe im Öl. Weit verbreitet ist diese Methode für Johanniskraut (Rotöl), Ringelblumen (Ringelblumen- oder Calendulaöl) und Beinwell (Beinwellöl).

Um eine Schimmelbildung im Öl zu verhindern, lassen Sie die Blüten ein bis zwei Tage antrocknen. Sie werden dann in ein verschließbares Marmeladenglas geschichtet und mit dem Öl übergossen. Dabei müssen alle Pflanzenteile gut bedeckt sein, nichts darf aus dem Öl herausschauen.

Früher wurden diese Gläser vier bis sechs Wochen in die Sonne gestellt. Die ersten Tage nur mit einem Stück Gaze bedeckt, damit die Feuchtigkeit entweichen kann, später wurden sie fest verschlossen. Heute wird oft die Methode des Erhitzens im Wasserbad verwendet. Dazu wird das Marmeladenglas in einen mit heißem Wasser gefüllten Topf gestellt. Dabei sollte der Wasserstand im Topf etwas niedriger als der Ölstand im Glas sein, damit das Glas nicht umkippt. Der Deckel muss vorher abgenommen werden, sonst kann das Glas platzen. Das Wasser sollte für eine halbe Stunde leicht sieden, ohne in das Öl zu spritzen. Danach lässt man das Glas im Wasser abkühlen und wiederholt den Vorgang ein zweites Mal. Danach ist das Öl fertig und wird zum Abtrennen von den Pflanzenteilen durch ein Sieb gegossen. Es kann sofort verseift werden. Je nach Seifenrezept werden die Pflanzenteile weggeworfen oder zum Leim dazugegeben.

Fertige Öle müssen ganz klar sein und dürfen auch keine Wassertropfen enthalten (die sich am Glasboden absetzen), da dies die Schimmelbildung begünstigt. Ist das Öl trüb, hat sich meist etwas Wasser gelöst. Es kann ein weiteres Mal im Wasserbad erwärmt werden, wodurch das Wasser verdunstet, oder es wird ein kleiner Teelöffel Salz hinzugegeben, der die Feuchtigkeit bindet. Ist das Öl klar, so wird es vom Salzrückstand abgegossen. Die Haltbarkeit der so hergestellten Mazerate hängt von der Qualität der Öle und von der Art der Verarbeitung ab. Sie richtet sich nach dem Mindesthaltbarkeitsdatum.

VERWENDBARE ÖLSORTEN

Für Ölauszüge nahm man früher meist Olivenöl, das sich durch eine gute Haltbarkeit auszeichnet. Beim Warmauszug und beim Kaltauszug sollte das Öl nicht schneller verderben. Wurde der Auszug in die Sonne gestellt und so dem Licht ausgesetzt, verkürzt sich die Haltbarkeit um einige Monate. Generell würde ich so ein Öl nur maximal 12 Monate verwenden und dann im nächsten Jahr einen frischen Auszug machen.

Auch die meisten anderen Öle, zum Beispiel Raps-, Mandel- oder Sonnenblumenöl sind für einen Ölauszug geeignet, jedoch halten diese Auszüge oft nur sechs Monate, da die Öle schneller ranzig werden. Nicht geeignet sind Öle mit mehrfach ungesättigten Fettsäuren, die schnell verderben, wie Nachtkerzenöl und Wildrosenöl. Für kosmetische Mazerate gut geeignet ist Jojobaöl, das sich durch eine sehr lange Haltbarkeit auszeichnet. Soll das Mazerat verseift werden, so wird es am besten mit einem der Öle aus dem jeweiligen Seifenrezept angesetzt.

HERSTELLUNG VON RINGELBLUMENÖL FÜR RINGELBLUMENSEIFE

Ringelblumenöl wird aus den ganzen Blütenköpfen oder nur aus den Zungenblüten hergestellt. Da der Blütenboden auch Wirkstoffe enthält, kann er mit in das Öl eingelegt werden. Schöner in der späteren Seife sieht es jedoch aus, wenn nur die fein geschnittenen Zungenblüten enthalten sind. Werden getrocknete, geschnittene Blüten verwendet, sind diese in der Seife später kratziger als frisch eingelegte. Öl mit frischen Blüten sollte aber nach zwei bis drei Tagen verarbeitet werden.

Zur Verarbeitung wird das Öl von den Blüten abgegossen und gewogen. Ölreste an den Blüten erhöhen den Laugenunterschuss leicht. Gegebenenfalls sollte er nicht zu hoch gewählt werden. Die Blüten kommen dann zur Gesamtfettmenge und werden mit püriert.

IMMER IN PROZENTEN!

Es ist einfacher, wenn ein Rezept in Prozenten erstellt wird. So können Sie all Ihre Rezepte gut miteinander vergleichen und später auf Ihre gewünschte Gesamtfettmenge umrechnen.

EIGENE REZEPTE SINNVOLL ERSTELLEN

Ein eigenes Rezept zu planen ist gar nicht so schwer, wenn Sie bereits einige Seifen hergestellt haben. Am Anfang sollten Sie sich an die 50-zu-50-Regel halten, das heißt 50 % der Fette sind feste Fette, 50 % sind Öle. Das *25er-Rezept* ▸ Seite 25 ist ein gutes Beispiel dafür. Es besteht aus je 25 % Kokos- und Palmfett, Oliven- und Rapsöl.

Kokosfett gehört in die Gruppe 1, die Schaumfette. Es ist also durch die anderen Fette aus dieser Gruppe zu ersetzen, durch Babassu- und Palmkernöl. Ebenso können Sie mit dem Palmfett aus Gruppe 2 verfahren. Sie können es gegen ein anders Pflanzenfett oder gegen ein Tierfett austauschen. Oliven- und Rapsöl gehören in die Gruppe 3 der Pflegeöle. Auch hier ersetzen Sie sinnvollerweise innerhalb der gleichen Gruppe, zum Beispiel Olivenöl gegen Avocadoöl und Rapsöl gegen Reiskeimöl. Das Rezept könnte also so aussehen:
Je 25 % Babassuöl, Schweineschmalz, Avocado- und Reiskeimöl.

Leider ist die Tabelle nur ein Hilfsmittel, das eine ungefähre Orientierung erlaubt. Das fast streichfähige Palmfett ist von der Härte her nicht vergleichbar mit der splitterharten Kakaobutter. Diese Härteunterschiede machen sich auch in der Seife bemerkbar, daher ist es nicht günstig, 25 % Palmfett gegen 25 % Kakaobutter auszutauschen. In diesem Beispiel könnte die Härte der Kakaobutter durch ein Öl aus der Gruppe 3 kompensiert werden:
Nehmen Sie nur 10 % Kakaobutter und dafür 15 % Reiskeimöl oder Olivenöl dazu.

VEGANE UND PALMÖLFREI REZEPTE

Sollen beide Eigenschaften erfüllt werden, ist es schwierig, die 50-zu-50-Regel einzuhalten, da sowohl Palmöl und tierische Fette aus derselben Gruppe kommen. Zwar kann ein Rezept auch mit 25 % Sheabutter hergestellt werden, aber das ergibt eine teure Luxusseife. Es muss von der Regel abgewichen werden.

Als Ersatz bieten sich die Öle der Gruppe 3 a, der stabilen Basisöle, an. Mit ihnen sind auch harte Seifen zu erreichen, die nicht ganz so wasserstabil sind und ohne Gelphase durchaus einige Tage länger zum Festwerden brauchen. Dem kann mit härtenden Zutaten entgegengewirkt werden, beispielsweise mit 1–3 % Wachs, Bienenwachs oder Beerenwachs, oder mit etwas Salz in der Lauge.

Das *„Grundrezept milde Olive“* (80 % Olivenöl, 15 % Kokosfett, 5 % Rizinusöl ▸ Seite 35) wäre dafür eine Beispielrezeptur.

- Härten mit Wachs:
  1–3 % Wachs, 77–79 % Olivenöl, 10 % Kokosfett, 5 % Rizinusöl
- Härten mit Salz:
  Auf 500 g GFM rechnet man 2 TL (ca. 10 g) Salz, das man in der Laugenflüssigkeit auflöst.

Auch die Erhöhung des Schaumfettanteils bietet sich an:

- 25 % Kokosfett, 70 % Olivenöl, 5 % Rizinusöl
- 40 % Kokosfett, 55 % Olivenöl, 5 % Rizinusöl (Variante 20 % Kokosfett und 20 % Babassuöl)

Nimmt man noch ein Basisöl der Gruppe 3 b oder ein Pflegeöl hinzu, dann kann das Rezept jeweils so aussehen:

- 25 % Kokosfett, 55 % Olivenöl, 15 % Rapsöl, 5 % Rizinusöl
- 30 % Kokosfett, 55 % Olivenöl, 10 % Traubenkernöl, 5 % Rizinusöl
- 30 % Kokosfett, 40 % Olivenöl, 15 % Rapsöl, 10 % Traubenkernöl, 5 % Rizinusöl

Wie man sieht, kommt es nicht auf 5 % mehr oder weniger Öl aus einer Gruppe an. Wenn Sie sich an die bei den Ölbeschreibungen angegebenen Grenzen halten, dann kann wenig schiefgehen. Außerdem ist es am besten, selbst herauszufinden, welche Seifen man lieber mag: 100 % reine Olivenölseifen oder lieber solche mit ordentlich Schaum? Oder natürliche Seifen mit Kräutern und ätherischen Ölen, meist auf der Basis von viel Oliven- oder Avocadoöl, oder bunt geswirlte, lange duftende Seifen mit PÖ, auf Basis von raffinierten, farblosen Ölen? Hier zählt nur die eigene Vorliebe. Und es sind einige Versuche nötig, um diese zu finden, was durchaus viel Freude macht und immer neue Entdeckungsmöglichkeiten bietet.

BERECHNUNG DER LAUGENMENGE

Für die Berechnung der NaOH-Menge gibt es zwei Möglichkeiten. Man kann einen *Seifenrechner* ▸ Seite 139 aus dem Netz benutzen, in den man sein Rezept einträgt, die gewünschte Überfettung (dieser Begriff wird bei den meisten Rechnern statt Laugenunterschuss benutzt) einträgt und dann die Wasser- und NaOH-Menge ausgegeben bekommt. Die Rechner unterscheiden sich ein wenig, daher muss man ausprobieren, mit welchem man am besten zurechtkommt. Einprogrammiert im Rechner sind die Verseifungszahlen der Öle. Ändert man etwas am Rezept und tauscht ein Öl gegen ein anderes aus oder variiert seine Menge, muss das Rezept neu berechnet werden.

Wer den Prozess besser verstehen will, kann die Laugenmenge mit Hilfe der *Verseifungszahlen* im Serviceteil ▸ Seite 244 und einem Taschenrechner auch selbst berechnen.

VERSEIFUNGSZAHLEN

Laut Definition ist die Verseifungszahl eines Öls eine chemische Kennzahl für seine Qualität. Sie gibt an, wie viel mg KOH man benötigt, um 1 g des Öls komplett zu verseifen und eventuelle freie Fettsäuren zu neutralisieren.

VERSEIFUNGSZAHL UMRECHNEN

Umrechnung von KOH in NaOH:
g KOH × 0,7129 = g NaOH

Umrechnung von NaOH in KOH:
g NaOH × 1,4028 = g KOH

Am Beispiel vom Mandelöl erklärt: Mandelöl hat eine Verseifungszahl von 183–207. Das heißt: je 1 g Mandelöl benötige ich je nach Qualität und Herkunft zwischen 183 und 207 mg KOH zur Verseifung. Besser vorstellen kann man sich, dass man für 1 kg Mandelöl 183 bis 207 g KOH benötigt.

Als Seifensieder benutzen wir zur Verseifung aber NaOH. Bitte achten Sie darauf, die richtige NaOH-Verseifungszahl zu benutzen. Ist in der Literatur nur von „Verseifungszahl" die Rede, so ist immer die KOH-Verseifungszahl gemeint, außer bei den Seifensiedern, dort ist es umgekehrt.

BERECHNUNG EINES REZEPTS

Mit Hilfe der Verseifungszahl können Sie Ihre Rezepte leicht selber berechnen. Eine andere Möglichkeit ist, einen Seifenrechner aus dem Internet zu benutzen.

Mit dem Taschenrechner

Am Beispiel des Grundrezepts lässt sich die Berechnung leicht nachvollziehen: Hier haben wir je 125 g folgender Fette benutzt: Kokosfett, Palmfett, Olivenöl und Rapsöl.
Die Verseifungszahlen für die einzelnen Öle lauten:
Kokosfett 0,183 Palmfett 0,142
Olivenöl 0,135 Rapsöl 0,133
Es werden also 125 × 0,183 g NaOH für das Kokosfett benötigt, das sind 22,875 g. Für Palmfett benötigen wir 17,75 g, für Olivenöl 16,875 g und für Raps 16,625 g NaOH. Das ergibt zusammen 74,125 g NaOH, um die komplette Menge an Fetten zu verseifen. Öle sind als natürliche Stoffe Schwankungen ausgesetzt, wir benötigen deshalb ein Sicherheitspolster. Außerdem möchten wir einen Pflegeeffekt erzielen. Deswegen nehmen wir nicht die komplette NaOH-Menge, sondern rechnen mit einem Laugenunterschuss (früher **Überfettung** genannt).

Für 8 % Laugenunterschuss (LU) sieht die Berechnung so aus:
74,125 ÷ 100 × 8 = 5,93
Es werden 5,93 g NaOH weniger gebraucht.
Man benötigt 74,125 – 5,93 = 68,2 g NaOH für einen LU von 8 %
Oder 74,125 × 0,92 = 68,2
Rechnet man mit einem LU von 12 %, so benötigt man
74,125 – 8,895 = 65,2 g NaOH.

Mit einem Seifenrechner

Der Seifenrechner berechnet die NaOH-Menge, die Wassermenge und manchmal auch die Menge an Duft, nachdem er mit den benötigten Daten gefüttert wurde. Werden die Fette als Prozentwerte eingegeben, braucht der Rechner noch deren Gesamtgewicht (GFM) oder es werden Grammangaben gemacht. Vergewissern Sie sich, dass der Rechner die NaOH-Menge berechnet, nicht die KOH-Menge. Bei manchen Rechnern lässt sich die Wassermenge in Prozent bezogen auf die GFM wählen. Hier geben Sie am besten 33 % ein. Der Laugenunterschuss/die Überfettung sollte 8 bis 12 % betragen. Bei einigen Rechnern kann man das direkt eingeben, beim Naturseifenrechner liest man den zur jeweiligen Überfettung gehörenden NaOH-Wert nach der Berechnung in einer Tabelle ab.

GUT ZU WISSEN

Die beste Methode ist, sich das Rezept auszudrucken und darauf beim Arbeiten Notizen zu machen, zum Beispiel die bereits abgewogenen Fette abzuhaken und Zusätze und Farben zu notieren.

Seifenrechner im Netz

Mittlerweile geben die Seifenrechner nicht nur die benötigte Mange an NaOH und Flüssigkeit an, sondern berechnen über die Fettsäuregehalte auch oft die ungefähr zu erwarteten Seifeneigenschaften. Diese ist jedoch auch von den Zusatzstoffen abhängig und lässt sich nicht exakt vorhersagen.

Die meisten Seifenrechner gehen immer noch von einer Rückfettung aus, wenn mit einem Unterschuss an Lauge gearbeitet wird.

http://www.handmade-by-kathrin.de/soap/calc/
- Enthält verschiedene tierische Fette
- Unterscheidet zwischen Kokosöl gehärtet, nativ und raffiniert

- Enthält High-oleic-Öle
- Berechnung von Zitronensäure, Essigsäure und Milchsäure möglich
- Flüssigkeitsmenge kann zwischen 15 und 50% der GFM gewählt werden
- Mischverseifung einfach berechenbar, KOH-Reinheit einstellbar
- Gibt die Gesamtmenge an Seife inclusive NaOH, Wasser, Zitronensäure und Duft aus

Der Seifenrechner ist einfach zu bedienen und gibt einen Ausblick auf die zu erwarteten Seifeneigenschaften, die sich aus den Fettsäuren berechnen lassen.

https://www.seifenrechner.com/seifenrechner
- Enthält verschiedene tierische Fette
- Unterscheidet zwischen nativem und raffiniertem Kokosöl
- Enthält keine High-oleic-Öle
- Berechnung von Zitronensäure, Essigsäure und Milchsäure möglich, Gehalte sind einstellbar
- Flüssigkeitsmenge kann zwischen 20 und 40% der GFM gewählt werden
- Mischverseifung einfach berechenbar, KOH-Reinheit einstellbar
- Es können eine Reihe von Zusatzstoffen ausgewählt werden
- Gibt die Gesamtmenge an Seife aus

Übersichtliche Eingabe der benötigten Zutaten und der Darstellung des Ergebnisses durch verschiedene Kartenreiter, Änderungen sind einfach möglich, keine Angabe der Seifeneigenschaften

https://www.naturseife.com/Seifenrechner/
- Keine tierischen Fette
- Keine High-oleic-Öle
- Mit Zitronensäure (leider wird sie als Fett berechnet)
- NaOH oder KOH einstellbar, keine Mischverseifung
- Durchschnittlicher Wert für die Laugenflüssigkeit 33 % fest vorgegeben

Einfacher, veralteter Rechner für Anfänger: Geben Sie Ihre Fette und Öle in den Rechner ein und wählen „Lauge berechnen". Es geht eine neue Seite auf, worauf alle Fette und Öle zusammen mit der Gesamtfettmenge angegeben sind. Aus einer Tabelle können Sie die NaOH-Menge für Ihre gewählte Überfettung (veralteter Begriff) ablesen. Zitronensäure wird in die Gesamtfettmenge mit einbezogen, was einen geringen Fehler bei der Berechnung des Laugenunterschusses hervorruft.

https://calc.mendrulandia.es/

- Enthält verschiedene tierische Fette
- Mit High-oleic-Ölen
- Zitronensäure kann zwar eingegeben werden, wird aber bei der NaOH-Menge nicht mit berechnet.
- Die Laugenflüssigkeit kann nicht in Bezug auf die Gesamtfettmenge eingestellt werden, sondern bezieht sich auf das NaOH.
- Mischverseifung für ein Verhältnis von NaOH zu KOH von 1:1 ist berechenbar, kein selbst gewähltes
- Gibt die Gesamtmenge an Seife an.

Es sind einige kleine Fehler im Rechner, die mich erstaunen. Zum Beispiel berechnet er Zitronensäure bei der Gesamtmenge mit, gibt aber ihren Verbrauch an NaOH durch die Säure nicht an. Dies erhöht den Laugenunterschluss und ist somit keine Gefahr, aber richtig ist es nicht.

Voreingestellt ist eine Laugenkonzentration von 28 %. Hier wird die Flüssigkeitsmenge nicht auf die Gesamtfettmenge bezogen, sondern auf das NaOH. Das ist auch nicht verkehrt, wenn man es weiß. Die voreingestellte Konzentration ergibt rund 35 % der GFM.

Englischsprachige Seifenrechner

Eine Liste mit ins Englische übersetzten Ölen finden Sie im Serviceteil ▸ Seite 244.

www.soapcalc.net/calc/soapcalcWP.asp

- Enthält viele tierische Fette
- Unterscheidet zwischen „fractionated“ und „not fractionated“, also fraktioniert oder nicht (Kokosöl nicht als fractionated eingeben.)
- Enthält High-oleic-Öle
- Wahlweise NaOH oder KOH einstellbar, keine Mischverseifung in einem Schritt berechenbar
- Hat allerdings keine Zitronensäure oder andere Säuren
- Voreingestellte Wassermenge ist 38 %, eigene Einstellungen möglich, auch abweichend von der GFM beispielsweise auf die NaOH-Menge bezogen

Im oberen Bereich der Seite müssen Sie zuerst alle Einstellungen vornehmen, die Sie benötigen, zum Beispiel stellen Sie den Rechner auf Gramm und 33 % Flüssigkeit um. Dann wählen Sie aus der Ölliste Ihre Öle aus und geben entweder die Gramm oder die Prozente Ihres Rezeptes ein. Drücken Sie unten auf „Calculate recipe“, danach auf „View or print recipe“. Jetzt geht ein neues Fenster auf, in dem Sie alle Angaben zu Ihrem Rezept finden.

ABSCHÄTZEN DER HÄRTE EINES REZEPTES

Bei den Daten eines jeden Öles ist eine Zahl zur Härte der aus diesem Öl hergestellten Seife angegeben. Mittels dieser Härtewerte kann auch die Härte eines Rezeptes abgeschätzt werden ▸ Seite 96. Teilen Sie dazu den Prozentanteil des jeweiligen Öls durch 100 und multiplizieren Sie das Ergebnis mit der Härte. Dann addieren Sie alle Werte. So erhalten Sie einen Wert für die jeweilige Härte des Rezepts. Zur Abschätzung sind folgende Bereiche gegeben:

- Sehr harte Seife: 90–100
- Harte Seife: 80–90
- Weiche Seife: 60–80
- Sehr weiche Seife: kleiner als 60

BEISPIELRECHNUNG

Rezept mit 80 % Olivenöl und 20 % Kokosöl

80 ÷ 100 × 87 = 69,6

20 ÷ 100 × 100 = 20

69,6 + 20 = 89,6

Da der Wert zwischen 80 und 90 liegt, wird die ausgereifte Seife hart sein.

VERARBEITUNGSTEMPERATUREN

Für die Gestaltung der Seife ist die Verarbeitungstemperatur ein wichtiger Parameter, da sie das Andickverhalten des Leims am meisten beeinflusst. Je nachdem, wie Sie Ihre Seife gestalten wollen und mit welchem Rezept Sie arbeiten, wählen Sie die Temperatur.

Je wärmer Sie arbeiten, desto schneller kommt die Verseifungsreaktion in Gang und desto schneller dickt der Leim an. Nach einer Heißverseifung ist die Seife fast sofort benutzbar, weil sie durch die hohe Temperatur viel schneller fertig ist. Wird kälter gearbeitet, so dauert die Reaktion länger. Wollen Sie eine einfarbige Seife machen, kann die Verarbeitungstemperatur bis 50 °C betragen. Wollen Sie dagegen swirlen, dann brauchen Sie Zeit und verringern die Temperatur. Die Untergrenze ist erreicht, wenn die Mischung beginnt, wieder fest zu werden. Das passiert in Rezepten mit vielen Buttern, speziell mit Sheabutter, auch gern durch kalte Lauge. Da scheint der Leim anzuziehen, obwohl nicht alles gemischt ist. Das nennt sich ***false trace*** und Sie müssen weiter rühren, damit der Leim durch die Eigenwärme wieder flüssiger wird und homogen gemischt ist. Deshalb ist es wichtig, dass Fette und Lauge ungefähr die gleiche Temperatur haben.

Ein guter Arbeitsbereich für eine normale Seife liegt zwischen 33 und 45 °C. Je nach Rezept zieht der Leim dann schon recht flott an und kommt auch gut in die Gelphase.

Die untere Verarbeitungsgrenze liegt bei etwa 28 °C, wenn ein filigraner Swirl geplant ist und das Rezept nicht viele Buttern enthält. Sind Shea oder Kakaobutter im Rezept, erhöht sich die Verarbeitungstemperatur auf 32–35 °C. In beiden Fällen funktioniert das Anschieben der Gelphase besser und man vermeidet die Gefahr, dass die Seife die Konsistenz nasser Kreide bekommt.

Soll die Gelphase vermieden werden, weil die Seife möglichst hell bleiben soll, dann ist ebenfalls eine Verarbeitungstemperatur von 33–36 °C geeignet. Die Seife wird nach dem Einformen sofort kalt gestellt. Wenn aufheizende Stoffen wie Seide, Früchte oder Honig verarbeitet werden, dann startet man bei Raumtemperatur oder kurz darüber und stellt die Formen dann kalt oder kann sie einfrieren. Hier ist die Reaktion stark verlangsamt und die Verseifung kann mehrere Tage dauern, bis die Seife ausgeformt werden kann.

Die Temperaturen in der Tabelle sind als ungefähre Richtwerte zu verstehen, die sich bei meiner Arbeitsweise bewährt haben.

TEMPERATURTABELLE

Geplant	Verarbeitungs-temperatur
normale Seife, einfarbig	33–45 °C
zeitintensive Verarbeitung	28–34 °C
zeitintensive Verarbeitung mit Buttern im Rezept	32–35 °C
Seife ohne Gelphase	33–36 °C
aufheizende Zutaten wie Honig	25–30 °C

ZUSATZSTOFFE

Erfahren Sie, welche Wirkung weitere Zutaten haben, mit denen unter anderem Salz-, Kaffee-, Milch-, Kräuter- oder Haarseifen hergestellt werden können.

ZUSATZSTOFFE

Prinzipiell kann man jeden Zusatzstoff in jedem Rezept benutzen. Eine Ausnahme macht die Salzseife, für die man eine erhöhte Schaumfettmenge braucht. Es empfiehlt sich sogar, in demselben Rezept verschiedene Zusatzstoffe zu testen, um diese genauer vergleichen zu können.

SALZ

Salzsorten

Salz ist ein häufig verwendeter Zusatzstoff beim Seifesieden. Man stellt damit Salz- sowie Soleseifen her, die für die Haut eine Wohltat sind. In kleinen Mengen (2 TL auf 500 g GFM) führt Salz zu härterer Seife, die sich besser ausformen lässt. Nimmt man mehr Salz, welches in der Laugenflüssigkeit gelöst wird, so spricht man von einer Soleseife.

Für eine Salzseife gibt man das Salz zum fertig emulgierten Leim. Da Salz den Schaum vermindert, benötigt man für Salzseifen spezielle *Rezepte* ▸ Seite 198 f.

Als Zusatz zur Seife sind fast alle Salzsorten geeignet, also sowohl kostengünstiges Speisesalz, vielleicht für die erste Salzseife, sowie Meer- oder Himalayasalz.

Salzsorten aus dem Toten Meer enthalten außer Natriumchlorid (Speisesalz) noch einen hohen Gehalt an Magnesiumchlorid. Es bildet mit der Lauge Magnesiumhydroxid, das heißt, ein Teil der Lauge steht für die eigentliche Verseifung nicht mehr zur Verfügung. Aus dem gleichen Grund ist Bitter- oder Epsomsalz nicht zur Herstellung von Seife geeignet.

Sowohl Salz wie auch Sole haben einen aufhellenden Einfluss auf die verwendeten Farben. Sie werden pastelliger oder man muss mehr Farbstoff benutzen.

Menge: 50–300 % der GFM für eine Salzseife, maximal 35 g auf 100 g Laugenflüssigkeit für eine Soleseife

Natriumlactat ist ebenfalls ein Salz und wird in der Heißverseifung zur Härtung genommen. Da es hygroskopisch ist, wird es oft als Lösung verkauft.

Menge: 2–3 % der GFM in der Lauge gelöst

ZUCKER

Zucker macht den Schaum stabil und ein Zuckeranteil im Leim sorgt dafür, dass der Seifenleim länger fließfähig bleibt. Das ist besonders dann wichtig, wenn für einen Swirl eine längere Verarbeitungszeit benötigt wird. Im Gegensatz zu Honig hat Haushaltszucker im Seifenleim keinen aufheizenden Effekt.

Zucker muss in der Laugenflüssigkeit gelöst sein, bevor das NaOH zugegeben wird. In der Lauge löst sich der Zucker später nicht mehr. Beim Lösen des NaOH sollte darauf geachtet werden, dass die Temperatur nicht zu hoch wird, weil sonst der Zucker karamellisiert und die Lauge braun färbt.

Menge: 2–4 TL pro 500 g GFM

Oft werden Salz und Zucker kombiniert. Für eine Seife mit Swirl würde ich nicht mehr als 2 TL Salz und 4 TL Zucker auf 500 g GFM benutzen.

GLYCERIN

Glycerin, ein dreiwertiger Alkohol, auch Glycerol genannt, ist eine farblose, viskose Flüssigkeit und ein Baustein der Fette. In der Kosmetik- und der Lebensmittelchemie wird es als Feuchthaltemittel benutzt, da es hygroskopisch (wasseranziehend) ist. In Konzentrationen bis 10 % wirkt es auf die Haut nicht austrocknend, sondern feuchtigkeitsspendend. Da es gut wasserlöslich ist, kann es sich weder in den Haaren noch auf der Haut anreichern, sondern wird einfach mit Wasser abgewaschen und weggespült.

Bei der Verseifung wird Glycerin aus den Fetten gebildet. Es macht Naturseifen besonders hautpflegend, da es in unseren Seifen bleibt und nicht als wertvoller Rohstoff entzogen wird. Je nach Rezept und Laugenunterschuss ist es mit 7–9 % enthalten. Manchmal kann es sinnvoll sein, zusätzliches Glycerin, zum Beispiel in Rasierseifen, Transparentseifen und in Seifen mit einer transluzenten Optik oder in KOH-Verseifungen, einzusetzen.

Im Handel ist Glycerin in zwei Konzentrationen erhältlich, in 99%-iger und in 85%-iger Reinheit. Die übrigen Prozente sind Wasser. Da Glycerin eine Flüssigkeit ist, kann sie die Laugenflüssigkeit zum Teil ersetzen. Dafür wird es mit der weiteren Laugenflüssigkeit im Verhältnis 1:1 gemischt. In dieser Mischung wird das NaOH gelöst.

Menge: bis 50 % der Laugenflüssigkeit

GUT ZU WISSEN

Haben Sie eine kleine Menge Salz in der Laugenflüssigkeit gelöst, so können Sie die Gelphase nur schlecht, manchmal auch gar nicht sehen, sondern nur fühlen: Die Seife fühlt sich heiß an. Silikonformen lassen sich von außen eindrücken. Wollen Sie eine Seife mit Gelphase herstellen, so denken Sie daran und lassen die Seife nicht zu heiß werden.

Seifen mit Sole bzw. etwas Salz im Laugenwasser sollten früh, am besten noch warm, geschnitten werden, damit sie beim Schneiden nicht zerbrechen.

SEIDE

Seide macht sehr weichen, cremigen Schaum und wird von vielen Siedern gern benutzt. Sie sorgt für eine glatte Oberfläche der Seife mit einer schönen Haptik.

Seide und Zitronensäure sind keine Zusätze für Anfänger, weil die speziellen Vorgehensweisen Erfahrung im Umgang mit der Lauge voraussetzen. Dies nur zur Warnung.

Einsetzen kann man Seide als Faser, Stoff oder seltener als Pulver. Seidenfasern, die sich für Seife eignen, sind Maulbeerseide mit leichter Cremefärbung der Seife und Tussahseide, die eine gelblichere Seife bewirkt. Auch Rohseide kann verwendet werden.

Zur Herstellung der Seife wird die Seide in der Laugenflüssigkeit aufgelöst. Dabei ist zu beachten, dass sich die Seidenfasern nur in der heißen Lauge lösen. Da hierbei Dämpfe und ein leichter Geruch entstehen, sollte man für eine ausreichende Belüftung sorgen.

Die Seide wird mit dem Wasser verrührt und die Laugenperlen kommen in größeren Portionen dazu. Es wird so lange gerührt, bis sich die Laugenperlen aufgelöst haben. Bevor die Lauge abgekühlt ist, kommt die nächste Portion hinzu und wird weiter gerührt. Das Auflösen der Seide dauert ein wenig und die Lauge bleibt leicht trüb. Zur Sicherheit gibt man sie durch ein feines Sieb, welches nicht gelöste Fasern und nicht aufgelöste NaOH-Perlen zurückhält.

Menge: 2–5 g pro 1000 g GFM

ZITRONENSÄURE UND NATRIUMCITRAT

Kalkseifen sind es, die bei der Benutzung von Seife das Waschbecken verschmutzen oder zu Rückständen in den Haaren führen. Aus diesem Grund wird Zitronensäure eingesetzt. Diese wird von der Natronlauge neutralisiert und es entsteht Natriumcitrat, genauer Trinatriumcitrat, ein Wasserenthärter. Natriumcitrat ist auch ein Salz und verhindert die Bildung von Kalkseifen, indem es die Calcium- und Magnesiumionen komplex bindet. Gerade in Haarseifen wird Zitronensäure deshalb gerne als Zusatz benutzt.

Da Zitronensäure als Säure mit der bereits fertigen Seife unerwünschte Reaktionen eingeht, sollte bei der Verarbeitung so vorgegangen werden, dass die Zitronensäure zuerst im Wasser oder einer anderen Flüssigkeit gelöst wird.

Weil Säuren und Laugen Gegenspieler sind und recht heftig miteinander reagieren, ist jetzt Vorsicht geboten. Geben Sie nur eine sehr kleine Menge NaOH zur Flüssigkeit dazu und rühren, bis sich alles aufgelöst hat. Es bildet sich unter starker Erwärmung das Natriumcitrat.

Sobald die Lauge wieder abgekühlt ist, wird die nächste kleine Portion NaOH zugegeben, bis die Zitronensäure neutralisiert ist. Manchmal kann man die Reaktion sogar hören: Es hört sich an, als ob die Flüssigkeit unten im Laugengefäß kocht. Sobald dieses Phänomen vorbei ist, kann die Lauge in den üblichen größeren Portionen zugegeben werden, da die Zitronensäure verbraucht ist.

Wer bei der ersten Verwendung von Zitronensäure sehr vorsichtig sein möchte, kann die NaOH-Menge nur für die Zitronensäure im Seifenrechner berechnen, die dafür notwenige Laugenmenge bei 0 % Überfettung ablesen und getrennt abwiegen (zusätzlich zu der für die Verseifung nötigen Laugenmenge). Geben Sie diese in kleinen Mengen zur aufgelösten Zitronensäure dazu. Erst wenn diese Laugenmenge verbraucht ist, rühren Sie die Lauge wie üblich an. Die Anfängermethode finden Sie auf der folgenden Seite.

Die Verwendung von Zitronensäure wird in den Rezepten nicht extra erwähnt. Entscheiden Sie gemäß Ihrer Wasserhärte selbst, ob Sie einen Wasserenthärter benötigen. Übliche Mengen an Zitronensäure sind 1–3 %, manchmal wird für Haarseifen 5 % genommen. Diese Obergrenze sollten Sie nicht überschreiten, weil es nicht mehr bringt.

Berechnung der NaOH-Menge für die Zitronensäure

Es ist ungünstig, die benötigte Menge an NaOH, die für die Zitronensäure gebraucht wird, mit dem Seifenrechner zusammen mit den Fetten zu berechnen, da die meisten Seifenrechner nicht zwischen Zitronensäure und Fett unterscheiden. So wird für die Zitronensäure ebenso eine Überfettung mitberechnet, das heißt, der Rechner gibt weniger NaOH aus, als für die Neutralisation der Säure gebraucht wird. Das lässt sie sich aber „nicht gefallen" und benutzt das NaOH, das für die Verseifung vorgesehen ist, zur kompletten Neutralisation. Dann fehlt NaOH für die Verseifung und der Laugenunterschuss steigt.

Der Verbrauch an NaOH durch die Zitronensäure lässt sich trotzdem mit dem Seifenrechner in einem Extraschritt berechnen, indem man den Wert bei 0 % Überfettung abliest. Oder man multipliziert die Masse an Zitronensäure in Gramm mit 0,571.

MULTIPLIKATOR FÜR DIE NAOH-MENGE

- 1 g Zitronensäure benötigt zur Neutralisation 0,571 g NaOH.
- Multiplizieren Sie Ihre Zitronensäuremenge mit 0,571, so erhalten Sie die dafür benötigte NaOH-Menge.
- Für alle, die es genauer wissen wollen: Wie kommt dieser Multiplikator zustande?
- Die Zitronensäure ist ein Molekül mit drei Säuregruppen (–COOH-Gruppen). Für jede benötigt man ein NaOH-Molekül.
- Ein Teilchen Zitronensäure verbraucht 3 NaOH.
- 1 Mol Zitronensäure verbraucht 3 Mol NaOH
- 192,13 g Zitronensäure = 120 g NaOH
- Da wir keine reine Zitronensäure kaufen, sondern Zitronensäuremonohydrat, muss das Wasser mitberechnet werden, so gilt:
- 210,13 g Zitronensäure = 120 g NaOH
- Für ein Gramm Zitronensäure braucht man dann:
- 1 g Zitronensäure = 0,571 g NaOH

GUT ZU WISSEN

Für 1 g Zitronensäure braucht man 1,2 g Natron zur Neutralisation.

Neutralisation der Zitronensäure für Anfänger

Wem die Neutralisation der Zitronensäure mit Natronlauge „zu heiß" ist, kann dafür auch Natron (Natriumhydrogencarbonat) nehmen. Das hat sogar den Vorteil, dass bei dieser Reaktion Wärme verbraucht wird und die Laugenflüssigkeit dabei abkühlt.

Pro 10 g Zitronensäure (-monohydrat) werden 12 g Natron benötigt, beziehungsweise pro 1 g 1,2 g Natron. Dabei entstehen 12,2 g Natriumcitrat. Die übrigen 9,8 g sind Wasser und Kohlenstoffdioxid.

NATRIUMCITRAT

Statt Zitronensäure selbst zu neutralisieren, kann man auch Natriumcitrat oder genauer Trinatriumcitrat kaufen. So spart man sich die Umsetzung. Natriumcitrat wird zuerst im Wasser gelöst, bevor damit die Lauge angerührt wird.

Wasserbedarf zum Lösen abschätzen

Egal ob die Zitronensäure mit Natriumhydroxid oder mit Natron neutralisiert wird, entstehen aus 1 g Zitronensäure 1,2 g Natriumcitrat. Dieses braucht zum Auflösen 3 g Wasser. Haben Sie das Wasser für die Lauge mit der 1,1-fachen Menge an Wasser sehr knapp kalkuliert, so geben Sie pro Gramm verwendeter Zitronensäure 3 g Wasser extra hinzu.

Exkurs: Warum muss eine Seife alkalisch sein?

Seifen sind die Natrium- oder Kaliumsalze von Fettsäuren, d. h. sie entstehen entweder durch die Verseifung von Fetten oder durch die Neutralisation von Fettsäuren mit Natron- oder Kalilauge. Als Salze schwacher Säuren reagieren sie in Wasser basisch. Fertig gereifte Seife zeigt mit Universalindikator gemessen einen pH-Wert von 8 bis 9. Dies ist nur eine ungenaue Methode. Für eine genauere Messung wird eine Seifenlösung benötigt, deren pH-Wert mit einer Elektrode gemessen wird. Das Ergebnis ist von der Fettsäurezusammensetzung der jeweiligen Seife abhängig und liegt gewöhnlich zwischen pH 9 und 11. Der kurzzeitige Kontakt mit pH-Werten im leicht alkalischen Bereich ist für die Haut kein Problem. Selbst das dadurch verursachte leichte Aufquellen der obersten Hautschicht ist nicht schlimm. Gesunde Haut regeneriert sich innerhalb von 3 Stunden wieder und hat den für sie typischen leicht sauren pH-Wert von etwa 5,5 bald wieder erreicht.

Könnte man daher nicht eine Seife mit einem für die Haut günstigeren pH-Wert von um 5 herstellen? Im Prinzip ja, denn es ist möglich, durch Zugaben von Säure den pH-Wert zu senken. Dann werden die Natriumionen der Seife gegen die H^+-Ionen getauscht und es bilden sich die Fettsäuren zurück.

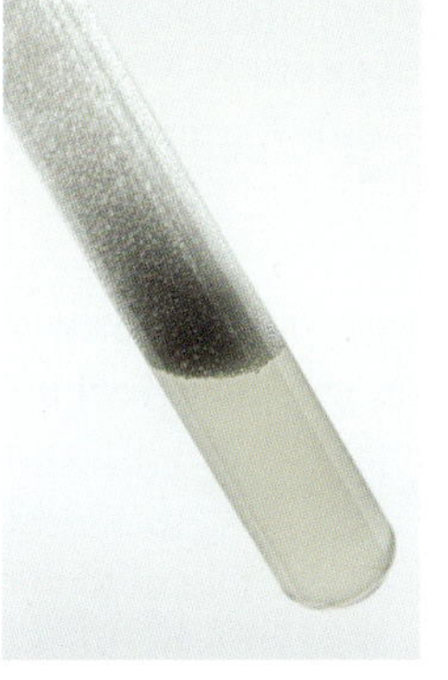

Ein kleines Stück Seife in Wasser aufgeschäumt.

Der zusammengefallene Schaum Sekunden nach Zugabe von Säure.

Fettsäuren sind jedoch in Wasser nicht löslich und verbinden sich zu kleinen, sich fettig anfühlenden Flöckchen, die keinen Schaum mehr bilden. Es ist keine Seife mehr, da Seife nur im Alkalischen existiert. Diesen Effekt können Sie nutzen, falls Sie Ihre Seifensachen in der Spülmaschine abwaschen möchten und sich zu viel Schaum gebildet hat. Geben Sie etwas Essig in die Maschine, da er den Schaum zerstört.

MILCHPRODUKTE

Einige Milchprodukte werden nicht zum Anrühren der Lage verwendet, sondern später zum angedickten Seifenleim hinzugegeben. Dazu gehören Joghurt, Quark und Sahne. Die Flüssigkeitsmenge zum Anrühren der Lauge wird dabei um die Menge an Milchprodukt reduziert, die später zugegeben werden soll. Achten Sie darauf, dass Sie mindestens noch die gleiche Menge an Flüssigkeit wie an NaOH verwenden. Die Flüssigkeit sollte keine Zusätze wie Salz und Zucker enthalten. Empfehlen würde ich die 1,4-fache Flüssigkeitsmenge.

Gerüche durch Milchprodukte

Sahne, Butter und andere stark fetthaltige Kuhmilchprodukte enthalten recht viel Buttersäure. Das ist eine intensiv riechende, kurzkettige Fettsäure, die unangenehm käsig bis scharf riecht. Manche Menschen können diesen Geruch nach Gebrauch einer sahnehaltigen Seife auf der Haut wahrnehmen und werden diese Seifen meiden. Dies hängt vermutlich mit dem pH-Wert ihrer Haut zusammen oder mit der Fähigkeit, diesen Stoff schon in kleinsten Konzentrationen wahrzunehmen. Lassen Sie dann stark fetthaltige Produkte wie Sahne und Mascarpone weg und weichen Sie auf Magerquark oder pflanzliche Produkte aus.

Der Geruch wird übrigens nicht durch eine Gelphase begünstigt, wie oft im Internet zu lesen ist. Vielmehr entsteht er durch die bei der Verseifung frei werdende Buttersäure, sowohl mit und ohne Gelphase.

GUT ZU WISSEN

Der Geruch der Milchseifen kann unterschiedliche Ursachen haben:

- Ammoniak, aus der Zersetzung von Milcheiweiß. Der Geruch verfliegt innerhalb der Reifezeit.
- Buttersäure riecht sehr streng nach Erbrochenem, scharf, käsig, schweißig, unangenehm. Den Geruch verursachen Zusätze mit hohem Milchfettanteil (Sahne). Er verfliegt nicht.

Die Gerüche haben nichts mit der Gelphase zu tun.

Natriumlactat

Bei einem Sauermilchprodukt wie Joghurt wird die Lactose durch Milchsäurebakterien (Milchzucker) in Milchsäure verwandelt. Das Salz der Milchsäure heißt Lactat, bei Umsetzung mit Natronlauge Natriumlactat.

Bei einer Heißverseifung wird nach der erfolgreichen Verseifung oft ein angewärmtes Sauermilchprodukt untergerührt, um die Fließfähigkeit des Leimes zu erhöhen, damit sich die Seife besser einformen lässt.

STÄRKE, BABYPUDER UND TALKUM

Da die feinen Teilchen von Talkumpuder in Verdacht stehen, ähnlich wie Asbestfasern Krebs auszulösen, empfehle ich nach dem derzeitigen Wissenstand, darauf zu verzichten. Schauen Sie deshalb auch beim Babypuder genau hin, ob Talkum enthalten ist.

Stärke und Babypuder werden zum Öl gegeben und gut unterpüriert, bevor die Lauge dazukommt. Die feinen Teilchen machen sehr cremigen Schaum.

Einsatzmenge: 1–2 EL auf 1 kg GFM

LANOLIN

Lanolin wird auch als Wollwachs oder als wasserfreies Wollwachs (lat. *Adeps lanae anhydricus*) bezeichnet und ist eine vaselineartige, gelblichbraune Masse mit einem Schmelzpunkt von 40 °C.

Es besteht aus einer großen Anzahl an verschiedenen Estern von langkettigen Alkoholen und langkettigen Fettsäuren, daneben auch noch freien Alkoholen, Cholesterin, Lanosterol und weiteren Sterolen. Die Wachsester werden zusammen mit den Fetten verseift, weshalb Lanolin eine Verseifungszahl von 0,076 g NaOH/g Lanolin aufweist. Es wird als Fettbestandteil im Seifenrechner mitberechnet.

Einsatzmenge: 5–10 % der GFM

EIWEISS UND EIGELB

Beides sind proteinhaltige Zusätze, die von der Lauge teilweise hydrolisiert werden, d. h. sie werden in kürzere Bruchstücke zerlegt, die besser wasserlöslich sind. Daher schäumt Seife mit proteinhaltigen Zusätzen besser.

Mit Eiweiß kann man sogar die Lauge anrühren oder mit einer Mischung aus Eiweiß und Wasser. Bei der schwedischen Rosenseife werden beispielsweise Rosenwasser und Eiweiß verwendet.

Eigelb enthält zusätzlich zum Protein noch Lecithin. Es wird zusammen mit den Ölen vor Zugabe der Lauge gut püriert. Erst dann gibt man die Lauge dazu.

Einsatzmenge Eigelb: maximal 2–3 Eigelb auf 500 g GFM

HONIG

Honig soll in der Seife eine pflegende Wirkung haben. Honigseife, oft zusätzlich auch mit Bienenwachs hergestellt, ist eine beliebte Seife, die aber für Anfänger schwierig ist, weil beide Stoffe unterschiedlich verarbeitet werden sollten. Honig heizt die Seife stark auf und färbt sie in der Gelphase dann dunkelbraun. Das kann bis zum Verbrennen des Honigs mit entsprechender Geruchsentwicklung in der Seife reichen. Außerdem wird die Seife mit Honig, abhängig von der Menge, recht weich. Deshalb wird die Menge an festen Fetten wie Shea und Kakaobutter im Rezept erhöht und möglichst kalt gearbeitet.

Der Honig wird abgewogen und mit einem Teil der Laugenflüssigkeit glatt gerührt. Diese Mischung wird am besten kalt gestellt. Sie wird in den emulgierten Seifenleim gegeben. Benutzen Sie Einzelförmchen oder frieren Sie die Blockform ein, um dem Überhitzen vorzubeugen. Honigseife kann man gut während einer Frostperiode im Winter herstellen und draußen kalt stellen.

Einsatzmenge: ab 1 EL bis zu 10 % (teilweise auch 15 %) der GFM

Peelen sollten Sie Ihre Haut nur alle zwei Wochen, höchstens jedoch einmal die Woche.

PEELINGZUSÄTZE

Ein Peeling entfernt abgestorbene Hautzellen und macht die Haut wieder weich, zart und bereit, eine wertvolle Pflege aufzunehmen. Peelingstoffe gibt es viele. Das reicht von recht kratzigen Stoffen wie Mandelkern-Olivensteingranulat (MOG), Kaffeepulver, Luffagurkenscheiben, Seesand, Mohnsamen hin bis zum sanfteren Peeling durch gemahlene Kräuter, Salz, Kastanien, Mandeln, Haferflocken und Bimssteinmehl. Milder sind Rhassoul oder andere Tonerden. Da jedoch nicht alle Hautstellen beim Duschen gepeelt werden wollen, stelle ich Peelingseifen mit zwei verschiedenen Seiten her, eine mit einem Peelingstoff gemischt, die andere ohne. So brauchen Sie nur eine Seife unter der Dusche. Die Kaffeeseife ▸ Seite 174 ist ein Beispiel dafür.

Peelingstoffe

Einsatzmenge: je nach Peelingstoff ab 2 TL auf 500 g GFM

VITAMIN E

Vitamin E ist der Sammelbegriff für eine Gruppe von Stoffen, den Tocopherolen und Tocotrienolen. Am bekanntesten ist das alpha-Tocopherol. Es wirkt als Antioxidans, das heißt, es verlängert die Haltbarkeit von Fetten und Ölen. Allerdings kippt die Wirkung bei höheren Konzentrationen ins Gegenteil und die Oxidation wird beschleunigt.

Da es nicht gegen Bakterien wirkt, sondern nur die Oxidation verhindert, ist Vitamin E kein Konservierungsmittel. Vitamin-E-acetat hat keine antioxidative Wirkung in Ölen.

Eigenschaften von Vitamin E - Tocopherole

Vitamin E ist der Sammelbegriff für verschiedene Tocopherole und Tocotrienole. Es ist eine gelbliche bis gelbbräunliche, sehr viskose Flüssigkeit, kommt natürlich in Ölen vor und ist dementsprechend öllöslich und unlöslich in Wasser. Tocopherole sind sehr stabil gegen Hitze, Säuren und Alkalien (Laugen). Durch Sauerstoff werden sie langsam abgebaut. Dieser Abbau kann durch Metallionen wie Kupfer, Eisen, Silber und andere stark beschleunigt werden. (Quelle: Ullmanns Enzyklopädie der Technischen Chemie)

Einöl-Sonnenblumenölseife ohne Zusatz und mit Vitamin E nach 4 Monaten.

Für Seifensieder heißt das, dass ein Teil der Tocopherole auch die Verseifung überstehen und die Seife vor Ranz schützen können. Ein Abbau der Tocopherole durch Metallionen führt dagegen zu schneller ranzenden Seifen.

Je ungesättigter ein Öl ist, desto mehr Vitamin E enthält es von Natur aus. Da bei der Raffination der Öle auch Vitamin E entfernt wird, wird es danach häufig wieder zugesetzt.

Test auf die Wirksamkeit von Vitamin E

In einem Test habe ich verschiedene Stoffe an einer Einölseife mit Sonnenblumenöl getestet, darunter auch Vitamin-C-palmitat, Rosmarin-oleoresin und ätherisches Rosmarinöl.

Dazu wurden je 70 g Seifenleim (entspricht 50 g GFM) mit den jeweils folgenden Zusätzen gemischt:

- Vitamin E 0,6 g
- Vitamin C-Palmitat 0,3 g (auch Ascorbinpalmitat)
- Rosmarin Oleoresin 0,05 g (~0,1 % nach Dunn)
- Rosmarin Oleoresin 0,10 g (~0,2 % nach Herstellerangabe)
- Rosmarin ÄÖ 2 % GFM
- Vitamin E 0,6 g und Vitamin C-Palmitat 0,3 g

Die reine Sonnenblumenölseife ohne Zusätze begann nach vier Wochen erste Ranzanzeichen zu zeigen. Zu dem Zeitpunkt waren alle anderen Seifen noch in Ordnung. Am längsten ohne gelbe Verfärbungen hielten sich die Seifen mit Vitamin E, Vitamin-C-Palmitat und die Mischung aus beiden. Sie blieben etwa vier Monate ohne gelbe Flecken, danach begannen auch sie zu ranzen. Am längsten hielt die Seife mit Vitamin E und Vitamin-C-Palmitat.

Das ätherische Rosmarinöl zeigte wie erwartet keine Verlängerung der Haltbarkeit. Die Wirkung des Rosmarin Oeleoresins war mäßig, die höhere Einsatzmenge hielt etwas länger stand.

Einsatzmenge Vitamin E: 0,2 - 0,6 % der GFM, mit den Fetten verrührt

HARZE

Vor rund 100 Jahren, als Fette und Öle für Seifen noch nicht so erschwinglich waren wie heute, wurde Harz als Füllstoff benutzt. Es hat folgende positiven Effekte: Die mitverseiften Harzsäuren schäumen gut, die Haptik der Seife wird nicht zu hart und Harz hat ein gutes Wasserbindevermögen, was die Ausbeute erhöht hat.

Wenn damals von Harz die Rede war, war immer Fichtenharz gemeint. Daraus wurde zuerst das Terpentin gewonnen, der zurückbleibende Stoff wird Kolophonium genannt. Kolophonium gab es in verschiedenen Qualitäten von ganz hell bis braun. Es wurde mit den Ölen geschmolzen und zu einer Kernseife mit verseift oder nach der Verseifung zugesetzt.

Heute wird das Harz gesammelt und in Öl heiß gelöst, um es von Verunreinigungen zu befreien. Dazu wird das warme Öl durch ein Sieb oder einen Feinstrumpf filtriert. Wiegen Sie das Öl vorher, damit Sie wissen, wie viel Öl zum Rezept dazugegeben wird. Da die Löslichkeit des jeweiligen Harzes unbekannt ist, wird es meistens nicht mit berechnet. Gekauftes Kolophonium kann in den Seifenrechner mit eingegeben werden.

Herstellen einer Seife mit Harzöl

Lösen Sie das Harz in einem Öl, das Sie im Rezept mit eingeplant haben. Wählen Sie den Laugenunterschuss nicht zu hoch, da das Harz ebenfalls einen Anteil an NaOH verbraucht. Die Seife wird so hergestellt, dass Sie das Harzöl erst in den angedickten Seifenleim rühren, da es ihn andicken lässt. So stellen Sie sicher, dass die Lauge vorher homogen mit den Fetten vermischt wird. Rühren Sie das Harzöl schnell unter und geben Sie den Leim zügig in die Formen. Der Leim dickt unverzüglich an und heizt sich dabei auf. Bei mir war die Seife innerhalb von Minuten in der Gelphase.

Benutzen sie Einzelformen und isolieren Sie Ihre Seife nicht, um ein Überhitzen zu vermeiden.

Wie jede andere Seife auch kann die Harzölseife nach sechs Wochen benutzt werden. Zur Duftunterstützung habe ich 3 % Zedernholzöl dazugegeben. Der Duft nach Harz hält leider nicht so lange.

Einsatzmenge: 5–10 % der GFM

BLÜTEN UND KRÄUTER

Blüten und Kräuter sind eine Möglichkeit, Farben und Wirkstoffe auf natürlichem Weg in eine Seife zu bringen. Gern verwendet werden die Blüten von Ringelblumen, Löwenzahn, Frauenmantel, Johanniskraut, Kamille und Gänseblümchen. Von den Kräutern finden viele Garten- und Wildkräuter Verwendung: Je nach Jahreszeit können Sie Blätter von Gänseblümchen, Beinwell, Waldmeister, Frauenmantel, Giersch, Brennnessel, Melisse, Salbei oder Thymian sammeln. Auch Petersilie oder Spinat geben der Seife eine grüne Farbe. Blüten können Sie direkt in einer kleinen Menge vom abgewogenen Öl pürieren oder sie einen Tag antrocknen lassen für einen Ölauszug, den Sie später in den Seifenleim geben.

AUSZUGSÖL MIT BERÜCKSICHTIGEN

Wiegen Sie alle Öle, bevor Sie sie über die Kräuter gießen und notieren Sie sich das Gewicht, da Sie es später im Seifenrechner mit berechnen müssen.

Ringelblumenblüten lassen sich auch gut getrocknet verwenden. Schneiden Sie die Blüten mit der Schere klein und legen Sie diese einige Tage vorher in eines der Öle ein, damit die Blüten etwas weicher werden und nicht so stark peelen. Wenn Sie alle Öle vereint haben, gehen Sie kurz mit dem Pürierstab durch, um die Blüten etwas weiter zu zerkleinern. Sie können auch kleingeschnittene, frische Blüten verwenden.

Johanniskrautblüten erzeugen in der Seife kleine rote Pünktchen. Dazu müssen Sie die Blüten trocknen und sie zwischen den Händen verreiben, bevor Sie sie in den fertigen Seifenleim einrühren. Innerhalb weniger Tage bilden sich aus den Blütenstückchen kleine rote bis rotbraune Punkte.

Selbstverständlich können Sie auch nur den Ölauszug verarbeiten, eventuell unterstützt von einem Teeauszug, mit dem Sie die Lauge herstellen, oder einem Glycerinmazerat, das Sie zum angedickten Leim rühren. Welche Stoffe allerdings die Verseifungsreaktion überstehen, ist leider bisher nicht genau bekannt.

Johanniskrautblüte

Kräuter zerkleinere ich vorher mit einem Küchenmesser und gebe sie zu einem der Öle. Sind die Blätter weich, wie beispielsweise bei der Melisse, und ausreichend zerkleinert, so geben Sie das Öl zum angedickten Leim. Sind die Pflanzenteile eher hart und kratzig, so geben Sie das Öl zu den anderen Ölsorten dazu und pürieren kurz durch.

SCHWEFEL

Schwefel ist ein gelbes, feinkristallines und geruchloses Pulver. Jedoch werden auch Schwefelverbindungen in der Alltagssprache als Schwefel bezeichnet.

Vor 50 Jahren bekamen Jugendliche mit unreiner Haut Teer- oder Schwefelseifen empfohlen. Solche Seifen gibt es auch heute noch zu kaufen. Sie helfen gegen Akne und Schuppenflechte, dabei normalisieren sie die Talgproduktion der Haut. Für diese besondere Seife wurde die Seifenmasse pilliert und Schwefelpulver mit dazugegeben, das heißt, die fein geriebene Seife wurde mit 3 bis 10 % Schwefelpulver verknetet. Ich habe einige Experimente durchgeführt, um Schwefel in eine CP-Seife einzuarbeiten. Zum Beispiel lässt er sich in der heißen Lauge lösen.

Die einfachste Möglichkeit ist jedoch, den Schwefel in die warmen Fette mit dem Pürierstab unterzuarbeiten. Dort verteilt er sich gleichmäßig und löst sich zu einem kleinen Teil, wenn die Lauge dazukommt. Da er hoch wirksam ist, reichen 2 % der GFM aus.

Chemisch gesehen wird der elementare Schwefel zu Sulfit und Sulfid. Das sind zwei sehr aktive Stoffe, die beide in größeren Mengen gesundheitsschädlich sind, in kleinen Mengen jedoch positiv auf die Haut wirken. Ehrlicherweise muss man dazu sagen, dass die Seife im nassen Zustand einen markanten, für manche unangenehmen Geruch hat. Brycha, eine Kollegin aus dem Seifenforum, beschrieb ihn als „Vesuv, ganz oben“.

GUT ZU WISSEN

Setzen Sie keine Zitronensäure zusammen mit Schwefel im Rezept ein, da diese zu unerwünschten Reaktionen führen kann.

REZEPTE

UND WEITERE HERSTELLUNGSMETHODEN

Ausführliche Erläuterungen zu Methoden der Heißverseifung und Mischverseifung machen den Einstieg leicht, Sie lernen die Herstellung von Salz- und Soleseifen, Milchseifen und Whipped kennen.

LEICHTE REZEPTE FÜR DEN ANFANG

DIE FEINE MILDE: DUSCHSEIFE MIT AVOCADOÖL

Dies ist eine pflegende Seife für Menschen mit trockener Haut. Grünes Avocadoöl enthält einen Anteil von 6 % an unverseifbaren Bestandteilen, unter anderem Phytosterine. Zusammen mit dem hohen Anteil an Ölsäure machen sie die Seife mild. Unterstützt wird dieser Effekt noch durch den kleinen Anteil an Kokosöl. Dieses Öl trägt zur Schaumbildung bei, Sie können es jedoch auch weglassen. Benutzen Sie dann zum Duschen ein Seifensäckchen, in das Sie die Seife legen, so werden Sie trotzdem einen schönen Schaum haben.

Härte: 89 · **RZF:** 20

Rezept für 1 kg GFM

280 g entmineralisiertes Wasser, 28 % der GFM

NaOH für 10 % LU

800 g grünes Avocadoöl 80 %

100 g Kokosöl 10 %

100 g Rizinusöl 10 %

Optional: 2 EL grüne Tonerde oder Heilkreide für eine bessere Haptik

Duft aus 6 g Geranium, 6 g Palmarosa, 4,5 g Blutorange, 2,5 g Gewürznelke, 1,5 g Benzoe siam, 1,5 g Patchouli und 1 g Rosenholz

WAKE ME UP-MISCHUNG

Benutzen sie als Alternative für den Duft 15 g Rosmarin, 15 g Litsea und 1 g Patchouli.

Diese Duschseife ist besonders für morgens geeignet, die ätherischen Öle bringen den Kreislauf in Schwung und erfrischen.

Herstellung

1 Mischung aus den ätherischen Ölen herstellen und mit der gleichen Menge an Avocadoöl mischen, das von den 800 g abgenommen wird.

2 Herstellen der Lauge nach den Sicherheitsregeln und auf etwas über handwarme Temperatur (ca. 38–40 °C) abkühlen lassen.

3 Alle Öle in den Topf geben und ebenfalls auf 38–40 °C erwärmen.

4 Optional Tonerde oder Heilkreide dazugeben.

5 Kurz pürieren, damit sich alles gut verteilt. Den Pürierstab im Öl stehen lassen, bis alle Luftblasen aufgestiegen sind. Nun die Lauge hinzugeben und den Leim pürieren, bis er gleichmäßig ist und ganz leicht andickt.

6 Den Pürierstab entfernen und die Mischung aus ätherischen Ölen und Avocadoöl mit der Hand unterrühren. Kurz, aber gleichmäßig einarbeiten.

7 Den Seifenleim sofort in die bereitgestellte Form abgießen und diese isolieren, damit die Seife in die Gelphase kommt.

Reifezeit: 6 Wochen. Die Seife gewinnt allerdings durch eine Lagerung von bis zu einem Jahr.

ÖL-ALTERNATIVEN

Benutzen Sie statt des unraffinierten, grünen Avocadoöls Olivenöl. Es enthält weniger Unverseifbares, so dass Sie Rizinusöl gegen Sheabutter austauschen können. Sie können auch einen Ölauszug mit Ringelblumen in Olivenöl verwenden.

LIFE

OLIVEN-LORBEERÖL-SEIFE IM ALEPPO-STYLE

Die Alepposeife ist eine Olivenölseife mit Lorbeeröl, die in Syrien und teilweise auch in der Türkei hergestellt wird. Nach traditioneller Herstellung wird während der Heißverseifung des Olivenöls das Lorbeeröl hinzugefügt. Da dieses einen eukalyptusartigen, leicht rauchigen Duft hat, wird die Seife nicht beduftet.

Härte 87 · **RZF:** 26

Rezept für 500 g GFM

- 140 g entmineralisiertes Wasser, 28 % der GFM
- NaOH für 10 % LU
- 50 g Kokosfett 10 %
- 50 g Lorbeeröl 10 %
- 25 g Rizinusöl 5 %
- 375 g Olivenöl 75 %
- kein Duft

Herstellung

1. Aus dem Wasser und dem NaOH die Lauge nach den Sicherheitsregeln herstellen und auf ca. 40 °C abkühlen lassen.
2. Kokosfett und Lorbeeröl miteinander schmelzen, dann das Rizinusöl und das Olivenöl hinzufügen und auf 38–40 °C mit anwärmen.
3. Die Lauge durch ein Sieb zu den Fetten geben. Den Seifenleim abwechselnd pürieren und mit dem Spatel rühren, bis der Leim leicht andickt.
4. Den Seifenleim in die Form gießen und gut isolieren, damit die Seife in die Gelphase kommt.

Reifezeit: 6 Wochen

NÄHER ANS URSPRUNGSREZEPT

Traditionell enthält die Alepposeife weder Kokosfett noch Rizinusöl, dafür 8–40 % Lorbeeröl, welches durch seinen Gehalt an Laurinsäure für eine besser schäumende Olivenölseife sorgt. Wenn Sie den Lorbeerölgehalt erhöhen, können Sie Kokosfett und Rizinusöl weglassen.
Noch näher kommen Sie der ursprünglichen Alepposeife, wenn Sie die Seife im Heißverfahren herstellen und einen Teil des Lorbeeröls nach der Heißver

OLIVENCREMESEIFE BEI TROCKENER, EMPFINDLICHER HAUT

Ebenfalls für Menschen mit trockener Haut ist die Olivencremeseife gedacht. Sie schleimt nicht, schäumt aber dafür auch nur verhalten. Da hartes Wasser die Schaumkraft herabsetzt, wird ein selbst hergestellter Komplexbildner aus Zitronensäure gegen die Bildung von Kalkseifen eingesetzt. Zur Neutralisation wird Natron verwendet. Der Vorteil dabei ist, dass es nicht heiß wird, im Gegenteil die Lösung kühlt ab und wir können das NaOH gleich auflösen.

Härte: 90 · RZF: 21

Rezept für 500 g GFM

- NaOH für 10% LU berechnet:
- Entmineralisiertes Wasser 140 g, 28% der GFM
- 15 g Zitronensäure
- 18 g Natron (Natriumhydrogencarbonat)
- 85 g Palmkernöl (alternativ Kokosöl) 17%
- 40 g Kakaobutter 8%
- 375 g Olivenöl 75%
- Duft 15 g PÖ oder ÄÖ, bei empfindlicher Haut besser weglassen

GUT ZU WISSEN

1 g Zitronensäure entspricht 1,2 g Natriumcitrat

Herstellung

1. Berechnen Sie die Menge an NaOH für 10% LU.
2. Lösen Sie die Zitronensäure im entmineralsierten Wasser auf und geben langsam das Natron hinzu. Das schäumt etwas. Alternativ können Sie auch 8,6 g NaOH verwenden.
3. Sobald es zu Ende gesprudelt hat, ist die Lösung abgekühlt und Sie können das NaOH unter Einhaltung der Sicherheit hinzugeben. Lassen Sie die Lauge auf ca. 40°C abkühlen.
4. Schmelzen Sie das Palmkernöl zusammen mit der Kakaobutter auf und geben das Olivenöl hinzu. Die Temperatur sollte ebenfalls bei knapp 40°C liegen.
5. Jetzt können Sie die Lauge zu den Fetten geben und gut pürieren, bis zum angedickten Leim. Nehmen Sie sich ausreichend Zeit dafür, der Leim ist durch den hohen Ölsäuregehalt geduldig und das Rezept wird schneller fest, wenn genug püriert wurde.
6. Rühren Sie den Duft unter und formen den Leim ein. Die Seife kann bei Raumtemperatur, also um die 20°C, zwischen 24 und 48 Stunden reifen. Sie darf gelen, muss es aber nicht.

Reifezeit: 6 Wochen

Für mich ist das ein einfaches, schnell hergestelltes Rezept, das ich sehr mag. Hier setze ich auch gerne Ölmazerate aus Kamillenblüten oder Ringelblumenblüten ein. Dazu werden die Blüten getrocknet und für vier bis sechs Wochen in einem Teil des Olivenöls eingelegt.

Oliven
Creme
2023

SEIFE MIT STRAUSSENFETT – ROSENSTRAUSS

Milde Seife für empfindliche Haut mit wenig Schaumfett. Bei Hautproblemen lassen Sie gegebenenfalls die Farben weg. Da Tierfette einen Eigengeruch besitzen, empfehle ich Duft zu benutzen, zum Beispiel allergenfreie Düfte.

Härte: 82 · **RZF:** 27

Rezept für 500 g GFM

- 167 g entmineralisiertes Wasser, 33 %
- 2 TL (ca. 10 g) Salz
- NaOH für 8 % LU
- 100 g Babassuöl 20 %
- 150 g Straußenfett 30 % (ersatzweise Schmalz)
- 105 g Reiskeimöl 21 %
- 125 g Sonnenblumenöl h. o. 25 %
- 20 g Rizinusöl 4 %
- Duft: 12 g Rosen PÖ, 3,5 g Sandelholz PÖ oder Amyris ÄÖ
- Farben: je 1 Spatelspitze Dragocolor Rosenrot und Blütenorange in einigen Tropfen Wasser gelöst

Herstellung

1 In der abgewogenen Wassermenge 2 Teelöffel Salz lösen. Dann die Lauge nach den Sicherheitsvorgaben zubereiten.

2 Babassu und Straußenfett bei niedrigen Temperaturen schmelzen. Reiskeimöl, ölsäurereiches Sonnenblumenöl (z. B. Bratöl von Alnatura) und Rizinusöl dazugegeben und die Mischung auf 30–33 °C abkühlen lassen. Die Lauge sollte die gleiche Temperatur haben.

3 Die Farben mit einigen Tropfen Wasser in einem Plastikbecher oder einem kleinen Becherglas lösen.

4 Die Parfumöle in einem Glas abwiegen und die Seifenform bereitstellen.

5 Die Lauge durch ein Sieb zu den Ölen gießen und den Leim emulgieren, bis er homogen ist, aber noch nicht andickt. Dreimal etwa 80 ml des Leims in separate Becher gießen und die beiden Farben mit einem Teelöffel gut einrühren. Der dritte Teil bleibt weiß.

6 Zum Rest im Topf die Duft-Mischung geben und sorgfältig, aber kurz, mit dem Teigschaber einrühren. Den Leim sofort in die Form füllen.

7 Den gefärbten Leim in dünnen Linien auf den Grundleim gießen und mit einem Stäbchen, zum Beispiel einem chinesischem Essstäbchen, senkrecht zu den Linien durch den Leim fahren.

8 Die Seife isolieren und nach 24–36 Stunden ausformen, gegelte Seife früher, ungegelte etwas später. Jetzt kann die Seife aufgeschnitten und zum Reifen aufgestellt werden.

Reifezeit: 6 Wochen

ALTERNATIVER DUFT

Die beiden allergenfreien (das heißt frei von deklarationspflichtigen Allergenen) Düfte Mysore Sandalwood und Tea Rose von Gracefruit (GB) ergeben zusammen eine wunderbare Duftmischung. Verwenden Sie die im Rezept angegebenen Mengen. Allerdings dickt die Mischung zügig an. Verzichten Sie daher auf eine Marmorierung. Färben Sie die Seife ein, bevor Sie den Duft zugeben. Rühren Sie nach Duftzugabe schnell und gründlich und gießen Sie

PEELINGSEIFEN

PEELINGSEIFE „FÜR DIE FÜSSE“

Durch die Kräuter ergibt sich ein sanftes Peeling, die Rückseite ist für einen intensiven Effekt. Die desodorierende Wirkung der ätherischen Öle sorgt für eine anhaltende Frische.

Härte: 93 · **RZF:** 15

Rezept für 500 g GFM

- 167 g entmineralisiertes Wasser, 33 % der GFM
- NaOH für 8 % LU
- 150 g Kokosöl 30 %
- 75 g Mangobutter 15 %
- 125 g Olivenöl 25 %
- 125 g Avocadoöl 25 %
- 25 g Rizinusöl 5 %
- 2 EL fein geschnittene Salbeiblätter
- 2 EL grüne Tonerde
- 3 TL Zucker
- 1 ½ TL Salz
- Duft aus einer Mischung ätherischer Öle: 6,8 g Lemongras, 4,5 g Zitrone, je 2,5 g Teebaum, Salbei, Thymian, Zedernholz und 2,3 g Wacholderholz (ergibt die Menge für 500 g GFM)
- 3 TL Mandelkern-Olivensteingranulat

Herstellung

1. Zuerst Zucker und Salz im Wasser lösen. Danach die Lauge unter Beachtung der Sicherheitsregeln ansetzen und auf 33–38 °C abkühlen lassen.
2. Kokosöl und Mangobutter bei niedriger Temperatur schmelzen.
3. Die Salbeiblätter zu den abgewogenen Ölen geben.
4. Die grüne Tonerde und die Ölmischung zusammen mit dem Salbei zu den geschmolzenen Fetten geben und auf etwa Handwärme abkühlen lassen.
5. Vor der Zugabe der Lauge die Fette kurz pürieren, um die Kräuter zu zerkleinern und die Tonerde gut zu verteilen. Dann die Lauge durch ein Sieb zu den Ölen gießen. Den Leim kurz pürieren, bis er gut emulgiert ist. Er sollte noch nicht andicken.
6. Mit einem Spatel die ätherische Ölmischung unterrühren. Etwa ein Drittel des Leims abnehmen und dort Mandelkern-Olivensteingranulat unterrühren.
7. Die Konsistenz des übrigen Leims prüfen. Er sollte leicht zeichnen. Tut er das nicht, noch einmal kurz pürieren. Diesen Leim als erstes in die Formen geben, darauf kommt das Drittel mit dem Mandelkern-Olivensteingranulat.
8. Die Seife isolieren, damit sie in die Gelphase gelangt.

Reifezeit: 4–6 Wochen

DIE PERFEKTE LAGERZEIT

Die Seife gewinnt durch eine Lagerung von acht bis zwölf Wochen. Zu lange sollten Sie die Seife aber nicht lagern, da die ätherischen Öle flüchtig sind. Sie ist auch als Duschseife geeignet.

KRÄUTERSEIFE LUNGAU: EIN PFLEGENDER KRÄUTERSPAZIERGANG

Die Seife hat durch die Kräuterstückchen einen leichten Peelingeffekt und liegt dadurch auch gut in der Hand. Sie ist eine pflegende Duschseife. Benutzen Sie nur Ihnen bekannte, ungiftige Kräuter.

Härte: 82 · **RZF:** 39

Rezept für 500 g GFM

- entmineralisiertes Wasser 33 % der GFM
- NaOH für 10 % LU
- 100 g Olivenöl (inkl. des Mazerats) 20 %
- 1–2 g Nadelbaumharz
- 100 g Babassuöl 20 %
- 25 g Kakaobutter 5 %
- 150 g Avocadoöl, grün 30 %
- 25 g Rizinusöl 5 %
- 50 g Hanföl 10 %
- 50 g Rapsöl 10 %
- ca. 1 EL getrocknete Bergkräuter (z. B. Thymian, Rotklee, Frauenmantel, Augentrost, Mädesüß, Schafgarbe)
- Duft aus einer Mischung folgender ätherischer Öle: 5 g Zirbenöl, 2 g Wacholderöl, 3 g Litsea, 3 g Zeder amerikanisch, 3 g Edeltanne, 5 Tr. Patchouli auf 500 g GFM

Herstellung

1. Das Olivenöl in ein Glas abwiegen und das Harz dazugeben. Die Mischung in einen Topf mit Wasser stellen (Wasserbad) und etwa 30 Minuten erwärmen. So löst sich ein Teil des Harzduftes. Das Öl bis zum nächsten Tag stehen lassen und vom restlichen, ungelösten Harz abgießen.
2. Die Lauge entsprechend den Sicherheitsregeln anrühren und auf etwa 33–36 °C abkühlen lassen.
3. Die festen Fette schmelzen und die Öle, auch das Olivenöl, dazugeben. Die Mischung sollte die gleiche Temperatur wie die Lauge haben.
4. Die Kräuter zwischen den Händen in die Öle zerreiben.
5. Die Lauge durch ein Sieb zu den Ölen geben und den Leim emulgieren, bis er zeichnet. Mit einem Spatel die ÄÖ-Mischung in den Leim rühren und ihn in eine Blockform füllen. Der angedickte Leim kann mit dem Spatel zu einem kleinen Berg aufgehäuft werden.
6. Die Seife warm einpacken und zum Gelen bringen.

Reifezeit: 4–6 Wochen

KAFFEESEIFE EDELMOCCA: MEHRSCHICHTIGE PEELINGSEIFE

Kaffeeseife entfernt Küchengerüche wie Knoblauch oder Zwiebeln von den Händen. Zur Herstellung dieser beliebten Küchenseife wird die Lauge mit starkem Kaffee angerührt. Durch die beiden verschiedenen Seiten kann sie auch gegen hartnäckige Verschmutzungen eingesetzt werden.

Härte: 82 · **RZF:** 35

Rezept für 500 g GFM

- 167 g entmineralisiertes Wasser, 33 %
- Kaffeepulver
- NaOH für 10 % LU
- 125 g Kokosöl 25 %
- 50 g Kakaobutter 10 % oder je 25 g Kaffeebutter und 25 g Kakaobutter
- 150 g Sonnenblumenöl h. o. 30 %
- 100 g Reiskeimöl 20 %
- 50 g Sojaöl 10 %
- 25 g Rizinusöl 5 %
- trockenes Kaffeepulver, nicht zu grob gemahlen, und einige ganze Kaffeebohnen als Deko
- Duft: optional, z. B. Roasted Coffee von Gracefruit 2 % mit Orange süß 2 % oder 3 % Blutorange und 1 % Orange süß und ca. 0,3 % Vanillin (färbt dunkelbraun)
- Farbe: etwas in Wasser dispergiertes Titandioxid

Herstellung

1. Aus dem entmineralisierten Wasser und dem Kaffeepulver einen starken Kaffee zubereiten und kalt stellen.
2. Aus diesem Kaffee unter Einhaltung der Sicherheitsregeln die Lauge anrühren und sie auf Handwärme abkühlen lassen.
3. Kokosöl, Kakaobutter und ggf. die Kaffeebutter schmelzen und die Öle dazugeben. Die Mischung sollte nach dem Abkühlen ebenfalls handwarm sein.
4. Eine Form mit großer Grundfläche, wie beispielsweise einen Dividor, vorbereiten oder einen Pappkarton mit Backpapier auslegen.
5. Die Düfte abwiegen und das trockene Kaffeepulver bereitstellen.
6. Die Lauge durch ein Sieb zu den Fetten geben und einen homogenen, nicht zeichnenden Leim herstellen. Etwa ein Drittel des Leims in ein anderes Gefäß umfüllen und den Leim mit Titandioxid leicht aufhellen.
7. Den Duft unter den restlichen Leim rühren und ein weiteres Drittel zur Seite stellen.
8. In das verbleibende Drittel das trockene Kaffeepulver einrühren und diesen Teil zuerst in die Form geben. Die Form mehrmals auf die Arbeitsfläche stoßen, damit diese Schicht schön glatt und gleichmäßig wird. Darauf langsam über einen Spatel den Leim mit dem Duft geben.
9. Als oberste Schicht den helleren Leim obenauf füllen und nach Wunsch mit einigen Kaffeebohnen dekorieren. Die Seife gelen lassen.

Reifezeit: 4–6 Wochen

VARIATONSMÖGLICHKEITEN

Da die mit Kaffee angerührte Lauge unangenehm riechen kann, können Sie die Hälfte des Kaffees einfrieren und mit einer Mischung aus Eiswürfeln und Flüssigkeit die Lauge bereiten. Wenn Sie noch mehr Kaffee in der Seife unterbringen möchten, können Sie lösliches Kaffeepulver in etwas Flüssigkeit anrühren und zum emulgierten Leim geben. Reduzieren Sie die Laugenflüssigkeit um diesen Flüssigkeitsanteil.

HERSTELLUNG IM HEISSVERFAHREN

Das bisher vorgestellte Verfahren zur Seifenherstellung nennt sich Kaltverseifung (cold process CP), auch wenn in der Gelphase teilweise Temperaturen von 70 °C herrschen können. Selbst wenn die Gelphase im Ofen bei 50 °C angeschoben wird, wird diese Methode noch als CP bezeichnet. Die Seife braucht eine Reifezeit von mindestens vier Wochen.

Eine Seife, die im Heißverfahren (hot process HP) hergestellt wird, ist nach der Verseifung fertig und kann theoretisch gleich benutzt werden. Trotzdem trocknet sie besser noch zwei Wochen, damit sie sich nicht so schnell verbraucht. Die kürzere Wartezeit ist einer der Vorteile der Heißverseifung. Ein noch größerer ist die Möglichkeit der gezielten Überfettung mit einem speziellen Öl oder Fett. Da die Verseifung nach der Heißphase abgeschlossen ist und das Öl keine Berührung mehr mit der Lauge hat, bleibt es erhalten und wird nicht mit verseift. (Näheres dazu siehe Kapitel *„Überfettung oder Laugenunterschuss?“* ▸ Seite 92.) Auch andickende PÖs stellen bei einer Heißverseifung kein Problem dar, weil sie erst nach der Verseifung zugegeben werden. Dabei dicken sie nicht mehr an und es wird weniger Duft benötigt, weil er den Verseifungsprozess nicht mit durchlaufen muss.

Die Haptik der Seife ist durchaus eigen: Sie ist etwas weicher, gummiartiger, die Oberfläche etwas ungleichmäßiger, auch leicht rauer. Die Farbe ist ebenfalls etwas unregelmäßiger und transparenter als bei der gleichen Seife in Kaltverseifung. Ob man diese Eigenschaften mehr oder weniger schätzt, ist meiner Meinung nach eine Frage der Gewohnheit und der persönlichen Vorliebe. Für mich überwiegen die Vorteile der Heißverseifung.

Um eine Seife im Heißverfahren herzustellen, gibt es mehrere Möglichkeiten: im Backofen, im Wasserbad auf dem Herd, in der Mikrowelle und im Slowcooker (Crockpot). Jede Methode hat ihre Vor- und Nachteile. Hier stelle ich Ihnen die Verseifung im Slowcooker ausführlich vor. Die anderen Methoden funktionieren analog.

GRUNDREZEPT FÜR DIE HEISSVERSEIFUNG

33 % Flüssigkeit bezogen auf die GFM

60 % feste Fette, davon 10–25 % Schaumfett, 35–50 % andere Fette wie Sheabutter, Kakaobutter, Mangobutter oder Palmfett

40 % Öle wie Olivenöl, Rapsöl, Haselnussöl und Mandelöl

2 EL eines Sauermilchprodukts pro 500 g GFM

2 % Duft

Dieses Verfahren nutze ich meist bei Haarseifen oder wenn ich Seifen mit einer gezielten Überfettung herstelle, wie zum Beispiel Haarseife oder die

Einen kleinen Teil der Fette und Öle verarbeite ich nicht gleich im Rezept, sondern stelle sie zur Überfettung auf die Seite.

IM SLOWCOOKER ODER CROCKPOT

Der Slowcooker ist ein Schongarer, der Lebensmittel durch langsames, dafür langes Erhitzen kurz unterhalb des Siedepunkts gart. Er besteht aus einem leichten Außentopf, der die Wärmequelle enthält, und einem schweren Innentopf aus Keramik. Da die meisten Slowcooker eine Regelung besitzen, die die Temperatur kurz unter dem Siedepunkt hält, ist er hervorragend für die Heißverseifung geeignet, die bei genau dieser Temperatur abläuft.

Herstellung

01 Die abgewogenen, festen Fette werden in den Slowcooker gegeben und auf Stufe „High" geschmolzen. Dann wird die Lauge angerührt und die Öle zu den geschmolzenen Fetten dazugegeben. Die Lauge muss nicht abkühlen und wird durch ein feines Sieb zu den Ölen gegossen. Auf die Temperatur braucht dabei nicht weiter geachtet zu werden, solange sie unter 100 °C liegt, was durch die Zugabe der kalten Öle gewährleistet ist.

02 Jetzt püriert man die Zutaten so lange durch, bis man einen gut angedickten, zeichnenden Leim erhält.

03 Dann wird der Deckel aufgesetzt und man wartet je nach Ausgangstemperatur 15–30 Minuten. Schalten Sie den Crockpot gegebenenfalls auf „low" herunter. Der Glasdeckel des Crockpots ist hier sehr vorteilhaft, weil man bei jedem Öffnen Feuchtigkeit verliert.

04 Der Seifenleim beginnt im Gegensatz zur CP von außen nach innen zu gelen. Er ändert seine Farbe von weiß nach durchsichtig gelblich.

01 Fette im Crockpot

01 Fette schmelzen

01 Zugabe der Lauge

02 Angedickter Leim

04 Beginnende Gelphase

06 Fertig durchgegelte Seife mit Elefantenhaut

05 Sobald die Hälfte der Seife in der Gelphase ist, kann sie durchgerührt werden. Sie bleibt noch einmal 20 Minuten stehen. Währenddessen werden der Joghurt, das Überfettungsöl und der Duft abgewogen.

06 Joghurt und Überfettungsöl werden oben auf die Seife gegeben und weitere 15 Minuten mit aufgewärmt. Das ist nötig, da die Seife sofort erstarrt, wenn sie abkühlt. Die Temperatur der Seife sollte 80–90 °C betragen. Sind die Zutaten mit erwärmt und ein festes Überfettungsöl, z. B. Kakaobutter, geschmolzen, so wird der Duft hinzugefügt und alles umgerührt, bis eine gleichmäßige Masse von vaselineartiger Konsistenz entstanden ist. Die Oberfläche der heißen Seife glänzt und bildet eine Elefantenhaut.

07 Ein Teil der Seife kann jetzt noch gefärbt werden. So lange alles heiß bleibt, lässt sich die Masse auch swirlen. Dabei werden Swirls nicht ganz so fein wie im CP-Verfahren, aber mit etwas Übung gelingen recht gleichmäßige HP-Seifen.

08 Die Seife wird in die Formen gefüllt und man lässt sie abkühlen. Damit die Oberfläche, die oft recht rustikal aussieht, schön gleichmäßig wird, kann sie mit einer darüber gespannten Frischhaltefolie glatt gestrichen werden. Seifen, die in die Blockform gefüllt wurden, sollten in der Mitte eine leichte Erhöhung aufweisen, da sich die geschmolzene Seife beim Abkühlen in der Mitte mehr zusammenzieht als am Rand. Sobald die Seife abgekühlt ist, wird sie ausgeformt und geschnitten.

HEISSVERSEIFUNG IN DER MIKROWELLE (MWHP)

Ebenso ist eine Heißverseifung in der Mikrowelle für kleinere Leimmengen möglich. Dabei stellen Sie die Seife je nach Menge und Leistung der Mikrowelle für eine bis drei Minuten hinein. Rühren Sie etwa alle 30 Sekunden einmal um. Sobald der Leim in der Mitte hochkocht, reduzieren Sie die Leistung auf die Hälfte. Rühren Sie weiter alle 30 Sekunden um, bis der Leim aussieht wie auf dem Foto 06 und beim Rühren eine glänzende Elefantenhaut bildet. Jetzt ist die Verseifung abgeschlossen und Sie können einen pH-Test oder Küsschentest durchführen. Geben Sie ein Sauermilchprodukt, Ihr Überfettungsöl und den Duft hinzu und formen Sie die Seife ein.

IM BACKOFEN

Auch im Backofen kann eine Heißverseifung im Topf durchgeführt werden. Dafür stellen Sie den Backofen auf 80 °C ein. Da die Temperaturanzeige einiger Backöfen nicht ganz genau ist, kontrollieren Sie die Temperatur mit einem Thermometer und behalten Sie Ihre Seife im Auge. Die Heißverseifung im Ofen dauert zwischen 60 und 120 Minuten, je nach Menge der Seife und Ausgangstemperatur. Beginnt die Seife nach 60 Minuten noch nicht zu gelen, so stellen Sie die Ofentemperatur höher. Achten Sie darauf, dass die Seife gegen Ende nicht überkocht.

Vorgehensweise

Schmelzen Sie Fette und Öle zusammen im Topf. Geben Sie die angerührte, noch heiße Lauge dazu und pürieren Sie, bis ein stark angedickter Leim entstanden ist. Setzen Sie den Deckel auf den Topf und stellen Sie ihn in den Backofen. Wenn die Seife zur Hälfte durchgegelt ist, können Sie zum ersten Mal rühren. Rühren Sie ein weiteres Mal, wenn die Seife komplett durchgegelt ist. Jetzt stellen Sie ein Gefäß mit dem Joghurt und den Überfettungsölen zum Anwärmen in den Ofen dazu. Nach weiteren 20 Minuten geben Sie die angewärmte Mischung und den Duft zur Seife. Nun können Sie einformen.

TIPPS ZUM GUTEN GELINGEN

Achten Sie darauf, dass Griffe an Topf und Deckel backofengeeignet sind, ebenso das Thermometer, wenn Sie es im Topf lassen.

Ein Glasdeckel ist von Vorteil, weil Sie den Deckel nicht jedes Mal anheben müssen, um nachzuschauen, wie weit Ihre Seife ist. Das verhindert Feuchtigkeitsverlust aus der Seife.

Stellen Sie den Topf auf ein Backblech. Falls die Seife überkochen sollte, ist es leichter zu reinigen als der Ofenboden.

MATHILDE: HEISSVERSEIFUNG IM BACKOFEN

Härte 89 · **RZF:** 24

Rezept für 1 kg GFM

- 330 g entmineralisiertes Wasser
- NaOH für 2 % Laugenunterschuss Überfettungsöle nicht mitbererchnen
- 120 g Kokosöl 12 %
- 300 g Palmkernfett 30 %
- 60 g Mangobutter zur Überfettung, 6 %
- 200 g Distelöl h. o. 20 %
- 200 g Rapsöl 20 %
- 30 g Rizinusöl 3 %

Nach der Verseifung zugeben:

- 125 g Joghurt
- 50 g Kakaobutter zur Überfettung, 5 %
- 40 g Mangobutter zur Überfettung, 4 %
- Duft: 20 g PÖ, zum Beispiel Lindenblossom von Gracefruit
- Farbe: 2–3 Msp. Rosenrot, in etwas Joghurt verrührt

Herstellung

1. Aus dem Wasser und dem NaOH unter Einhaltung der Sicherheitsrichtlinien die Lauge anrühren.
2. Die Fette in einem Topf schmelzen und die Öle hinzufügen.
3. Fette und Lauge müssen nicht abkühlen. Die Lauge noch warm durch ein Sieb zu den Fetten geben und bis zum stark angedickten Leim pürieren.
4. Den Topf in den auf 80 °C vorgeheizten Backofen stellen, bis die Seife zur Hälfte durchgegelt ist. Jetzt den Leim einmal umrühren und gleichmäßig vermischen.
5. Die Farbe mit etwas Joghurt anrühren.
6. Ist die Seife komplett durchgegelt, zu erkennen an der glänzenden Oberfläche beim Umrühren, den Joghurt und die beiden Überfettungsöle in einer Schüssel zum Anwärmen für etwa 20 Minuten mit in den Ofen dazustellen. Eine weitere leere Schüssel zum Anwärmen in den Ofen stellen.
7. Überfettungsöle und Joghurt mit einem Schneebesen unter die Seife rühren und den Duft hinzufügen. Der Leim wird dabei geschmeidiger.
8. Etwa ein Fünftel der Masse in die angewärmte Schüssel umfüllen. Den Rest im Topf mit der roten Farbe einfärben und in die Form füllen. Auf die rosafarbene Seife das ungefärbte Fünftel geben. Dabei für eine leichte Wölbung der Seifenmitte nach oben sorgen. Diese sinkt beim Abkühlen wieder nach unten.
9. Nachdem die Seife erkaltet ist, kann sie geschnitten werden. Zum Stempeln 12 bis 24 Stunden warten, bis die Oberfläche angetrocknet ist. Den Stempel mit etwas Mica einpudern und in die Seife drücken.

Reifezeit: 1–2 Wochen

Ich benutze zum Abwiegen der Öle kein Extragefäß, damit dort kein Öl hängen bleibt. Den heißen Topf mit den Fetten sollten Sie allerdings nicht auf die Waage stellen, da dies das Messergebnis verfälscht. Legen Sie dazu entweder einen Korkuntersetzer unter oder noch besser: wiegen Sie „rückwärts". Dazu stellen Sie Ihre Ölflasche auf die Waage und tarieren diese auf Null. Gießen Sie Öl in Ihren Topf und stellen Sie die Ölflasche wieder auf die Waage. Die fehlende Menge haben Sie in den Topf gegeben.

SWIRLREZEPTE

Swirlen bedeutet so viel wie herumwirbeln und wurde aus dem Englischen übernommen. Da hier nicht die vielen unterschiedlichen Techniken gezeigt werden können, empfehle ich dazu einen Blick ins Internet. Sehr gut zur Veranschaulichung sind Filme geeignet. Auf youtube gibt es zum Beispiel bei soaping101 Erklärungen rund um die Seife und ums Swirlen. In diesem Kapitel stelle ich Ihnen passende Rezepte vor, die einen lange flüssig bleibenden Leim und damit beste Voraussetzungen fürs Swirlen liefern.

RAHMENREZEPT FÜR LANGE FLÜSSIGEN LEIM

- 25–30 % entmineralisiertes Wasser bezogen auf die GFM
- 4 TL Zucker/500 g GFM
- 20–25 % Schaumfett, Gruppe 1
- 50–60 % ölsäurereiche Öle der Gruppe 3 a, am besten Sonnenblumenöl h. o.
- 15–25 % Sheabutter

VORAUSSETZUNG FÜR EIN GUTES SWIRLREZEPT

Die verschiedenen Gießtechniken, mit denen der farbige Leim in die Form gegossen wird, brauchen Zeit. Ein zum Swirlen geeignetes Rezept muss deshalb vor allen Dingen lange fließfähig bleiben, damit genügend Zeit bleibt, den Leim zu teilen und zu färben. Dann wird er vorsichtig in die Form gegossen und mit einem Bügel oder Stäbchen marmoriert. Dabei darf er weder zu flüssig sein, da sich dadurch die Farben vermischen, noch zu fest, damit es keine zu dicken Streifen oder Luftblasen gibt.

Da ölsäurereiche Öle langsam verseifen, bleibt der Leim länger flüssig, trotzdem entsteht nach einer ausreichenden Gelphase eine harte Seife. Zucker im Laugenwasser hält den Leim länger fließfähig und hilft, eine etwas zähflüssige Konsistenz zu erreichen. Auch die Verarbeitungstemperatur spielt eine Rolle. Zu warm darf sie nicht sein, da sonst die Reaktion schneller abläuft und der Leim andickt. Zuletzt darf das Parfumöl nicht andicken oder stark verfärben, damit die Muster schön sichtbar sind.

Bei der Verwendung von Sheabutter im Rezept ist die Temperaturmessung wichtig. Sobald die Lauge bei der Zugabe zu den Fetten nur etwas zu kalt ist, dickt der Leim sofort an. Diese Art des Andickens nennt sich false trace, weil nicht der Leim andickt, sondern die Sheabutter erstarrt, wenn ihr Schmelzpunkt unterschritten wird. Nach kurzem Weiterrühren wird der Leim wieder fließfähig und lässt sich gut verarbeiten.

Eine gute Vorbereitung der Farben und Bereitstellung der Form erspart später beim Gießen viel Zeit.

SENSE OF DELIGHT

Hier ist das Aufschneiden immer spannend.

Härte: 92 · **RZF:** 16

Rezept für 500 g GFM

- 20 g Zucker (4 TL)
- 10 g Salz (2 TL)
- 140 g entmineralisiertes Wasser 28 % GFM
- 1 g Seide
- NaOH für 8 % LU
- 100 g Kokosöl 20 %
- 100 g Sheabutter 20 %
- 300 g Sonnenblumenöl h. o. 60 %
- Farben: 2 grüne Micas, je 0,2 g für ca. 50 ml Leim, 0,3 g Buchenholzkohle
- Duft: 15 g Mountain Pine oder eine frische ÄÖ-Mischung

Herstellung

1. Zucker und Salz im Wasser lösen und die Seide darin einweichen.
2. Damit sich die Seide löst, muss die Lauge richtig heiß werden, deshalb das NaOH in zwei großen Portionen zugeben. Sobald sich die erste gelöst hat, kommt die zweite dazu. Lauge auf etwa 30 °C abkühlen lassen.
3. Fette schmelzen und die Öle dazugeben. Die Mischung auf 28–33 °C abkühlen lassen.
4. Alle drei Farben mit je 1 TL Öl glattrühren.
5. Die Lauge durch ein Sieb zu den Fetten geben und kurz emulgieren. Der Seifenleim muss glatt und einfarbig, ohne Schlieren sein. Er soll nicht andicken. Dazwischen am besten mit dem Teigschaber rühren.
6. Das PÖ unterrühren, dreimal je 50 ml Seifenleim zu den Farben gießen.
7. Vom ungefärbten Seifenleim kommt etwa ein Drittel in die Blockform. Danach wird sie leicht schräg auf die Kante gestellt. Die farbigen Leime und etwas naturfarbenen abwechselnd über die Außenkante der Form auf den ungefärbten Leim laufen lassen, immer in derselben Reihenfolge: dunkelgrün, schwarz, hellgrün, ungefärbt. Wiederholen.
8. Anschließend die Blockform drehen und über die andere Seitenwand eingießen, auch dies noch einmal wiederholen. Den Schluss bildet das letzte ungefärbte Drittel. Man gießt die Abfolge der vier Farben also je zweimal über die beiden Seitenwände ein, wobei man bei der letzten ungefärbten Schicht den Rest des ungefärbten Leims hineingibt.
9. Mit einem Swirlbügel, einem Stäbchen oder einem Löffelstiel werden die Linien verwirbelt, ähnlich wie beim Marmorkuchen. Mit einigen farbigen Resten kann das Topping gestaltet werden.

Reifezeit: 4–6 Wochen

FÜR EIN PERFEKTES FINISH

Die Seife sollte gut isoliert und mit Wärmflasche oder Heizdecke in die Gelphase gebracht werden, damit sich die einzelnen Farben verbinden und gut zur Geltung kommen. Sie sollte noch handwarm, spätestens nach 12 Stunden, geschnitten werden.

ELAINE: SEIFE IM DIVIDOR

Auch mit dem 25er-Grundrezept lässt sich gut swirlen. Die benötigte Fettmenge hängt von der Größe des Dividors ab. Ein 9er Dividor (Stückgröße 5 cm × 8 cm) benötigt 700–800 g GFM.

Härte: 92 · **RZF:** 16

Rezept für 700 g GFM

- 30 g Zucker (6 Teelöffel)
- 15 g Salz (3 Teelöffel)
- 196 g entmineralisiertes Wasser, 28 % der GFM
- NaOH für 8 % LU
- 175 g Kokosöl 25 %
- 175 g Sheabutter oder Palmfett oder Schweineschmalz (Gruppe 2) 25 %
- 175 g Sonnenblumenöl, ölsäurereich, Mandelöl, Erdnussöl oder Olivenöl (Gruppe 3 a) 25 %
- 175 g Distelöl, ölsäurereich oder Rapsöl oder Reiskeimöl (Gruppe 3 b) 25 %
- Farben: je ca. 0,2 g Mica in Blau oder Grün, Buchenholzkohle, Titandioxid
- Duft: 15 g Osmanthus (2,1 % GFM)

Herstellung

1 Zucker und Salz im Wasser lösen und danach das NaOH.

2 Die festen Fette schmelzen und die Öle hinzugeben.

3 Die Micas in je 1 TL Öl einrühren und den Duft abwiegen.

4 Wenn Fette und Lauge eine Temperatur von 28–33 °C haben, wird die Lauge durch ein Sieb zu den Fetten gegeben und der Leim emulgiert, bis er homogen ist. Er soll nicht andicken.

5 Zu jeder Farbe ca. 80 m Seifenleim geben, außer zur Buchenholzkohle, hier reichen 40 ml. Die Farben gut emulgieren, zum Beispiel mit einem Milchaufschäumer, ohne jedoch zu viel Luft unterzurühren.

6 Den ungefärbten Grundleim mit dem Parfumöl verrühren und in den Dividor geben. Darauf die Farben in Linien mit etwas Abstand voneinander gießen.

- **Von weiter oben gießen, damit der Leim ins Innere gelangt.**
- **Von knapp über der Oberfläche gießen, damit die Linien obenauf bleiben.**
- **Die Linien müssen nicht dünn oder ganz gleichmäßig sein.**

7 Mit einem Stäbchen, zum Beispiel einem chinesischen Essstäbchen, im 90°-Winkel zu den Linien durch den Leim streichen. Anschließend die Form am Rand mehrmals umrunden, bis sich die Farben in den Ecken zu vermischen beginnen. Als letztes in kurvigen Linien drei- bis viermal durch die geraden Linien fahren.

Es wird empfohlen, die Seife gelen zu lassen.

Reifezeit: etwa 6 Wochen

Damit die Farben in so aufwändig geswirlten Seifen nicht ausbluten, verwende ich vorwiegend Micas, Buchenholzkohle und Titandioxid. Die beiden letztgenannten habe ich schon in Topfflaschen suspendiert vorbereitet.

Wählen Sie zwei harmonierende Farben oder hellen Sie eine Farbe mit etwas Titandioxid auf. Dazu sollten Sie eine Kontrastfarbe wählen oder ein wenig schwarze Farbe.

GHOSTSWIRL IN DER BLOCKFORM

Der Ghostswirl spielt mit Farbschattierungen, die durch unterschiedliche Wassergehalte im Leim bei der Herstellung entstehen. Sie sind in der fertigen Seife gut zu sehen, während des Gießens selbst jedoch meist nicht. Deshalb nennt sich diese Art der Färbung Ghostswirl, weil sie wie von Geisterhand entsteht.

Für die Herstellung werden zwei Laugen mit verschiedenen Wasseranteilen angerührt. In diesem Fall wird die halbe Fettmenge mit einem Wasseranteil vom 1,4-fachen der NaOH-Menge verseift, die andere Hälfte mit einer Lauge mit der 2,4-fachen Wassermenge.

Härte: 92 · **RZF:** 16

Rezept für 400 g GFM

- 100 g Kokosfett 25%
- 100 g Sheabutter 25%
- 200 g Sonnenblumenöl ölsäurereich 25%
- Rezept halbiert g
- NaOH für 10% LU berechnet:
- Lauge 1 26,1 g NaOH
- Entmineralisiertes Wasser 36,6 g
- Lauge 2 26,12 g NaOH
- Entmineralisiertes Wasser 62,7 g
- Duft 15 g Japanese Grapefruit

GUT ZU WISSEN

Der Leim mit dem geringeren Wassergehalt dickt nicht so schnell an wie der mit dem höheren Wassergehalt, deshalb wird er zuerst angerührt.

Herstellung:

1. Beschriften Sie Ihre Laugengefäße mit 1,4 und 2,4.
2. Schmelzen Sie die Fette, geben die Öle hinzu und teilen Sie sie in zwei Portionen zu je 200 g. Eine gute Arbeitstemperatur liegt bei 33-35°C.
3. Bereiten Sie die beiden Laugen unter Berücksichtigung der Sicherheitsratschläge zu und lassen sie abkühlen.
4. Stellen Sie aus dem Fett und Lauge 1,4 den Leim her. Beduften Sie mit einem Teil des PÖs.
5. Stellen Sie aus dem anderen Teil Fett und Lauge 2,4 den nächsten Leim her, emulgieren und beduften ihn.
6. Rühren Sie den ersten Leim mit dem Teigschaber noch mal um und gießen beide Teile gleichzeitig in die beiden Seiten der Form. Entfernen Sie den Mittelsteg.
7. Mit einem Stäbchen fahren Sie von einer Seite der Form zur anderen und in einer kleinen Kurve wieder zurück, bis Sie am Ende der Form angekommen sind. Isolieren Sie die Seife gut, damit sie in die Gelphase kommt.
8. Nach dem Ausformen teilen Sie den Block in der Mitte in 2 Teile (Schneidrichtung wie Brot aufschneiden). Drehen Sie den Block um 90° und halbieren ihn (Schneidrichtung wie Brötchen aufschneiden).

Reifezeit: 4 – 6 Wochen

KNETSEIFE

Ganz neue Gestaltungsmöglichkeiten bietet eine Seife, die nach dem Sieden luftdicht verpackt bleibt und so am Trocknen gehindert wird, die Knetseife. Reifen kann Seife nämlich auch, ohne zu trocknen.

GUT ZU WISSEN
Verwenden Sie zum Färben der Knetseife Micas oder Pigmente und stellen Sie eine intensiv gefärbte Seife her. Wasserlösliche Seifenfarben bluten in die umgebende Seife aus.

Geeignete Rezepte

Prinzipiell kann man zur Knetseifenherstellung jedes Rezept verwenden. Wenn die Seife luftdicht verpackt nicht trocknen kann, bleibt sie plastisch. Zur Verarbeitung wird sie dann weich geknetet. So kann man gefärbte Reste aus der Herstellung einer anderen Seife zur späteren Verwendung in eine kleine Form gießen, deckt sie luftdicht ab und verpackt sie nach 24 Stunden in Folie. Hat man einen genauen Plan, siedet man die Knetseife in den benötigten Farben.

Knetseife kann leicht klebrig bleiben. Um sie zu verarbeiten, bestäubt man sie mit etwas Stärke.

Etwas besser geeignet sind Rezepte mit 50-70 % festen Fetten, beispielsweise Sheabutter. Von Olivenöl und anderen gelben oder grünen Ölen würde ich abraten, da sie die Farben verändern können.

KNETSEIFENREZEPT

Härte: 94 · **RZF:** 12

Rezept für 500 g GFM

- Verschiedene Micas oder Pigmente
- 140 g entmineralisiertes Wasser 28% der GFM
- NaOH für 6% LU
- 175 g Kokosfett 35%
- 175 g Sheabutter 35%
- 150 g Sonnenblumenöl ölsäurereich 30%
- 1 g Vitamin E (optional)

Herstellung

1. Bereiten Sie die Micas oder Pigmente vor, indem Sie sie in etwas Öl in verschiedenen Gefäßen anrühren.
2. Aus dem Wasser und dem NaOH mit den genannten Schutzmaßnahmen die Lauge herstellen und auf 40°C abkühlen lassen.
3. Formen gegossen.
4. Kokosfett und Sheabutter in einem Topf anschmelzen, vom Herd nehmen und ganz verflüssigen lassen. Dann das Sonnenblumenöl und das Vitamin E hinzufügen. Die Verarbeitungstemperatur sollte 35-40° betragen, um eine False Trace zu vermeiden.
5. Die Lauge zu den Fetten geben und den Leim gut emulgieren. Anschließend den Leim auf die verschiedenen Farben aufteilen und intensiv einfärben.
6. Den gefärbten Leim in Formen gießen und mit Folie abgedeckt für 24 bis 48 Stunden reagieren lassen. Die Seife darf gelen, muss es aber nicht.
7. Dann die Seifen ausformen und luftdicht in Folie verpacken. Am besten noch in einer dicht schließenden Dose aufbewahren.

Reifezeit: 7 Tage bis zur Weiterverarbeitung. Möchte Sie sie früher verarbeiten, dann benutzen Sie Handschuhe zur Verarbeitung.

Gestaltungsmöglichkeiten mit Knetseife: Die Knetseife wird weichgeknetet. Ist dies zu schwer, kann man sie in kleinere Stücke schneiden und dann weich kneten. Danach wird sie geformt. Getrocknet ist Knetseife eine normale Seife.

AUFLEGER

Die einfachste Art der Weiterverarbeitung ist die Verwendung von kleinen Formen, wie sie für die Tortendekoration angeboten werden, sogenannte Fondantformen. Hier presst man die Seife fest hinein, um sie danach gleich auszuformen und den nächsten Aufleger zu machen. Diese kleinen Seifen kann man entweder trocknen lassen und später verwenden oder man legt sie direkt auf den frisch eingefüllten, aber angedickten Leim.

EINLEGER

Mittels eines Extruders oder einer Fondantpresse lassen sich aus der Knetseife Stränge pressen, die als Einleger quer zur späteren Schneidrichtung in den Leim gelegt werden, zum Beispiel einfache runde Stränge oder welche in Sternforum.

Folgendes Rezept ist für die Fondant Presse geeigneter als fürs Kneten mit der Hand.

Herstellung

Die Herstellung erfolgt analog dem ersten Knetseifenrezept.

Reifezeit: 7 Tage bis zur Weiterverarbeitung. Möchte Sie sie früher verarbeiten, dann tragen Sie Handschuhe.

Verarbeitung: Die Seife aus der Folie nehmen und weich kneten, zu einer Rolle formen und in die Fondantpresse füllen. Die Spindel möglichst langsam und gleichmäßig drehen. Die entstandene „Seifenwurst" auf die Länge der Blockform kürzen und vor der Weiterverarbeitung einige Stunden antrocknen lassen.

Herstellung der Seife

1 Für die eigentliche Seife kann man jedes Rezept verwenden. Dazu stellt man den Leim her und püriert ihn bis zur andickenden Konsistenz. Dann wird ein Teil in die Blockform gegossen, eine „Seifenwurst" draufgelegt und mit weiterem Leim umgossen.

2 Die Seife wird isoliert und bleibt für 24 bis 48 Stunden in der Blockform. Eine Gelphase fördert die Verbindung zwischen den beiden Leimen. Der Schnitt erfolgt dann quer zu den Einlegern.

3 Eine weitere Möglichkeit ist das Kneten von größeren Einlegern, wie die Schildkröten. Sie besteht aus mehreren Strängen, die dann ummantelt und zusammengesetzt werden. Die fertigen Einleger werden von frischem Leim umgossen.

Härte: 84 · **RZF:** 31

Rezept für 200 g GFM

- 50 g Palmkernfett 25%
- 50 g Sheabutter 25%
- 20 g Sojaöl 10%
- 12 g Sonnenblumenöl h.o. 6%
- 10 g Rizinusöl 5%
- 20 g Kakaobutter 10%
- 38 g Olivenöl 19%
- 56 g Wasser 28% der GFM
- NaOH für 10% LU
- Micas zum Färben

MILCHSEIFEN

MILCHSEIFE MIT FRISCHER ZIEGENMILCH

Milchseifen haben einen herrlich cremigen Schaum und sind einfach etwas Besonderes. Diese Seife ist nach dem Rezept der Milden Olive hergestellt, wobei die Lauge mit frischer Ziegenmilch angerührt wird. Da die Milch auch Fett enthält, wurde der Laugenunterschuss auf 8 % reduziert.

Härte: 89 · **RZF:** 22

Rezept für 500 g GFM

- 168 g Ziegenmilch
- NaOH für 8 % Laugenunterschuss
- 400 g helles Olivenöl 80 %
- 75 g Kokosöl 15 %
- 25 g Rizinusöl 5 %
- Duft: 15 g Lotos Blossom & Waterlily von Scent Perfique

Vorbereitung

Zwei Drittel der Ziegenmilch abwiegen und in Eiswürfelformen einfrieren.

Herstellung

1. Die Eiswürfel mit der restlichen Milch mischen und die Lauge unter Einhaltung der Sicherheitsregeln in drei Portionen zugeben.
2. Das Kokosfett abwiegen und schmelzen. Die Öle dazugeben und die Temperatur prüfen. Die Ölmischung sollte etwa handwarm sein.
3. Die Lauge durch ein Sieb zu den Ölen geben und dabei das teilweise verseifte Milchfett mit einem Spatel durch das Sieb streichen.
4. Den Seifenleim pürieren, bis alles homogen vermischt ist. Bei hochprozentigen Olivenölseifen dauert das Andicken länger.
5. Das Parfumöl gut unterrühren. Der Leim muss nicht sehr dick werden, er kann noch recht flüssig in die Form gegeben werden.
6. Die Seife kühl stellen, um die Gelphase zu vermeiden, damit die Seife schön hell bleibt. In diesem Fall kann es bis zu 3 Tage dauern, bis die Seife fest genug zum Ausformen ist. Die Reifezeit verlängert sich um 2 Wochen. Bringen Sie die Seife dagegen in die Gelphase, so wird ihre Farbe dunkler und sie lässt sich nach 24–36 Stunden ausformen.

Reifezeit: mindestens 6 Wochen, besser 3 Monate

NaOH zersetzt das Milcheiweiß. Die Milch wird dick und flockt dabei aus, sie wird in ihre Bestandteile zerlegt. Je wärmer Sie arbeiten, desto mehr wird zersetzt und es kann sich dabei Ammoniak bilden. Dieser verfliegt jedoch innerhalb der Reifezeit. Das Milchfett wird durchs NaOH bereits verseift und bildet weiße Flocken an der Oberfläche. Beides ist kein Problem.

Trotzdem sollte die Lauge nicht zu heiß werden. Lassen Sie sie zwischen der Zugabe der einzelnen Portionen abkühlen, gegebenenfalls im kalten Wasser.

Von oben nach unten:
Annika – vegane Mandelmilchseife, Milchseife mit frischer Ziegenmilch, Aloe-vera-Buttermilchseife

ALOE-VERA-BUTTERMILCHSEIFE

Eine gängige Seife ist die Gurken-Buttermilchseife. Ich wollte eine Milchseife mit Milchpulver herstellen und habe mich für die Aloe-vera-Buttermilchseife aus Milchpulver entschieden. Auch wenn Milchpulverseifen etwas einfacher als Milchseifen sind, sollten Sie für diese Seife schon etwas Erfahrung mitbringen (Seife siehe Foto ▸ Seite 51 unten).

Härte: 84 · **RZF:** 32

Rezept für 500 g GFM

- 140 g Gel aus dem Inneren der Aloe-vera-Blätter oder Aloe-Gel
- 40 g entmineralisiertes Wasser
- 25 g Buttermilchpulver
- NaOH für 5 % LU
- 100 g Palmkernöl 20 %
- 25 g Kakaobutter 5 %
- 125 g Rindertalg 25 %
- 90 g Erdnussöl 18 %
- 90 g Mandelöl 18 %
- 50 g Weizenkeimöl 10 %
- 20 g Rizinusöl 4 %
- Farben: 1 Msp. Titandioxid, 0,2 g dunkelgrünes Mica
- Duft: 5 g PÖ Mountain Pine, 5 g ÄÖ Zirbelkiefer, 3 g ÄÖ Zeder amerikanisch und 2 g ÄÖ Amyris oder 15 g Duft Ihrer Wahl

Vorbereitung

1. Schneiden Sie am Vortag von der Aloe-vera-Pflanze 2–3 Blätter ab und stellen Sie sie in ein mit Küchenpapier ausgelegtes Glas mit der Schnittfläche nach unten, damit der gelbe Milchsaft ablaufen kann.
2. Erwärmen Sie das Wasser gut und lösen darin das Milchpulver klümpchenfrei. Stellen Sie die Milch in den Kühlschrank.

Herstellung

1. Den gelben Rest von den Aloeblättern abwaschen und das reine Gel aus dem Blattinneren herausschälen und pürieren. Aus dem pürierten Gel unter Einhaltung der Sicherheitsregeln die Lauge anrühren. Das NaOH langsam zum Gel geben. Anfangs wird es schäumen und sehr dickflüssig sein, später wird es flüssig.
2. Die festen Fette schmelzen, die Öle und die eiskalte Milch dazugeben. Ebenfalls dazugeben können Sie das Titandioxid. Die Zutaten pürieren, damit alles gleichmäßig verteilt ist.
3. Sobald Lauge und Fette unter 40 °C haben, die Lauge durch ein Sieb zu den Fetten geben und pürieren, bis der Leim homogen vermischt ist.
4. Den Duft mit dem Teigschaber unterrühren. Ca. 50 ml Seifenleim mit dem grünen Mica färben und abwechselnd mit dem hellen Leim in eine Blockform gießen. Mit einem Essstäbchen Muster in die Seife swirlen.

Die Seife darf gelen, sie muss es aber nicht.

Reifezeit: mindestens 4 Wochen, besser 8–12 Wochen

Falls das Aloe-Gel nicht ausreicht, füllen Sie bis zur benötigten Menge mit entmineralisiertem Wasser auf. Nehmen Sie statt der Aloeblätter eine Salatgurke, Aloe-Gel aus der Apotheke oder bestellen es im Internet.

ANNIKA: VEGANE MANDELMILCHSEIFE

Die Seife enthält je 25 % Avocado-, Kokos-, Oliven- und Distelöl h. o. und ist somit fast ein klassisches 25er-Rezept, mit dem Unterschied, dass es 75 % Öle und nur 25 % feste Fette enthält. Aber die Zusammensetzung ist so konzipiert, dass eine feine, feste Seife entsteht. Zusätzliche Festigkeit erhält sie durch Salz, grüne Tonerde und Rügener Heilkreide. Zusammen mit der Mandelmilch ergibt das einen sehr feincremigen, schmusigen Schaum (Seife siehe Foto ▶ Seite 195 unten).

Herstellung

1 Das Salz in der Mandelmilch lösen und die Mischung während der Zubereitungszeit in den Tiefkühler stellen.

2 Die Lauge aus NaOH und der gleichen Menge an Wasser unter Einhaltung der Sicherheitsregeln anrühren. Achtung, die Lauge ist hoch konzentriert und dickflüssig. Beim Mischen mit weiterer Flüssigkeit wird sie sich erneut aufheizen, weshalb die Mandelmilch sehr kalt sein sollte.

3 Das Kokosöl schmelzen und die anderen Öle abzüglich 1 EL Olivenöl zugeben. In die handwarmen Öle mit dem Pürierstab die grüne Tonerde und die Mandelmilch unterrühren.

4 Die Heilkreide ins restliche Olivenöl rühren.

5 Die Lauge langsam durch ein Sieb zur Fettmischung geben. Wenn der Leim zu zeichnen beginnt, wird er bis auf einen kleinen Rest (ca. 100 ml) beduftet und in den Dividor gefüllt.

6 Unter den Restleim die Heilkreide rühren und in schmalen Linien auf die Oberfläche der Seife gießen.

7 Die Linien mit dem Stäbchen marmorieren und dann die Trennstege einschieben.

8 Die Seife gut isolieren und nach 24 Stunden ausformen.

Reifezeit: 6–8 Wochen

Härte: 90 · **RZF:** 21

Rezept für 800 g GFM

- 40 g Salz
- 154 g Mandelmilch
- NaOH für 8 % LU
- gleiche Menge an entmineralisiertem Wasser wie NaOH (Lauge : Wasser = 1 : 1)
- 200 g Kokosöl 25 %
- 200 g Avocadoöl 25 %
- 200 g Olivenöl 25 %
- 200 g Distelöl h. o. 25 %
- 2 EL grüne Tonerde
- 2 TL Rügener Heilkreide
- Duft: 12 g Ancient Sedona (Bramble Berry, USA) und 12 g Zedernholz

ALTERNATIVEN ZUM DIVIDOR

Wenn Sie keinen Dividor besitzen, können Sie den Leim auch in eine mit Backpapier ausgelegte Holzschublade, einen Karton oder eine flache Brotdose gießen.

SALZSEIFEN

Salzseifen sind ganz besondere Seifen. Mit Anteilen von 50 bis 300 % Salz bezogen auf die Gesamtfettmenge ist von der Seife an sich wenig vorhanden. Sie ist durch die große Menge an Salz stark verdünnt. Diese Menge ist viel zu groß, als dass sie sich auflösen könnte, sodass die Salzkörnchen in der Seife sichtbar sind. Die Seife ist auch sehr hart und fühlt sich an wie ein weißer, glatter Kieselstein, der recht wenig Schaum, dafür ein leichtes Prickeln auf der Haut hinterlässt.

SALZSORTEN

Ich habe gute Erfahrungen mit dem Meersalz von Alnatura gemacht, da es keine Zusatzstoffe enthält. Natürlich kann auch jedes andere Salz verwendet werden, zum Beispiel günstiges Speisesalz für einen ersten Versuch, aber auch Himalayasalz oder anderes.

Nicht geeignet ist Salz aus dem Toten Meer oder Bittersalz/Epsomsalz, weil beide durch hohen Magnesium- und/oder Calciumgehalt Lauge verbrauchen und sich so keine Seife bilden kann. Eventuell entstandene Seifenmoleküle reagieren dann ebenfalls mit dem Salz und bilden Kalkseifen. Das sind die Calcium- bzw. Magnesiumsalze der Fettsäuren, die im Gegensatz zu den Natriumsalzen nicht wasserlöslich sind. Sie bilden weiße, klebrige Flocken.

Mit der normalen Körnung von Speisesalz peelt die fertige Salzseife später nur ganz leicht. Wer sehr empfindlich ist, kann sein Salz auch in der Mühle ganz fein mahlen. Abraten würde ich von grobkörnigem Salz, wie man es für Salzmühlen kaufen kann. Das fühlt sich in der fertigen Seife sehr kratzig an.

SCHAUMVERSTÄRKUNG

Salz hat die Eigenschaft, den Schaum einer Seife zu zerstören, weshalb man für Salzseifen Rezepte zusammenstellen muss, die wesentlich mehr Schaumfette als gewöhnliche Seifen enthalten. Außerdem werden noch Zutaten, die den Schaum gut verstärken, dazugenommen. Das sind Rizinusöl, Glycerin, Lanolin und Zucker. Auch Mischverseifungen, also die Verwendung von NaOH und KOH in der gleichen Seife, haben sich für mehr und haltbareren Schaum bewährt.

KOSMETISCHE WIRKUNG

Bei Teenies in der Pubertät wirkt die Salzseife gegen Pickel und unreine Haut. Durch ein leichtes Peeling werden abgestorbene Hautzellen sanft entfernt und die obere Schicht der Mitesser gelöst, so dass der Hauttalg wieder besser abfließen kann. Trotz des hohen Schaumfettanteils wird die Haut nicht ausgetrocknet, sondern fühlt sich im Gegenteil eher wie leicht gepflegt und genährt an. Das Salz versorgt die Haut mit Mineralstoffen und stimuliert den Zellstoffwechsel. Auch Menschen mit Neurodermitis und Schuppenflechte vertragen Salzseife gut. Solange die Haut nicht aufgekratzt ist, brennt die Seife auch nicht, wobei sich unter der Dusche ein leicht prickelndes Gefühl einstellt, wie nach einem Bad im Meer. Oft verbessert sich der Hautzustand nach regelmäßiger Benutzung.

GRUNDREZEPT FÜR EINE LEICHT SCHÄUMENDE SALZSEIFE

75 % Schaumfett (Gruppe 1: Kokos, Babassuöl, Palmkernfett)

15 % Rizinusöl

10 % Pflegeöl (Gruppe 3a: Mandelöl, Jojobaöl, Avocadoöl, Olivenöl)

100–300 % Meersalz der GFM

Wassermenge 33 % der GFM

Laugenunterschuss 10–15 %

Duft zwischen 3 % der GFM und 3 % der Gesamtmenge

Für eine milde Gesichtsseife kann auf den Duft verzichtet werden.

SOMMERLICH ERFRISCHENDE SALZSEIFE

Härte: 98 · **RZF:** 3

Rezept für 200 g GFM

- 67 g entmineralisiertes Wasser
- NaOH für 10–15 % Laugenunterschuss
- 150 g Kokosfett 75 %
- 30 g Rizinusöl 15 %
- 20 g Avocadoöl 10 %
- Duft: 5 g Japanische Minze, 5 g Zedernholzöl, 1 TL Mentholkristalle
- 500 g Meersalz

Herstellung

1. Die Lauge entsprechend den Sicherheitsrichtlinien anrühren und auf 30–35 °C abkühlen lassen.
2. Die ätherischen Öle abwiegen und darin die Mentholkristalle lösen.
3. Das Kokosfett schmelzen, mit den Ölen vermischen und anschließend bei 30–35 °C die Lauge zugeben. Mit dem Pürierstab nur kurz rühren. Der Leim soll noch nicht andicken. Es ist auch möglich, dieses Rezept nur mit dem Löffel zu emulgieren, weil Kokosöl leicht verseift.
4. Jetzt wird das PÖ und anschließend das Salz hinzugegeben. Alles mit dem Löffel langsam unterrühren, wobei die Luftblasen aufsteigen.
5. So lange rühren, bis der Leim anzieht. Dabei lösen sich die scharfen Kanten der Salzkörner langsam auf, sodass die Salzkörner in der fertigen Seife nicht mehr so scharfkantig und kratzig sind.
6. Sobald die Konsistenz des Leimes dicker wird und das Salz nicht mehr absinken kann, in Einzelformen abfüllen.
7. Die Gelphase wird bei 50° C im Ofen angeschoben. Nach spätestens 1 Stunde sollte der Ofen ausgeschaltet werden, auch wenn die Gelphase nicht sichtbar war. Sie ist durch das Salz schwer zu erkennen. Eventuell kann sie daran erkannt werden, dass die Seife zwischendurch eine etwas andere Farbe hat oder weicher wird.
8. Die Seife im Ofen abkühlen lassen. Sollte sie an der Oberfläche kleine Öltröpfchen abscheiden, sofort aus dem Ofen nehmen und draußen abkühlen lassen.
9. Die Salzseife nicht vor Ablauf von 24 Stunden ausformen, auch wenn sie schon fest ist, da sich sonst häufig Sodaasche bildet. Spätestens nach 48 Stunden ist die Seife außen ganz glatt und glänzt.

Reifezeit: Die Seife kann wie jede andere nach 6 Wochen benutzt werden, eine Reifezeit von 4 Monaten ist jedoch sowohl für die Schaumbildung als auch für die Haut viel besser. Meine Salzseifen reifen mindestens 4 Monate.

Ersetzen Sie einen Anteil des Kochsalzes von 25-30% durch Kaliumchlorid (KCl). Damit schäumt die Seife etwas besser und Sie erreichen eine Art Mischverseifung. Eine Erklärung dazu finden Sie auf Seite 213. Kaliumchlorid bekommen Sie im Handel bei Gewürzhändlern als Diätsalz. Dann achten Sie auf die genaue Zusammensetzung.

SALZ-TONERDEN-SEIFE

Milde Salzseife mit weniger Salz und sanft reinigender Tonerde.

Härte: 86 · **RZF:** 18

Rezept für 1000 g GFM

- 330 g entmineralisiertes Wasser
- 1 EL weiße Tonerde
- NaOH für 10–12 % Laugenunterschuss
- 250 g Kokosöl 25 %
- 200 g Palmöl 20 %
- 150 g Sheabutter 15 %
- 50 g Lanolin 5 %
- 270 g Avocadoöl 27 %
- 50 g Rizinusöl 5 %
- 30 g Hanföl 3 %
- 2 EL grüne Tonerde
- 250 g Meersalz 25 % GFM
- kein Duft, keine Farbe

Härte: 88 · **RZF:** 24

Palmölfreie Variante 1000 g GFM

- 330 g entmineralisiertes Wasser
- 1 EL weiße Tonerde
- NaOH für 10 % Laugenunterschuss
- 170 g Mangobutter 17%
- 170 g Kokosöl 17%
- 70 g Babassuöl 7%
- 170 g Sheabutter 17%
- 50 g Lanolin 5%
- 250 g grünes Avocadoöl 25%
- 50 g Rizinusöl 5%
- 70 g Hanf 7 %
- 2 EL grüne Tonerde
- 250 g Meersalz 25 % GFM
- kein Duft, keine Farbe

GELEN ERWÜNSCHT

Für diese Seife empfehle ich eine Gelphase. Bitte denken Sie daran, dass die Seife aus einer Blockform unbedingt noch warm geschnitten werden muss, damit sie nicht zerbricht.

Herstellung:

1. Vom Laugenwasser 1 EL abnehmen und damit die weiße Tonerde glatt rühren.
2. Lauge entsprechend der Sicherheitsrichtlinien ansetzen, auf 30–35 °C abkühlen lassen.
3. Währenddessen Kokosöl, Palmöl und Sheabutter zusammen mit dem Lanolin langsam schmelzen.
4. Avocadoöl, Rizinusöl und Hanföl hinzufügen. Für die palmölfreie Variante Mangobutter, Kokosöl, Babassu, Sheabutter und Lanolin ebenfalls schmelzen, danach Rizinusöl und Hanföl hinzufügen.
5. Die grüne Tonerde zu den Fetten geben und mit einem kurzen Pürierstoß mischen. Wenn die Öle etwas weniger als handwarm sind (30–35 °C), die Lauge dazugießen und pürieren, bis der Leim homogen gemischt ist.
6. Mit dem Löffel das Salz einrühren und einen kleinen Anteil des Leims abnehmen, diesen mit der weißen Tonerde mischen. Hiermit die Seife dekorieren, beispielsweise indem in einer Blockform eine Ader in die Mitte gegossen wird (die Hälfte eingießen, den helleren Leim aufgießen und die andere Hälfte daraufgeben) oder die Vertiefungen einiger Einzelformen damit ausgegossen werden.

Reifezeit: mindestens 6 Wochen, besser 4 Monate

SOLESEIFEN

SOLE

Sole ist ein anderer Ausdruck für Salzwasser. Für die Herstellung einer Soleseife wird die Lauge mit Sole angerührt.

Lauge mit Sole hergestellt

Fürs Ansetzen der Sole gibt es mehrere Möglichkeiten. Eine gesättigte Sole stellen Sie her, indem Sie eine größere Menge Salz in eine Flasche geben, mit entmineralisiertem Wasser auffüllen und die Flasche jedes Mal schütteln, wenn Sie daran denken. Nach 24 Stunden sollte sich noch Salz am Boden befinden. Ist dies nicht der Fall, ist die Sole nicht gesättigt und Sie müssen mehr Salz hinzugeben. Da der Lösungsvorgang viel Zeit benötigt, bereiten Soleseifen-Liebhaber Sole vor und bewahren sie im Kühlschrank auf. Sie ist sehr lange haltbar, da darin keine Bakterien wachsen können.

BERECHNUNGEN

Salz besitzt bei 20 °C eine Löslichkeit von 35 g in 100 g Wasser. Die entstandene Lösung hat ein Gewicht von 135 g.

Beim Abwiegen der Flüssigkeitsmenge muss beachtet werden, dass die gesättigte Sole rund ein Viertel Salz enthält. In 100 g Sole sind 26 g Salz enthalten und nur der Rest besteht aus Wasser. Das heißt, tatsächlich sind nur 74 g Flüssigkeit in 100 g Sole. Um 100 g Flüssigkeit zu bekommen, müssen 135 g Sole abgewogen werden. Für 1 kg GFM bei 33 % Laugenflüssigkeit werden 135 × 3,3 = 445,5 g Sole benutzt.

Da es mir meistens zu spät einfällt, dass ich eine Soleseife machen will, gebe ich mich in diesen Fällen mit einer fast gesättigten Sole zufrieden. Dazu nehme ich pro 100 g Wasser 30 g Salz. Diese Menge lässt sich in kürzerer Zeit im Wasser lösen. Für 330 g Wasser nehme ich 99 g Salz.

HINTERGRUND: WAS BEIM AUFLÖSEN VON SALZ PASSIERT

Salze bestehen aus positiv und aus negativ geladenen Teilchen. Die Teilchen ziehen sich aufgrund der gegensätzlichen Ladungen an und bilden so Kristalle (Kristallgitter).

Gibt man ein Salz in Wasser, so löst es sich, weil sich Wasserteilchen zwischen die positiven und negativen Salzteilchen drängeln. Wenn sie diese dann weggedrängelt haben, tragen sie sie fort und umgeben sie mit weiteren Wasserteilchen, einer Art Wasserfilm, der Hydrathülle. Da Wasser ***ein Dipol*** ist, es besitzt gleichzeitig eine positive und eine negative Seite, kann es sowohl positive als auch negative Teilchen umgeben.

Dazu sind sehr viele Wasserteilchen nötig und so lösen sich in 1 l Wasser nur 359 g Kochsalz bei 20 °C oder 35,9 g in 100 ml. Jedes weitere Gramm Salz löst sich nicht mehr auf und bleibt ungelöst am Boden liegen. Daran kann man eine gesättigte Salzlösung erkennen.

$NaCl \longrightarrow Na^+ + Cl^-$

Jedes weitere negative Cl oder positive Na löst sich nicht auf, sondern nimmt ein entgegengesetzt geladenes Teilchen aus der Lösung und bildet einen feinen Salzkristall. Wo diese dabei herkommen, ist egal.

Natriumhydroxid ist in Wasser viel besser löslich als Natriumchlorid. Dabei wird sogar Energie in Form von Wärme frei und die Lauge erhitzt sich. In einem Liter Wasser lassen sich bei 20 °C 1090 g NaOH lösen, oder 109 g in 100 ml.

$NaOH \longrightarrow Na^+ + OH^-$

Leider verdrängen die Na^+-Teilchen der Lauge dabei auch die Kochsalzteilchen von ihren Plätzen innerhalb der Wasserhüllen – es sind ja plötzlich viel mehr Na^+-Teilchen vorhanden – und so treffen Natriumteilchen wieder auf Chloridteilchen und bilden ein ganz fein verteiltes Salz.

$Na^+ + Cl \longrightarrow NaCl$

Das Weiße in der Lauge ist also nichts anderes als ganz fein verteiltes Salz. Nach kurzer Zeit beginnt es sich abzusetzen.

Andersherum funktioniert es nicht, da Kochsalz schlechter löslich ist als Natriumhydroxid: Gibt man Kochsalz in die fertige Lauge, so bleibt es in den großen Kristallen, wie es war, und fällt nicht mehr ganz fein in Flöckchen an.

EBONY AND IVORY

Eine milde Soleseife für empfindliche Gesichtshaut.

Härte: 80 · **RZF:** 36

Rezept für 500 g GFM

Sole aus 54 g Salz und 165 g entmineralisiertem Wasser

NaOH für 8 % LU

100 g Babassuöl 20 %

100 g Sheabutter 20 %

100 g Straußenfett 20 %

100 g Rapsöl 20 %

100 g Reiskeimöl 20 %

Farbe: 1,5 g Buchenholzkohle

Duft: 15 g Litsea cubeba, 2,5 g Japanisches Heilpflanzenöl und 2,5 g Krausminze

Falls Sie ein stark andickendes PÖ besitzen, können Sie dies zum schnelleren Andicken der ersten Schicht in den schwarzen Seifenleim mischen. Dann müssen Sie sich mit dem Gießen beeilen.

Vorbereitung

Aus 165 g entmineralisiertem Wasser und 54 g Salz eine Sole ansetzen. Da dies etwas Zeit in Anspruch nimmt, kann es Tage vorher gemacht werden.

Herstellung

1. Aus der Sole und dem NaOH unter Einhaltung der Sicherheitsrichtlinien die Lauge herstellen.
2. Babassuöl und Sheabutter bei geringer Hitze schmelzen, dann das Straußenfett darin zerlaufen lassen. Anschließend die Öle bis auf 1 TL hinzugeben.
3. Die Buchenholzkohle und den 1 TL Öl klümpchenfrei anrühren.
4. Sind Fette und Lauge auf 33–38 °C abgekühlt, die Lauge durch ein Sieb zu den Fetten gießen und den Leim emulgieren, bis alles homogen ist. 100 ml des Leims zur angerührten Buchenholzkohle geben und die Kohle gut unterrühren.
5. Den schwarzen Leim mit einem kleinen Teil der ÄÖ-Mischung beduften und in die Form gießen. Damit er schneller andickt, können Sie zu den ÄÖs einige Tropfen stark andickendes PÖ mischen.
6. Den übrigen Leim beduften und über einen Spatel aus geringer Höhe auf den schwarzen Leim gießen, sodass sich nichts mischt.
7. Seife in die Gelphase bringen und schneiden, wenn sie noch warm ist.

Reifezeit: 6 Wochen

HÜBSCHE MUSTER

In Onlineshops für Tortenzubehör bekommen Sie sogenannte Fondantmatten. Das sind Folien mit einer schönen Struktur, die sich ebenso für Seife eignen. Legen Sie eine solche Matte in eine flache Form und gießen Sie die Seife darauf.

SCHAFSMILCHSOLESEIFE

Soleseifen lassen sich auch mit Milch herstellen.

Härte: 81 · **RZF:** 38

Rezept für 1 kg GFM

- 195 g Schafsmilch
- 60 g Salz
- 135 g entmineralisiertes Wasser
- NaOH für 10 % LU
- 200 g Palmkernöl 20 %
- 50 g Kakaobutter 5 %
- 100 g Sheabutter 10 %
- 350 g Sonnenblumenöl h. o. 35 %
- 200 g Reiskeimöl 20 %
- 100 g Sojaöl 10 %
- Duft: 15 g PÖ, z. B. Snow von GF oder 4,5 g Orange süß, 4,5 g Blutorange, 3 g Cananga, 3 g Sandelholz naturidentisch, 1 Tr. Patchouli auf 500 g GFM (färbt den Leim leicht orange)

Herstellung

1. Milch leicht erwärmen und 60 g Salz darin lösen, bis im Gefäß beim Rühren nichts mehr am Boden knirscht. Die Milchsole danach ins Gefrierfach stellen und eiskalt werden lassen. Sie wird dabei nicht fest.
2. Die ÄÖ-Mischung in einem Glas- oder Edelstahlgefäß vorbereiten bzw. das PÖ abwiegen.
3. Aus dem entmineralisierten Wasser und dem NaOH unter Einhaltung der Sicherheitsvorschriften die 1:1-Lauge herstellen und abkühlen lassen.
4. Palmkernöl, Kakaobutter und Sheabutter schmelzen, danach die Öle dazuwiegen.
5. Die Lauge anschließend langsam durch ein Sieb in die Milchsole rühren. Sollte sich die Mischung zu sehr erwärmen, muss sie wieder abkühlen.
6. Die Verarbeitungstemperatur von Lauge und Fetten sollte bei 33–38 °C liegen. Dann beide emulgieren, beduften und in Einzelformen gießen.

Reifezeit: Bei ungegelten Seife beträgt die Reifezeit 6 Wochen, bei gegelten rund 4 Wochen. Jedoch sind alle Salz- und Soleseifen nach 3–4 Monate angenehmer und sparsamer im Gebrauch.

LAUGE FÜR SOLE-MILCH-SEIFEN

Setzen Sie die Lauge 1:1 aus entmineralisiertem Wasser und NaOH an. Der Rest an Laugenflüssigkeit ist Schafsmilch. Benötigen Sie beispielsweise 135 g NaOH, so bleiben Ihnen nach der Rechnung:

330 g – 135 g = 195 g

195 g für die Milch übrig. Darin können Sie 60 g Salz lösen. Stellen Sie die

SEIFE MIT TOTEM-MEER-SCHLAMM

Leicht peelende, desinfizierende Seife für die jugendliche, unreine Haut oder zur Entschlackung.

Härte: 91 · **RZF:** 16

Rezept für GFM 600 g

- 75 g Totes-Meer-Schlamm, getrocknet und gesiebt
- 10 g Rügener Heilkreide oder Kaolin
- 12 g Salz
- 200 g entmineralisiertes Wasser (75 g + 10 g + Rest für NaOH)
- NaOH für 8 % Laugenunterschuß
- 180 g Babassuöl 30 %
- 60 g Sheabutter 10 %
- 180 g Olivenöl 30 %
- 120 g grünes Avocadoöl 20 %
- 60 g Rizinusöl 10 %
- Duft: 2,8 g Patchouli oder Teebaumöl oder Manukaöl

Herstellung

1. Den Toten-Meer-Schlamm sieben, damit alle Sandkörner entfernt werden.
2. Totes-Meer-Schlamm mit 75 g entmineralisiertem Wasser und 10 g Salz zu einem Brei anrühren. Die Heilkreide mit 2 g Salz und 10 g Wasser aufschlämmen.
3. Aus den restlichen 115 g Wasser und dem NaOH die Lauge nach den Sicherheitsrichtlinien herstellen und sie auf Handwärme abkühlen lassen.
4. Babassuöl mit der Sheabutter schmelzen und die Öle hinzugeben. Bei 35–40 °C die Lauge zu den Fetten geben und homogenisieren. Ca. 60 ml Seifenleim zum Heilkreidebrei geben und diesen gut unterrühren.
5. Den Brei aus dem Toten-Meer-Schlamm zum restlichen Leim in den Topf geben. Diesen mit einem kurzen Pürierstoß einarbeiten. Der Leim soll ganz homogen sein.
6. Den Duft hinzugeben.
7. Den Leim mit dem Toten-Meer-Schlamm in die Form füllen und mit dem helleren Leim mit der Heilkreide marmorieren. Die Seife muss nicht gelen.

Reifezeit: mindestens 6 Wochen

SEIFEN MIT KOH UND MISCHVERSEIFUNG

Kaliumhydroxid (KOH) ist eine weitere Chemikalie, die in Wasser gelöst eine Lauge ergibt. Der Unterschied zur Natronlauge liegt darin, dass man mit Natronlauge feste Seifenstücke erhält, sogenannte Leimseife. Mit Kaliumhydroxid wird eine eher weiche Seifenpaste, die Schmierseife, hergestellt – besonders, wenn im Rezept weniger feste Fette zugunsten von Ölen verwendet werden.

Geliefert wird KOH meist nur in ca. 90%iger Reinheit, weshalb Sie beim Einkauf darauf achten sollten, dass der Gehalt des KOHs angegeben wird, da Sie diese Information bei der Berechnung berücksichtigen müssen.

Die Verseifung mit KOH ist etwas schwieriger als mit NaOH, da sie langsamer abläuft und sich der Leim gerne mal trennt. Deshalb werden reine KOH-Seifen meist in Heißverseifung hergestellt, damit der getrennte Leim wieder zusammengerührt werden kann. Oder es wird eine Mischverseifung durchgeführt, das heißt, es werden KOH und NaOH zur Verseifung verwendet. Die Natronlauge sorgt dann dafür, dass die Fette schneller verseift werden und die entstandenen Seifenmoleküle verhindern eine Trennung von Lauge und Fetten.

Warum wird dann KOH trotz dieser Schwierigkeiten zur Verseifung verwendet? Nun, die damit hergestellten Seifen schäumen besser und der Schaum ist stabiler. Dieser Effekt wird als Mischverseifung bei der Herstellung von Salzseifen genutzt, aber auch bei Rasierseifen, die einen lange stabilen Schaum benötigen.

GUT ZU WISSEN

- **NaOH-Verseifung:** Leimseife, feste Seifenstücke
- **KOH-Verseifung:** Schmierseife mit vorwiegend Ölen im Rezept

Außerdem wird die reine KOH-Verseifung zur Herstellung von Schmierseifen genutzt, aus denen später durch Verdünnung Flüssigseife gemacht wird. Auch für die Herstellung der Beldi Soap, auch Moroccan Black Soap oder Savon Noir, einer Seifenpaste aus reinem Olivenöl mit fein gemahlenen Oliven, nimmt man KOH. Traditionell wird sie in Marokko im Dampfbad, dem Hammam, zur Reinigung verwendet. Dabei wird sie nach dem Schwitzen als Maske auf die Haut aufgetragen und dann abgespült bzw. mit dem Kessa-Handschuh abgeseift, wobei die Haut ganz weich wird.

Reine KOH-Seife – Schmierseife

Der einfachste Weg, die KOH-Menge für eine reine KOH-Verseifung zu berechnen, ist die Benutzung eines Seifenrechners, der auf KOH umgestellt werden kann. Meist können Sie im Rechner die Reinheit des KOHs einstellen, da die meisten Lieferanten technische Qualität mit nur ca. 90%igem Gehalt anbieten. Liegen Ihnen keine Informationen zum Gehalt Ihres KOHs vor, so geben Sie es als reines KOH in den Rechner. Sollten Sie dann doch nur die 90%ige Qualität besitzen, bewirkt das nur eine höhere Überfettung und die Seife ist brauchbar. Wenn Sie im Gegensatz reines KOH als 90%ige Qualität berechnen, so entsteht eine scharfe, unbrauchbare Seife.

GUT ZU WISSEN
Umrechnungsfaktoren zum Umrechnen von KOH und NaOH:
NaOH in KOH
mal 1,4028
KOH in NaOH
mal 0,7218

Mischverseifung

Unter einer Mischverseifung versteht man die Verseifung mit KOH und NaOH, oder bei Salzseifen durch einen Anteil an Kaliumchlorid. Meist nimmt man eine Verteilung von 50 : 50 oder 30 : 70. Die Mengen können Sie auf zwei Wegen berechnen.

- Berechnen Sie die jeweilige Fettmenge, die durch KOH oder NaOH verseift werden soll, und geben Sie diese in den Seifenrechner ein. Als Beispiel dient eine 50:50-Mischverseifung folgenden Rezepts: 750 g Olivenöl und 250 g Kokosöl. Sie geben in den Rechner 750 × 50 ÷ 100 = 375 g Olivenöl und 125 g Kokosöl (250 × 50 ÷ 100) ein und führen die Berechnung einmal mit NaOH durch und einmal für KOH.

RECHENBEISPIEL
- 375 g Olivenöl und 125 g Kokosöl ergeben bei einem Laugenunterschuss von 8 % im NSF-Rechner 67,45 g NaOH (soapcalc 67,81) und 94,61 g KOH (soapcalc 95,11 bzw. 105,67 g bei 90%igem KOH).

Sie berechnen die Menge an NaOH, die Sie für das komplette Rezept benötigen. Diese Menge wird halbiert und mit einem *Umrechnungsfaktor* ▸ Kasten oben in KOH umgerechnet.

RECHENBEISPIEL
- 750 g Olivenöl und 250 g Kokosöl benötigen bei 8 %igem Laugenunterschuss 134,90 g NaOH. Demnach ist die Hälfte 67,45 g.
- 67,45 g NaOH × 1,4028 = 94,62 g KOH (100%iges KOH)
- Laut soapcalc 135,62 g NaOH
- Die Hälfte 67,81 g NaOH und 95,12 g KOH 100%ige oder: 105,7 g KOH 90%ige Qualität.

RASIERSEIFE MR. & MRS. WINDSOR

Diese Seife wird mittels Mischverseifung im Heißverfahren hergestellt. Als besondere Zutat enthält sie Lorbeeröl, das als antiseptisch gilt und der Seife einen leicht rauchigen Duft verleiht.

Härte: (93) · RZF: 13

Rezept für 500 g GFM

- 190 g entmineralisiertes Wasser
- 15 g Zitronensäure und 8,6 g NaOH
- 50 % NaOH und 50 % KOH laut Seifenrechner für 4 % LU berechnen
- 50 g Stearinsäure 10 %
- 200 g Rindertalg 40 %
- 125 g Kokosöl 25 %
- 25 g Kakaobutter 5 %
- 75 g Erdnussöl 15 %
- 25 g Lorbeeröl 5 %
- 15 g Kaolin oder Heilkreide (ca. 2 EL)
- 2 EL Joghurt
- Duft: Litsea cubeba 6 g, Limette 3 g, Rosmarin 6 g, Sandelholz naturidentisch oder Amyris 3 g und 6 Tropfen Patchouli zur Abrundung

Herstellung

1. Die Zitronensäure wird im abgewogenen Laugenwasser gelöst. Unter Einhaltung der Sicherheitsrichtlinien das für die Zitronensäure abgewogene NaOH in 4 kleinen Portionen zum Wasser dazugeben und dabei gut umrühren.
2. Die Lösung abkühlen lassen.
3. Die festen Fette im Slowcooker schmelzen und die abgewogenen Öle und das Kaolin oder die Heilkreide dazugeben. Alles auf rund 70 °C erwärmen.
4. NaOH in der Laugenflüssigkeit lösen, danach das KOH. Achten Sie darauf, dass die Lauge nicht so heiß wird, dass sie zu dampfen beginnt.
5. Temperatur der Fette und der Lauge kontrollieren. Sobald beide unter 90 °C haben, wird die Lauge durch ein Sieb zu den Fetten gegossen. Anderenfalls besteht Spritzgefahr.
6. Den Seifenleim bis zum stark angedickten Leim pürieren.
7. Falls sich der Seifenleim trennt, die Temperatur kontrollieren. Sie soll zwischen 60 und 90 °C betragen. Wird sie zu heiß, den Slowcooker ausschalten, etwa 20 Minuten abkühlen lassen und dann erneut pürieren.
8. Hat der Leim die erwünschte Konsistenz, mit dem Silikonspatel umrühren. Sobald der Leim eine reißende Haut bildet, den Joghurt oben auf den Leim geben und 20 Minuten warten, damit sich der Joghurt anwärmt. Gegen Ende sollte die Leimtemperatur 80(–90) °C betragen.
9. Jetzt die ÄÖ-Mischung auf den heißen Leim gießen und alles zusammen zügig einrühren. Dabei wird der Leim wieder fließfähiger und kann gut in Einzelformen gegeben werden.

Reifezeit: Die Rasierseife kann als Heißverseifung bald getestet werden, aber eine Ruhezeit von 2 Wochen ist besser.

BELDI ODER MOROCCAN BLACK SOAP

Diese traditionelle Hammam-Seife erhält ihre Farbe durch die pürierten Oliven und die recht lange Kochzeit im Slowcooker oder Wasserbad. Sie braucht Zeit und Geduld.

Härte: (87) · **RZF:** 27

Rezept für 500 g GFM

- 50–100 g schwarze, kernlose Oliven
- 500 g Olivenöl 100 %
- 165 g entmineralisiertes Wasser
- KOH für einen Laugenunterschuss von 2–4 %
- 15–25 g (3–5 %) Überfettungsöl, z. B. Arganöl
- 2 % ätherische Öle, zum Beispiel Eukalyptus und Zedernholz oder Orange, Blutorange und Zitrone

Herstellung

1. Oliven kurz im Olivenöl pürieren und die Mischung im Slow Cooker auf Stufe „High" auf etwa 50 °C erwärmen.
2. Aus dem Wasser und dem KOH die Lauge anrühren. Diese braucht nicht abzukühlen, sondern sie kann so heiß, wie sie ist, zum Öl in den Crockpot gegeben werden.
3. Die Mischung etwa 5–15 Minuten pürieren. Dabei darauf achten, den Pürierstab nicht zu überhitzen. Er braucht in den Pausen mindestens 5 Minuten zum Abkühlen. Der Leim wird nicht immer andicken, auch trennt er sich oft wieder und es schwimmt Öl in der Masse. Das ist kein Grund zur Sorge.
4. Ab und zu pürieren oder mit dem Spatel rühren, damit der Leim homogen wird. Im Laufe der Zeit wird er wärmer und nimmt das restliche Öl auf. Er dickt an, wird bräunlicher und durchläuft mehrere Leimstadien bis er am Schluss eine Art stückiges Vaselinestadium erreicht, das nach und nach feiner und cremiger wird. Die Paste sieht recht braun, aber durchscheinend aus. Bei mir steigt die Temperatur dabei auf 90 °C an.
5. Den Slow Cooker ausschalten, den Tontopf zum Abkühlen entnehmen.
6. Wenn die Seife auf etwa 50 °C abgekühlt ist, das Überfettungsöl und die ätherische Ölmischung einrühren und die Seife in kleine, verschließbare Töpfchen füllen.

Reifezeit: Als Heißverseifung kann die Beldiseife sofort benutzt werden. Bei empfindlicher Haut empfehle ich eine Reifezeit von 3 Wochen.

GUT ZU WISSEN

Die Beldi-Seife benutzen Sie am besten in einem Seifensäckchen oder mit einem original marokkanischen Kessa-Peelinghandschuh.

FLÜSSIGSEIFE

Auch eingefleischte Benutzer von Duschgel und Flüssigseifen können ihre Seife selbst herstellen. Dazu bereiten Sie eine KOH-Seifenpaste zu, die Sie bei Bedarf mit Wasser verdünnen. Nachteil hierbei ist, dass Sie die Flüssigseife konservieren müssen.

Härte: (91) · RZF: 17

Rezept für 500 g GFM

- 350 g Sonnenblume h. o. 70 %
- 125 g Palmkernöl 25 %
- 25 g Rizinusöl 5 %
- 38 % entmineralisiertes Wasser
- KOH für 5 % LU
- Universal-indikatorpapier

Pro 100 g Seifenpaste:

- 200 g abgekochtes, entmineralisiertes Wasser
- 10 g Zucker
- wasserlösliche Farbe und Duft
- Konservierung: Chemikons 3 g oder C-Kons 9 g
- Isopropanol 70 %ig
- Kochsalzlösung (Sole)

Herstellung der Seifenpaste

1. Öle im Slow Cooker auf etwa 60 °C erwärmen, bis alles geschmolzen ist.
2. KOH im entmineralisierten Wasser lösen und ohne die Mischung abkühlen zu lassen zu den Ölen geben. Einige Minuten pürieren, bis eine homogene Mischung entstanden ist. Meist bleibt die Mischung anfangs homogen, sobald sich Seifenmoleküle gebildet haben, flockt sie aus und wird krisselig.
3. In Abständen von 20–30 Minuten den Leim immer wieder pürieren. Sobald er dabei zu dick wird, mit dem Teigschaber oder einem Schneebesen rühren. Der Seifenleim wird sich anfangs immer wieder trennen und sich in Flocken absetzen, aber innerhalb von 1–2 Stunden wird er homogen werden und ein vaselineartiges Aussehen annehmen. Dann bekommt die Seifenoberfläche beim Rühren eine Elefantenhaut.
4. Den pH-Wert der Seife mit dem Universalindikatorpapier und einem Tropfen Wasser messen. Sobald er um pH 10 oder darunter liegt, ist die Seifenpaste fertig.
5. Die fertige Seifenpaste in einem Glas bis zur Verdünnung aufbewahren.

Herstellung der Flüssigseife

1. Pro 100 g Seifenpaste 200 g entmineralisiertes Wasser abkochen. Darin 10 g Zucker (5 %) lösen. Die Seifenpaste in kleinen Stücken zum heißen Wasser geben und abgedeckt stehen lassen, bis sie sich gelöst hat.
2. Mit einigen Tropfen wasserlöslicher Farbe färben und Duft und Konservierung hinzufügen. Dann ist sie rund 3 Monate haltbar. Ist die Seife zu dünnflüssig, geben Sie einige Tropfen Sole hinzu, damit sie dickflüssiger wird.
3. Die Flüssigseife in einen mit Isopropanol desinfizierten Pumpspender füllen.

ZAHNSEIFE: MISCHVERSEIFUNG IM HP-VERFAHREN

Die Zahnseife aus Seifenpaste benötigt wenig bis keine Schleifpartikel oder Mikroplastik zur Reinigung. Der leicht alkalische pH-Wert löst die Plaque und gibt ein sauberes Mundgefühl. Schlämmkreide und Lebensmittelfarbe können Sie selbstverständlich trotzdem zugeben. Achten Sie bei den Ölen und besonders bei den ätherischen Ölen auf eine sehr gute Qualität oder nehmen Sie Bioöle. Durch eine Vorverseifung mit NaOH entstehen Seifenmoleküle, die die Verseifung mit KOH erleichtern sollen.

Härte (90) · RZF 19

Rezept für 100 g GFM

- 10 g Kakaobutter 10 %
- 20 g Sheabutter 20 %
- 30 g Sonnenblume h. o. 30 %
- 20 g Macadamianussöl 20 %
- 20 g Haselnussöl 20 %
- 1 g Vitamin E
- 50 % entmineralisiertes Wasser
- 20 % NaOH für 10 % LU
- 80 % KOH für 10 % LU
- Universalindikatorpapier
- 50 g abgekochtes heißes, entmineralisiertes Wasser
- 16 g Glycerin
- Lebensmittelfarbe
- 80 g Xylit (Birkenzucker)
- 2 g Stevia
- 8–16 g Schlämmkreide
- 20 Tropfen ÄÖ, beispielsweise Japanminze, Krausminze und Fenchel
- Isopropanol 70 %ig

Herstellung

Arbeiten Sie aufgrund der kleinen Mengen mit der Feinwaage.

1. Fette, Öle und Vitamin E in einem Glas im Slow Cooker mit etwas Wasser auf etwa 60 °C erwärmen, bis alles geschmolzen ist.
2. NaOH in 10 ml entmineralisiertem Wasser lösen, in die Fette geben und eine Vorverseifung durchführen, indem emulgiert wird.
3. KOH im entmineralisierten Wasser lösen und ohne die Mischung abkühlen zu lassen zu den Ölen geben. Einige Minuten pürieren, bis eine homogene Mischung entstanden ist. Meist bleibt die Mischung anfangs homogen, später flockt sie aus und wird krisselig.
4. In Abständen von 20 Minuten den Leim immer wieder pürieren. Sobald er dabei zu dick wird, mit dem Teigschaber oder einem Schneebesen rühren. Der Seifenleim wird sich anfangs immer wieder trennen und sich in Flocken absetzen, aber innerhalb von 1–2 Stunden wird er homogen werden und ein vaselineartiges Aussehen annehmen. Dann bekommt die Seifenoberfläche beim Rühren eine Elefantenhaut.
5. Den pH-Wert der Seife mit dem Universalindikatorpapier und einem Tropfen Wasser messen. Sobald er um pH 10 oder darunter liegt, ist die Seifenpaste fertig.
6. Das abgekochte, noch heiße entmineralisierte Wasser mit Glycerin und der Lebensmittelfarbe mischen.
7. Xylit, Stevia und Schlämmkreide zur Seifenpaste geben und zusammen mit dem Wasser unterpürieren. Die Farbe sollte dabei gleichmäßig werden. Das zeigt, dass alles gut vermischt ist. Anschließend die ätherischen Öle unterrühren.
8. Fertige Seifenpaste in einem desinfizierten Glas aufbewahren. Tuben mit weiter Öffnung sind auch möglich, jedoch ist die Paste recht zäh.

Reifezeit: etwa 12 Wochen, damit die Mundschleimhaut nicht angegriffen wird.

HAARSEIFEN

Haarseifen sind die milde Alternative zum herkömmlichen Shampoo. Sie sind milder, weil sie die Kopfhaut nicht komplett entfetten, und sie sind silikonfrei.

Rezepte für Haarseifen sind anders aufgebaut als die üblichen Seifenrezepte. Ihre Zusammensetzung richtet sich nach der Struktur der Haare, nach den Bedürfnissen der Kopfhaut, aber auch nach dem Härtegrad des Wassers, mit dem gewaschen wird. Für sie müssen die Regeln, die für Hand- und Duschseifen gelten, oftmals abgewandelt werden. Das gilt für die 50:50-Regel, für den Gehalt an Rizinusöl oder die Menge an verwendeten Pflegeölen.

SCHAUMFETTE

Feine, schnell nachfettende Haare oder empfindliche Kopfhaut brauchen weniger Schaumfett als dichtes, normales Haar. Wird die Kopfhaut komplett entfettet, dann wird sie dazu angeregt, weiteres Fett nachzubilden, das heißt, sie fettet schneller nach. Mit einer Haarseife mit wenig Schaumfett wird sie nun sanfter gereinigt und nicht komplett entfettet, so dass sich die Waschzyklen verlängern und nicht mehr täglich gewaschen werden muss. Hier werden zwischen 10 und 20 % Schaumfett benutzt.

Für dicke, dichtere Haare können mehr Schaumfette im Rezept eingeplant werden, damit sich die Haare gut reinigen lassen. Auch bei hartem Wasser sollte ein etwas größerer Anteil an Schaumfett zusätzlich zur Zitronensäure eingeplant werden, 20–30 % sind zu empfehlen.

Die Meinungen darüber sind geteilt, welches Schaumfett für die Haarseife am besten geeignet ist. Viele Siederinnen bevorzugen Babassuöl als milderes Schaumfett. Im Haarseifentest konnte allerdings kein großer Unterschied zwischen Kokos- und Babassuöl festgestellt werden. Bei meinen Versuchen habe ich Palmkernfett als die mildeste Variante empfunden.

ÜBERBLICK HAARSEIFE

- Schaumfett 10–35 %, abhängig von der Wasserhärte (und von Haar und Kopfhaut)
- Rizinusöl 15–35 % für Glanz (und gute Kämmbarkeit)
- Linolsäurereiche Öle 10–20 %
- Pflege aus Sheabutter, Avocadoöl oder Olivenöl bis 60 % für lange, trockene Haare
- Zitronensäure 1–3 % der GFM

DARAUF SOLLTE MAN AUSSERDEM ACHTEN

Neben einer an Haare und Kopfhaut angepassten Menge an Schaumfetten ist ein hoher Gehalt an Rizinusöl zwischen 15 und 35 % der GFM angeraten. Rizinusöl sorgt für gute Kämmbarkeit, aber besonders auch für Glanz in den Haaren.

Für die Pflege von Haar und Kopfhaut sorgen Fette mit einem höheren Anteil an Sheabutter, Avocadoöl und Olivenöl. Trockene, lange Haare profitieren von einem Anteil bis 60 %. Dies kann jedoch leicht zu einer Überpflegung führen und das Haar sollte langsam an diese Menge gewöhnt werden. Hierbei kann von einer Menge von 20 %, wie in der Haarseife 2.1 (Olivenöl 10 %, Avocadoöl 6 %, Sheabutter 4 %) ausgegangen werden. Später wird Palmfett dafür reduziert.

Gegen trockene Spitzen helfen einige Tropfen Brokkolisamenöl, die in der Handfläche verteilt und in die nassen Haare geknetet werden. Bei mittellangem Haar sind 3–4 Tropfen ausreichend.

Linolsäurereiche Öle wie Traubenkernöl und Hanföl werden gerne mit mindestens 10 % im Rezept eingesetzt. Dazu sollte man wissen, dass diese Seife aber keine sehr lange Haltbarkeit hat. Sie sollte innerhalb von 6–9 Monaten verbraucht werden. Falls sie doch einmal gelbe Flecken zeigt, so verpackt man sie in Frischhaltefolie und friert sie ein.

WARUM HAARSEIFE IN HEISSVERSEIFUNG HERSTELLEN?

Wie bereits im Kapitel *„Überfettung oder Laugenunterschuss?“* ▸ Seite 92 erläutert, entstehen bei der unvollständigen Verseifungsreaktion Mono- und Diglyceride der Fettsäuren. Je höher dabei der Laugenunterschuss ist, desto mehr Emulgatoren entstehen. Diese erleichtern beim Auswaschen der Haarseife die Beseitigung von Kalkseifen und Seifenresten aus den Haaren. Entgegen sonstiger Empfehlungen setze ich meine Haarseifen nicht mit einem Laugenunterschuss von 2–3 % an, sondern benutze eine Haarseife mit 9 %. Da ich meine Haarseifen immer als OHPs mache, kann ich darüber hinaus noch mit 1(–3) % Brokkolisamenöl nach der Verseifung überfetten, und dadurch mehr Pflege in die Seife bringen.

Der Sprung von 3 % Laugenunterschuss auf 9 % hat mich überzeugt: Die Haare sind nach dem Waschen viel weicher und benötigen weniger saure Rinse.

HAARSEIFE 2.1 FÜR DICKES, LOCKIGES HAAR OHP

Dieses Haarseifenrezept kann Ihnen für einen ersten Versuch dienen. Danach können Sie es schrittweise an Ihr Haar anpassen. Ich habe mit diesem Rezept viel experimentiert und bin jetzt bei einem Laugenunterschuss von 9 % angelangt (siehe auch ▸ Seite 223).

Härte 95 · RZF: 8

Rezept für 500 g GFM

Lauge: 33 % Flüssigkeit, 166 g als Tee aus Brennnessel, Rosmarin oder Hopfenblüten

15 g Zitronensäure + 8,6 g NaOH

1 g Seide

NaOH für LU 9 %

155 g Babassuöl 31 %

135 g Palmfett 27 %

20 g Sheabutter 4 %

20 g Kakaobutter 4 %

90 g Rizinusöl 18 %

50 g Olivenöl 10 %

30 g Avocadoöl 6 %

Nach der Verseifung: 5 g Brokkolisamenöl, 2 EL Joghurt und 15 g Honig

Duft: 4 g Zeder atlantica, 3 g Bergamotte, 1 g Muskatellersalbei und 1 Tropfen Vetiver

oder 6 g Rosmarin, 4 g Lavendel und 2 g Patchouli

Ein Foto von dieser Seife finden Sie auf Seite 223.

Herstellung

1 Aus entmineralisiertem Wasser und 2–3 TL Teekraut einen starken Tee kochen und abkühlen lassen. Davon 166 g abmessen und im Kühlschrank herunterkühlen.

2 Abgewogene Fette im Slow Cooker auf der höchsten Stufe erwärmen.

3 Unter Einhaltung der Sicherheitsregeln die Lauge herstellen. Dazu die Seide im Tee einweichen und die Zitronensäure auflösen. Die 8,6 g NaOH portionsweise dazugeben und sehr langsam und unter vorsichtigem Rühren in der Flüssigkeit auflösen. Darauf achten, dass die Flüssigkeit nicht hochkocht. Sobald die kleine Portion NaOH aufgelöst ist, ist die Zitronensäure neutralisiert und es kann nichts mehr passieren.

4 Die für die Verseifung benötigte Menge NaOH in größeren Portionen in die Laugenflüssigkeit einrühren. Die Lauge muss dabei heiß sein, damit sich die Seide löst. Gut lüften und den Dampf nicht einatmen!

5 Die Öle zu den geschmolzenen Fetten geben und die Lauge durch ein Sieb dazugießen. Pürieren, bis der Leim stark angedickt ist und auf Stufe „High“ verseifen lassen.

6 Sobald der komplette Leim in der Gelphase ist, umrühren und Honig, Joghurt und Brokkolisamenöl zum Anwärmen auf die Oberfläche geben. Nach 20 Minuten den Duft dazugeben, alles gut unterrühren und in die Form füllen. Ich empfehle Silikonformen zu benutzen, weil die Seife anfangs klebt.

Reifezeit: rund 2 Wochen

KOPFHAUTÖL GEGEN JUCKENDE, TROCKENE KOPFHAUT

- 20 Tropfen, etwa 1 g Granatapfelsamenöl
- 20 Tropfen, etwa 1 g Wildrosenöl
- 1 g Squalan
- 2 g Jojobaöl

Tragen Sie 3 Tropfen davon auf die nasse Kopfhaut auf. Scheiteln Sie dazu jeweils das Haar und verreiben den Öltropfen auf der Kopfhaut.

AVOCADO-HANF-HAARSEIFE

Eine sehr pflegende Haarseife, die bei trockenem Haar und trockener Kopfhaut helfen kann. Der hohe Einsatz an ranzanfälligen Ölen ist bewusst gewählt, weshalb die Seife innerhalb eines Jahres aufgebraucht werden sollte. Da die Öle einen Eigengeruch besitzen, der schwer überdeckt werden kann, wird damit eine passende Duftmischung kombiniert. Empfindliche Menschen sollten auf das Pfefferminzöl im Duft verzichten.

Herstellung

Die Herstellung erfolgt analog zur *Haarseife 2.1.*

Die richtige Anwendung der Haarseife

Mindestens ebenso wichtig wie das passende Rezept ist die richtige Waschtechnik. Dazu die Haare gut nass machen und mit der Seife über den Kopf reiben. Dabei sollten alle Stellen gründlich eingeschäumt werden. Das ist wichtig, damit der Schmutz und auch Seifenreste gut entfernt werden können. Nach einem kurzen Auswaschen kann ein zweites Mal einschäumt werden.

Alternativ wird die Seife in einer kleinen Schale in warmem Wasser einige Minuten eingeweicht, danach damit kurz über die nassen Haare streichen. Zum kräftigen Einschäumen wird das Einweichwasser verwendet. Auch hier sollten die Haare gründlich eingeschäumt werden. Dann wird die Seife aus dem Haar ausgespült. Das sollte sehr sorgfältig geschehen, denn eventuelle Reste der Seife machen sich später als fettige Ablagerungen bemerkbar.

Die sogenannte saure Rinse kommt nach dem Spülen ins Haar. Sie besteht aus 1 l warmem Wasser, in das 1–2 EL Essig oder Zitronensaft gerührt werden. (Sie können den Saft aus der „Plastikzitrone" verwenden, um den Aufwand klein zu halten.) Damit werden die Haare gut benetzt und mit klarem Wasser ausgespült. Die saure Rinse bewirkt zweierlei: Zum einen werden eventuelle Kalkseifen ausgespült, die bei hartem Wasser, oft trotz des Einsatzes von Zitronensäure im Rezept, entstehen. Zum anderen führt sie durch Senkung des pH-Wertes dazu, dass sich die Schuppenschicht der Haare, die sich durch die Verwendung der alkalischen Seife aufstellt, wieder anlegt. Die Haare werden schon beim Ausspülen spürbar weicher und lassen sich besser kämmen. Fühlen sie sich nach der Rinse noch fettig an oder lassen sich schlecht durchkämmen, sollten Rinse und Auswaschen gegebenenfalls wiederholt werden. Nur so kann man verhindern, dass die Frisur nach dem Waschen fettig aussieht.

Härte: 79 · **RZF:** 42

Rezept für 400 g GFM

- Wasser 33 % der GFM
- 0,8 g Seide
- 12 g Zitronensäure + 6,85 g NaOH
- NaOH für 9 % LU
- 160 g Avocadoöl 40 %
- 40 g Hanföl 10 %
- 80 g Kokosöl 20 %
- 40 g Traubenkernöl 10 %
- 80 g Rizinusöl 20 %
- Nach der Verseifung: 2 EL Joghurt und 10 g Honig
- Duft: 4 g Rosmarin, 2 g Orange süß, 1,2 g Litsea, 0,8 g Pfefferminz, 2 g Nelke

HAARSEIFE FÜR FEINES HAAR UND EMPFINDLICHE KOPFHAUT

Hier noch ein Rezept für Haarseife im Kaltverfahren.

Härte: 83 **RZF:** 33

Rezept für 400 g GFM

- 120 g entmineralisiertes Wasser 30% der GFM
- 1,0 g Salz ca. 1% des Wasseranteils
- 8 g Zitronensäure + 4,6 g NaOH
- NaOH für 9% LU
- 100 g Kokosfett 25%
- 80 g Sheabutter, raffiniert 20%
- 80 g Haselnussöl 20%
- 80 g Rizinusöl 20%
- 40 g Traubenkernöl 10%
- 20 g Hanföl 5%
- 2-3% Duft nach Wunsch

GUT ZU WISSEN
Bei sehr empfindlicher Kopfhaut lässt man besser die Zitronensäure weg.

Herstellung

Stellen Sie die Seife nach der Methode der Kaltverseifung her.

Reifezeit: 8– 12 Wochen

Rezeptanpassungen

Grundsätzlich kann man jedes Rezept an die eigenen Bedürfnisse von Haut und Haar anpassen. Hier sind einige Tipps dazu:

Reagieren Ihre Haare etwas strohig, lassen Sie das Kochsalz weg und nehmen stattdessen 12 g Natriumlactat.

Kalkhaltiges Wasser braucht 10-15% mehr Schaumfett: weiches Wasser 10-20%, hartes Wasser 20-35%.

Für mehr Pflege stellen Sie die Seife im Heißverfahren her und fügen ein Überfettungsöl nach der Verseifung hinzu. Hierzu eignen sich beispielsweise Kokosöl, Brokkolisamenöl oder Distelöl. Zusätzlich benötigen Sie dann 2 EL Joghurt, um die Fließfähigkeit zu erhöhen.

Für weniger Reinigung reduzieren Sie das Kokosfett auf 20%. Die fehlenden 5% geben Sie beim Haselnussöl oder beim Rizinusöl dazu.

Sheabutter, Olivenöl und Avocadoöl bringen durch einen höheren Anteil an Unverseifbares mehr Pflege, die die Haare beschweren kann. Bei feinem Haar sollte die Summe dieser Öle maximal 10% betragen.

Tauschen Sie die Öle der Gruppe 3, um ein gutes Haarseifenrezept zu erhalten, untereinander aus. Haselnussöl durch Reiskeimöl, so wird die Reinigungsleistung etwas erhöht. Mandelöl, Distelöl oder Pistazienkernöl sind gute Austauschöle.

SAUERE RINSE NICHT VERTRAGEN?
Probieren Sie es stattdessen mit Aloeveragel in der Rinse oder spülen nur sehr gut aus und sprühen Rosenhydrolat ins handtuchtrockene Haar.

UNGEWÖHNLICHE SEIFEN

Die beiden Seifen dieses Kapitels werden eher selten hergestellt, sind aber sehr interessant: Die erste dient vor allem der Dekoration, die zweite hat eine heilende Wirkung.

SCHWIMMSEIFE ODER WHIPPED

Für die Dekoration von Torten oder Cupcakes kann Seifenleim sahnig aufgeschlagen werden. Die fertige Seife ist so leicht, dass sie auf dem Wasser schwimmt.

Härte: 95 · **RZF:** 10

Rezept für 300 g GFM

- 50 g Sheabutter 16,67 %
- 50 g Kakaobutter 16,67 %
- 100 g Sonnenblumenöl ölsäurereich 33,3 %
- 100 g Kokosöl 33,3 %
- 100 g entmineralisiertes Wasser
- NaOH für 8 % LU
- Duft: 8 g Wild Violet oder 8 g Black Soaps Best Baby
- Farbe: flüssige Seifenfarbe rot und blau und etwas Titandioxid

Herstellung

1. Sheabutter und Kakaobutter schmelzen und Sonnenblumenöl dazugeben. Die Mischung in den Kühlschrank stellen und das Kokosöl aus dem Kühlschrank nehmen.
2. Die Lauge unter Einhaltung der Sicherheitsvorschriften anrühren und ebenfalls kaltstellen.
3. Wenn die Fettmischung fest wird, das Kokosöl hinzugeben und alles mit dem Rührgerät aufschlagen, bis sich die Masse mehr als verdoppelt hat.
4. Die Lauge in kleinen Schlückchen dazugeben. Sollte die Masse zusammenfallen, den Rührvorgang unterbrechen und alles kalt stellen. Arbeiten Sie erst weiter, wenn Lauge und Fette gut abgekühlt sind.
5. Die Masse färben und beduften und sie in einen Spritzbeutel geben, falls damit Muster gespritzt werden sollen. Soll die Whipped als sahniges Topping für eine Torte verwendet werden, so ist es besser auf Duft zu verzichten, damit die Sahne schön hell bleibt.
6. Die Gelphase verhindern, indem die Seife kalt gestellt wird.

Reifezeit: 4–6 Wochen

Fette und Lauge müssen kalt sein, um sie aufzuschlagen. Die Seife darf nicht gelen, da sie sonst zusammenfällt.

Schneiden Sie die Seife bald, weil sie später splitterhart wird und schnell wegbricht. Für Tortendeko heißt das, dass Sie den sahnigen Überzug am besten schon am nächsten Tag einritzen sollten.

SCHWEFELSEIFE ISLAND

Schwefel wirkt quellungsfördernd, keratolytisch und antibakteriell. Die Schwefelseife ist eine Seife für unreine, entzündliche Haut bei Akne oder Schuppenflechte. Zusätzlich fördert Sole die Heilung.

Härte: 85 · **RZF:** 29

Rezept für 200 g GFM

- 60 g Wasser (30 % der GFM)
- 18 g Salz
- NaOH für 6 % LU
- 20 g Sheabutter 10 %
- 20 g Mangobutter 10 % (oder Cupuacubutter)
- 40 g Palmkernöl 20 % (oder Kokos- / Babassuöl)
- 80 g Distelöl h. o. 40 %
- 20 g Traubenkernöl 10 %
- 20 g Rizinusöl 10 %
- 4 g Schwefelblüte (2 % der GFM) aus der Apotheke

WARNHINWEIS
Bitte halten Sie sich unbedingt an die im Rezept angegebenen Zutaten und Verarbeitungshinweise. Verwenden Sie eine Feinwaage.

Herstellung

1. Zuerst das Salz in Wasser lösen, danach unter Einhaltung der Sicherheitsregeln das NaOH.
2. Die festen Fette schmelzen und die Öle dazugeben, als letztes die Schwefelblüte einrühren.
3. Wenn Lauge und Fette auf 38 °C abgekühlt sind, die Lauge durch ein Sieb zu den Fetten geben. Die Mischung bis zum andickenden Leim pürieren und dann in Einzelformen gießen.
4. Die Seife darf gelen, sie muss es aber nicht.

Reifezeit: 6–8 Wochen

WIE AM RAND EINES VULKANS …
Die Seife ist im trockenen Zustand so gut wie geruchlos. Sobald sie nass wird, riecht sie schwefelig. Lassen Sie deshalb die Seife immer gut abtrocknen. Leider lässt sich der Geruch weder verhindern noch mit einem Parfumöl überduf

MASTERBATCH

RECHENBEISPIEL

Es wird eine Lauge von 135 g NaOH in 330 g Wasser benötigt.

Die Lauge wird mit der 1,4-fachen Wassermenge angerührt, also mit (135 × 1,4 =) 189 g Wasser.

Aus dem Vorrat entnommen werden demnach (135 + 189 =) 324 g Lauge.

Diese werden mit (330 – 189 =) 141 g Flüssigkeit verdünnt. Dabei wird die Lauge unter Rühren zur Flüssigkeit gegeben und erwärmt sich. Testen Sie selbst, mit welcher Methode Sie am besten arbeiten können.

Dieser englische Ausdruck bezeichnet die Vorbereitung der Lauge und der Öle in größeren Mengen auf Vorrat, ähnlich den bereits aufgelösten Farben. So können gewerbliche Siederinnen Zeit sparen, da sie die benötigten Flüssigkeiten nur noch abwiegen müssen. Am besten ist es, sowohl die Lauge als auch die Fette als Masterbatch anzusetzen.

FETTE AUF VORRAT

Dazu werden die festen Fette geschmolzen und die Öle hinzugegeben. Wenn alles abgekühlt ist, sollte die Mischung noch fließfähig sein. Das muss gegebenenfalls getestet werden. Mit dem 25er-Rezept funktioniert es gut. Die Mischung bleibt bei 18–20 °C fließfähig. Allerdings beginnen die festen Fette irgendwann auszukristallisieren. Damit die Laugenberechnung stimmt, sollte die Fettmischung vor der Entnahme einer Portion durchgerührt werden. Das Fett wird jetzt nur noch auf Verarbeitungstemperatur aufgewärmt. Mehrmaliges Abwiegen entfällt so.

LAUGE AUF VORRAT

Die Lauge kann ebenfalls für den kompletten Masterbatch der Öle angerührt werden. Dabei ist wichtig, dass alles aufgelöst ist. Die fertige Lauge muss in einem **ordentlich beschrifteten Gefäß mit dem Gefahrstoffpiktogramm „Ätzend“ versehen kindersicher aufbewahrt** werden. Das Gefäß muss zudem luftdicht verschlossen werden können, damit die Lauge nicht mit dem Kohlenstoffdioxid der Luft reagiert. Benutzen Sie als Vorratsgefäß Plastikflaschen aus dem Laborbedarf oder gereinigte NaOH-Vorratsdosen, gebrauchte Spiritusflaschen oder ähnliches. Bitte nehmen Sie aus Sicherheitsgründen keine Flaschen, in denen normalerweise Lebensmittel aufbewahrt werden, damit es keine Verwechslungsgefahr gibt, und beschriften Sie die Laugenvorratsflasche ordentlich und gut sichtbar.

Für den nächsten Ansatz wird die benötigte Laugenmenge abgewogen (Wasser plus NaOH). Auch hier empfiehlt es sich, den Inhalt im Gefäß vorher zu mischen, wenn das möglich ist. Die Lauge würde ich allerdings weder auf der Herdplatte noch in der Mikrowelle aufwärmen, um das Risiko der Überhitzung und des Spritzens zu vermeiden. Es gibt zwei Möglichkeiten: Entweder Sie erwärmen die Fette etwas stärker, gießen die Lauge dazu und warten einige Minuten, bis sich die Temperatur angeglichen hat. Oder Sie setzen die Lauge konzentrierter an und verdünnen sie vor Gebrauch (siehe Kasten).

FEHLERSUCHE UND BEHEBUNG

Wenn Sie sich an die Anleitung halten, brauchen Sie bei der ersten Seife keine Bedenken zu haben, dass etwas schief geht. Kommen Sie dann in die Experimentierphase und probieren neue Techniken oder Zusätze, so kann es vorkommen, dass die Verseifung nicht so glatt abläuft und es Probleme gibt. Daher finden Sie hier Erste-Hilfe-Tipps bei den häufigsten Schwierigkeiten.

SCHNELLES ANDICKEN DES SEIFENLEIMS

False trace: Dies entsteht, wenn für das Rezept zu kalt gearbeitet wurde, beispielsweise weil die Lauge zu kalt war. Fettmischungen mit Sheabutter und Bienenwachs können dann erstarren. Beim Rühren sieht das erst einmal aus wie ein Andicken des Leims.

Abhilfe: Mit dem Teigschaber weiterrühren. Durch die Reaktion der Fette mit der Lauge erwärmt sich der Leim etwas und wird wieder flüssiger. Der Leim kann dann zu Ende püriert werden.

Leim dickt nach Zugabe des Parfumöls an: Hier hilft nur schnell sein. Geben Sie den Seifenleim rasch in die bereitstehenden Formen.

Vorbeugen: Informieren Sie sich beim Händler über die Eigenschaften des Parfumöls oder lesen Sie Berichte der Verwenderinnen im Netz (Seifenforum.de). Andickende Parfumöle mischen Sie mit einer kleinen Menge eines Öls. Geben Sie die Mischung zum emulgierten Leim, rühren Sie mit dem Schneebesen gründlich um und formen Sie zügig ein.

AUFHEIZEN DES SEIFENLEIMS

Nach Zugabe eines Zusatzstoffes kommt es zu einer starken Erwärmung, wobei der innere Teil des Leims glasig werden kann. Manche Zusätze wie Honig, Frucht- oder Gemüsesäfte und Harze bringen den Leim innerhalb kurzer Zeit zum Aufheizen.

Vorbeugen: Arbeiten Sie kühl und stellen Sie die Seife nicht isoliert an einen kühlen Ort. Kontrollieren Sie die Seife innerhalb der ersten Stunden, um sie gegebenenfalls später zu isolieren oder ganz kalt zu stellen, z. B. kurzzeitig in den Gefrierschrank oder auf einen Kühlakku.

ÖL VERGESSEN

Auf der Arbeitsfläche steht noch ein Öl, welches nicht in die Seife gegeben wurde. Achtung, hier kann die Seife unterfettet und ätzend bleiben.

Abhilfe: Kennen Sie die genaue Menge des vergessenen Öles, so berechnen Sie die Überfettung neu und kontrollieren Sie, ob die Seife auch ohne das Öl einen ausreichenden Laugenunterschuss hat. Ist dies nicht

FALSE TRACE

Ist die Verarbeitungstemperatur einer Rezeptur mit Sheabutter zu niedrig, so kann es zur sogenannten *false trace* kommen. Hierbei dickt der Seifenleim an, obwohl er noch nicht ausreichend mit der Lauge vermischt ist. Dieser Effekt wird durch das Erstarren der Sheabutter hervorgerufen. Diese hat einen Schmelzbereich von 32–45 °C. Wird eine Temperatur von 28 °C unterschritten, so kristallisiert die Sheabutter aus und es hat den Anschein, als dicke der Leim an.

IST ÜBERFETTUNGSÖL SINNVOLL?

In älterer Literatur liest man oft von Überfettungsöl, das nach Andicken des Leims zugegeben wird. Vergessen Sie das getrost – dies hat bei CP keine Wirkung, das Öl wird genauso schnell verseift und zudem wird oft vergessen, es zuzugeben.

der Fall, müssen Sie die Seife wieder zurück in den Topf geben und das Öl hinzufügen. Ist dies nicht mehr möglich, müssen Sie die Seife später einschmelzen oder aussalzen ▸ Seite 240.

Vorbeugen: Haken Sie auf Ihrem Rezept jedes bereits zugegebene Öl ab und vergewissern Sie sich, dass Sie alle Öle benutzt haben. Für Anfänger ist es außerdem ratsam, nur eine begrenzte Anzahl an Ölen pro Rezept zu benutzen, um den Überblick zu wahren. Dies erlaubt Ihnen auch, den Pflegeeffekt einzelner Öle besser kennenzulernen.

DUFT VERGESSEN

Abhilfe: Sie können die Seife einfach ohne Duft verwenden, sie einschmelzen oder klein geschnitten als Einleger oder Konfetti verwenden.

Vorbeugen: Ich stelle das Gefäß mit dem abgewogenen Duft in der Seifenform bereit. Dort fällt er mir sofort ins Auge, wenn ich einformen möchte.

WEISSER BELAG AUF DER SEIFE

Schon auf der fertigen Seife oder innerhalb der Reifezeit bildet sich auf der Seife ein weißer Belag, der manchmal nur dünn, manchmal aber auch richtig dick sein oder sogar aus kleinen weißen Kristallen besteht. Dieses Phänomen wird unter dem Begriff Sodaasche zusammengefasst, auch wenn es in den unterschiedlichsten Erscheinungsformen auftritt. Es ist nur ein ästhetisches Problem, das aber auch erwünscht sein kann, da es der Seife einen rustikalen Touch gibt und den Stil betont.

Abhilfe: Sollte Sodaasche stören, so kann sie mit einem feuchten Mikrofasertuch abgewischt oder mit Dampf, zum Beispiel aus dem Bügeleisen, abgedampft werden. Die Seife kann auch kurz in kochendes Wasser getaucht werden. In den meisten Fällen gelingt es so, Sodaasche komplett zu entfernen.

Kristalle auf einer Seife

WEISSE PUNKTE IN DER SEIFE

Meistens handelt es sich um Luftblasen, die in der Seife geblieben sind. Auch dies ist nur ein ästhetisches Problem. Sind jedoch kleine Kristalle in diesen Löchern enthalten, so prüfen Sie bitte mit pH-Papier den pH-Wert, es könnte sich um nicht aufgelöste NaOH-Kristalle handeln.
Abhilfe: Die Seife darf in diesem Fall nicht benutzt werden, sie muss mit weiterer Flüssigkeit eingeschmolzen werden.

Laugennester in einer Milchseife

Manchmal bilden sich auch weiße Seifenkristalle, wenn im Rezept viele Fette mit einem hohen Palmitin- und Stearinsäureanteil verwendet wurden und die Verarbeitungstemperatur etwas zu niedrig war. Diese können als weiße Punkte auskristallisieren und sind unbedenklich.
Vorbeugen: Benutzen Sie zukünftig ein Sieb, damit nicht aufgelöstes NaOH nicht in die Fette gelangt.

TROPFEN

Wird die Luftfeuchtigkeit im Sommer zu hoch, so kommt es vor, dass sich Schwitzwasser auf der Seife bildet. Oft passiert dies bei Salz- und Soleseifen.
Abhilfe: Lagern Sie die Seifen auf Küchenpapier, das Sie bei Bedarf austauschen können. Trocknen die Tropfen nicht innerhalb weniger Tage ein, so tupfen Sie sie vorsichtig ab. Ein kurzzeitiges Schwitzen ist nicht schlimm. Längerfristig sollten Sie einen trockeneren Lagerplatz suchen.

Wassertropfen auf einer Soleseife

SPRÖDE ODER RISSIGE SEIFE

Die Seife zeigt auf der Oberfläche Risse oder bröckelt beim Schneiden. Hierfür gibt es verschiedene Gründe:
Sie haben Salz in der Laugenflüssigkeit verwendet. Jetzt ist die Seife schon recht hart und springt beim Schneiden in der unteren Hälfte weg.
Abhilfe: Schneiden sie mit einem schmaleren Werkzeug: statt mit einem Messer, das nach oben hin dicker wird, beispielsweise mit einem Spachtel oder mit einem Draht. Auch kann es helfen, die Seife leicht (40–50 °C) zu erwärmen und sie dann zu schneiden. Gleiches gilt, wenn Sie viele harte Fette im Rezept und/oder Wachs verwendet haben. Soleseifen sollten Sie entweder in Einzelformen gießen oder noch warm ausformen und sofort schneiden.

Ein weiterer Grund kann in einem Laugenüberschuss, also in einer scharfen Seife liegen. Prüfen Sie den pH-Wert der Seife oder machen Sie den *Küsschentest* ▶ Seite 32. Sollte nach 48 Stunden noch freie Lauge vorliegen, der pH liegt dann über 11, dürfen Sie die Seife nicht verwenden.
Abhilfe: Schmelzen Sie die Seife mit ausreichend Fett wieder ein (siehe Kapitel *„Rettung und Resteverwertung“* ▶ Seite 258).

Seife wie nasse Kreide

BRÖCKELIGE, WEICHE SEIFE WIE NASSE KREIDE

Die Seife fühlt sich von außen leicht feucht und etwas weich an, sie hat sich aufgebläht, beim Schneiden zerbricht sie und ist innen genauso weich und schmierig wie außen. Sie gibt auf Finderdruck nach. Zu diesem Phänomen kommt es häufig, wenn zu kühl gearbeitet und/oder zu wenig gerührt wurde. Es kann trotz Gelphase auftreten. „Nasse Kreide“ ist auf eine ungünstige Kristallstruktur der fertigen Seife zurückzuführen.
Abhilfe: Die Seife kann normal benutzt werden. Stört die weiche Haptik, so kann es helfen, die Seife im Backofen bis zum Kern auf rund 80 °C zu erwärmen und sie dadurch noch einmal in die Gelphase zu bringen. Danach, außerhalb des Ofens, schnell abkühlen lassen.

ÖL AUF DER SEIFE

Wird eine Seife im Ofen zu heiß oder kommt durch Zusatz von Honig heftig in die Gelphase, so kann sich auf der Oberfläche Öl absetzen.
Abhilfe: Stellen Sie die Seife schnell kühl und warten Sie zwei Tage ab. Dann ist im günstigsten Fall das Öl wieder eingezogen. Falls nicht, gießen Sie es ab und wiegen es. Das Öl fehlt bei der Verseifung. Es sollte weniger als der Laugenunterschuss betragen. Tragen Sie Handschuhe beim Schneiden und vergewissern Sie sich, dass die Seife im Inneren kein Loch hat. Besteht die Seife den Küsschentest, kann sie problemlos verwendet werden, anderenfalls muss sie eingeschmolzen werden.

LOCH IN DER SEIFE

Beim Aufschneiden der Seife ist eine Höhle zu sehen, in der sich eine Flüssigkeit oder eine gelartige Masse befindet.
Abhilfe: Ziehen Sie besser sofort Handschuhe und Schutzbrille an und

messen Sie den pH-Wert der Flüssigkeit. Ist er in Ordnung, können Sie die Seife so verwenden oder die Höhle herausschneiden und die Seife in kleineren Stücken benutzen bzw. sie als Einleger verwenden. Ist der pH-Wert zu hoch, sollten Sie die Seife mit etwas Flüssigkeit und einer kleinen Menge Öl zusammen einschmelzen.

SEIFE IST IN DER MITTE DUNKLER ALS AM RAND

Sie ist am Rand außerdem etwas weicher als in der Mitte. Hier hat die Gelphase die Außenseiten nicht erreicht, wodurch die Farben innen dunkler sind als am Rand. Die Färbung ist nur ein optisches Problem. Die weiche Außenseite verschwindet von selbst: Sobald die Seife etwas getrocknet ist, werden die Außenkanten genauso hart wie das Innere. Sie können das Phänomen auch positiv nutzen, um die Seife mit einem Stempel zu verzieren.

Ranzige Seife durch die Farbstoffe

GELBE FLECKEN UND KLEBRIGE STELLEN, RANZIGE SEIFE

Gelegentlich bekommt eine Seife, häufig in den feucht-warmen Sommermonaten, gelbe Flecken. Diese können auch leicht eingesunken aussehen, oft ändert sich der Duft der Seife. Sie riecht nicht mehr nach dem PÖ, sondern muffig bzw. ranzig. Die Seife beginnt zu ranzen.

Abhilfe: Schneiden Sie die Stellen großzügig mit dem Messer aus und verbrauchen Sie die Seife bald. Nicht benötigte Stücke können Sie in Frischhaltefolie eingewickelt einfrieren und so den Prozess hinauszögern. Hat die Seife ihren Duft komplett verloren, würde ich sie entsorgen und auch nicht mehr als Putzseife aussalzen, da der ranzige Geruch häufig wieder durchkommt.

Vorbeugen: Vermeiden Sie die Lagerung auf Metallflächen, wenn Sie nicht sicher sind, dass das Metall kein Kupfer enthält. Edelstähle sind kein Problem.

Ranzige Seife

SEIFE BLUTET AUS

Verläuft die Farbe innerhalb der Seife in andere oft ungefärbte, hellere Bereiche, so

spricht man von Ausbluten. Dies geschieht nur bei wasserlöslichen Farben, bei Pigmenten und Micas kommt es nicht vor.
Vorbeugen: Manchmal hilft eine dünne Schicht aus Kakaopulver oder anderen wasserunlöslichen Pigmenten, die als Ader aufgestäubt werden.

Von Ausbluten spricht man auch, wenn durch intensive Farben der Schaum gefärbt wird. Das lässt sich bei dunkleren Seifen leider oft nicht vermeiden.

RETTUNG UND RESTEVERWERTUNG

Ist eine Seife nicht benutzbar, weil sie Reste an freier Lauge oder ungelöstes NaOH enthält, die Konsistenz nasser Kreide hat, zu viel Farbe enthält oder weil sie den Duft verloren hat, muss sie trotzdem nicht weggeworfen werden. Sie kann eingeschmolzen oder als Putzseife ausgesalzen werden. Auch unschöne Anschnitte oder Hobelreste können so weiterverwertet werden.

SEIFE EINSCHMELZEN

Diese Methode eignet sich hauptsächlich für Seifenreste, unschöne Endstücke und Seifen mit freier Lauge. Nicht gut einschmelzen lassen sich Soleseifen. Für Salzseifen ist die Methode ungeeignet.

Frische Seife wird klein geraspelt, am besten mit der Küchenmaschine. Geben Sie die Seifenraspel in den Slow Cooker oder in einen Topf im Wasserbad. Prinzipiell ist jede Methode geeignet, mit der eine Heißverseifung durchgeführt werden kann. Frische Seife benötigt keine zusätzliche Flüssigkeit. Geben Sie hier auch das eventuell vergessene Öl hinzu.

BITTE BEACHTEN!
Enthält die Seife freie Lauge, tragen Sie unbedingt Handschuhe.

Für ältere Seifenreste sollte etwas Flüssigkeit beigefügt werden. Es reichen 50–150 ml pro 1000 g geraspelter Seife. Die Menge ist abhängig vom Alter der Seife. Frische, ein bis zwei Tage alte Seife benötigt keine Flüssigkeit. Je älter die Seife ist, desto mehr Flüssigkeit wird benötigt.

Die Seifenraspel werden zusammen mit der Flüssigkeit langsam erwärmt, bis sie geschmolzen sind. Sollte noch Flüssigkeit benötigt werden, so wird sie vor der Zugabe am besten erhitzt. Falls die Raspel nicht gleichmäßig schmelzen, kann mit dem Pürierstab nachgeholfen werden, damit sich alles gleichmäßig verbindet. Die Temperatur der geschmolzenen Seife beträgt zwischen 80 und 90 °C.

Wenn die Seifenraspel komplett geschmolzen sind, werden etwas angewärmter Joghurt oder 2 TL Natriumlactatlösung und, falls nötig, PÖ dazugegeben. Dann wird die Seife eingeformt, dabei sollte sie möglichst heiß sein, damit sie gut in die Formen läuft. Die Oberfläche wird mit etwas Frischhaltefolie zugedeckt und mit der Hand glatt gestrichen. Sobald die Seife kalt ist, kann sie ausgeformt werden. Wie eine Heißverseifte muss sie nicht mehr reifen, nur etwas trocknen.

DUSCHBUTTER

Eine Duschbutter wird ebenfalls aus eingeschmolzener Seife hergestellt, nur wird mehr Fett in Form von Shea- und Kakaobutter zugegeben. Man kann dafür Reste verwerten oder eine Seife ohne Duft mit neuem Duft versehen. Dafür bieten sich zum Beispiel die nur kurze Zeit haltbaren Zitrusdüfte an, da die Duschbutter sofort benutzt werden kann. Zum Einschmelzen kleiner Mengen ist besonders die Mikrowelle geeignet.

- 200 g frische Seifenreste
- 60 g Kakaobutter
- 40 g Sheabutter
- 100 ml kochendes, entmineralisiertes Wasser
- Duft: 8 g Blutorange, 2 g Benzoe siam

Herstellung

1. Seife fein reiben, die Fette abwiegen und schmelzen.
2. Die Seifenschnipsel in der Mikrowelle kontrolliert erwärmen.
3. Das kochende Wasser über die Seifenschnipsel gießen und alles mit dem Pürierstab gut durcharbeiten. Die Temperatur beträgt hierbei zwischen 75 und 90 °C.
4. Die geschmolzene Kakao- und Sheabutter und die ÄÖs zu der Masse geben und ebenfalls gut unterrühren.
5. Die Duschbutter noch heiß in Formen gießen und abkühlen lassen. Nachdem die Seife im Kühlschrank ausgehärtet ist, wird sie ausgeformt.

Reifezeit: Nach dem Ausformen kann die Duschbutter sofort benutzt werden. Besser ist es, wenn sie noch einige Tage trocknet.

VORSICHT BEIM ERWÄRMEN

Bitte beachten Sie, dass die Seife in der Mikrowelle leicht überkocht. Sie muss kontrolliert und in kurzen Intervallen erwärmt werden. Halten Sie die Seife unter Beobachtung.

SEIFE AUSSALZEN: HERSTELLUNG VON PUTZSEIFE

Wenn die Seife freies NaOH enthält, dann kann sie ausgesalzen werden. Es entsteht Putzseife. Diese können Sie aber auch aus „normalen" Seifenresten herstellen. Putzseife eignet sich zur Reinigung von Böden oder für Küchenoberflächen. Manche waschen damit auch empfindliche Wäsche.

- 1 kg Seifenreste oder scharfe Seife
- 3–4 Liter kochendes, entmineralisiertes Wasser
- Topf mit mindestens 10 Liter Fassungsvermögen
- 15 g NaOH pro 1000 g Seife, bei scharfer Seife kein weiteres NaOH nötig
- pro Aussalzvorgang 200–400 g günstiges Speisesalz (für 3–4 Aussalzvorgänge), maximal 1,6 kg Salz und 2–3 Liter Wasser
- evtl. Universalindikatorpapier
- Schaumlöffel und Schüssel

Herstellung

1. Seife fein reiben. Ist die Seife scharf, ziehen Sie unbedingt Handschuhe und Schutzbrille an.
2. Die Seifenraspel in einem sehr großen Topf mit der drei- bis vierfachen Menge an kochendem Wasser übergießen und leicht aufwallen lassen, bis sich die Seife zu einer cremigen Masse gelöst hat.
3. Wird eine Seife mit freiem NaOH aufgearbeitet, so braucht kein weiteres NaOH mehr zugegeben werden. Seifenreste mit Laugenunterschuss müssen mit weiterer Lauge verseift werden. Dazu pro 1000 g Seifenreste 15 g NaOH in 30 ml Wasser lösen und unter Rühren vorsichtig zur kochenden Seifenmasse geben.
4. Für die Restverseifung die Masse ca. 15 Minuten leicht köcheln lassen.
5. Das Salz zugeben. Pro Aussalzvorgang werden zwischen 200 und 400 g Salz auf 1 kg Seifenraspel benötigt. Das Salz portionsweise zugeben und zwischendurch rühren. Wenn sich die Masse trennt und Seifenflocken oben schwimmen, ist genug Salz im Topf und die Zugabe kann gestoppt werden.
6. Seifenflocken mit einem Schaumlöffel von der Flüssigkeit abschöpfen und beiseite stellen.
7. In der Unterlauge befindet sich jetzt überschüssige Lauge, das bei der Verseifung gebildete Glycerin, Parfumöle, Farbstoffe usw. Die Unterlauge wird weggegossen.
8. Die Seifenflocken mit Wasser erneut aufkochen, bis sie sich gelöst haben. Danach Salz zugeben, Seifenflocken (auch Seifenkern genannt) oben abschöpfen und den Vorgang noch ein drittes oder viertes Mal wiederholen, bis die Unterlauge klar und nicht mehr stark alkalisch ist.
9. Zuletzt den Seifenkern in ein Sieb oder besser einen oder mehrere Plastikbecher, die am Boden mit Löchern versehen sind, abschöpfen. Sobald die Seife hart genug ist, kann sie zum Trocknen in handliche Stücke geschnitten werden.

Alternative: Geruhsames Herstellen über mehrere Tage

Die Vorgehensweise ist die gleiche wie oben beschrieben, bis zum Schritt 3., aussalzen. Jedoch werden die Seifenflocken nicht mit dem Schaumlöffel abgenommen, sondern der Topf wird zum Abkühlen nach draußen gestellt. Am nächsten Tag wird die Seifenplatte, die sich oben gebildet hat, abgenommen und mit frischem Wasser erneut ausgesalzen. Auch hier den Vorgang drei- bis viermal wiederholen. So verteilt sich die Herstellung über mehrere Tage, wobei sie jeden Tag nur wenig Zeit in Anspruch nimmt.

ZULETZT: GEWERBLICHE SEIFENHERSTELLUNG

Wer seine erste Seife gesiedet und sie stolz verschenkt hat, kennt den Satz bestimmt: „Die Seife könntest du ja verkaufen!" Dazu muss man folgendes wissen: Seife fällt unter die Kosmetikverordnung. Diese regelt das Inverkehrbringen von Seifen und anderer Kosmetika. Wer also seine Seife verkaufen möchte, muss vorher bestimmte Voraussetzungen erfüllen. Das beginnt mit der Zertifizierung des Rezeptes mit allen Inhaltsstoffen durch ein Labor, geht über den Bau einer eigenen Seifenküche nach den Vorgaben der Kosmetikverordnung und des jeweiligen Lebensmitteluntersuchungsamtes und endet bei der Buchführung, die jedes Öl und jedes Parfumöl erfassen, mit Chargennummer versehen und für jede Seife dokumentieren muss. Näheres dazu findet man im Internet unter GMP (Good manufacturing practice).

Angesichts des nicht unerheblichen Aufwandes heißt es genau überlegen, ob man diesen Schritt gehen möchte oder lieber bei einem schönen Hobby bleibt.

Seife geschnitten (links), Seife mit gebrochenen Kanten, mit einem Mikrofasertuch poliert (rechts)

SERVICE

Auf einen Blick: übersichtliche Tabellen zu Ölen und Allergenen, eine Rezeptübersicht, Literaturtipps, Bezugsquellen und Glossar.

ALPHABETISCHE ÖLLISTE MIT WICHTIGEN DATEN

Hier finden Sie wichtige Informationen übersichtlich aufgelistet. Die Ölnamen sind auch in Englisch angegeben, damit sie in einem englischsprachigen Seifenrechner leicht gefunden werden.

Ölname	Ölname englisch	Verseifungszahl NaOH	Verseifungszahl KOH	Smp [°C]	Jod-zahl	RZF	Härte	Haltbarkeit in Monaten	Herkunft
Aprikosen-kernöl	Apricot Kernel Oil	0,139	0,1946	-21 bis -4	96–109	56	71	bis 12	Kleinasien, Mittelmeerraum
Arganöl	Argan Oil	0,136	0,1904		98	80	60	bis 12	Nordafrika
Avocadoöl	Avocado Oil	0,133	0,1862		65–95	25,2	88	bis 18	Amerika, Südostasien
Babassuöl	Babassu Oil	0,175	0,245	24	14–20	4	98	bis 24	Südamerika, Brasilien
Baumwoll-saatöl	Cottonseed Oil	0,138	0,1932	-2	101–117	105,6	46		Nordamerika
Borretsch-samenöl	Borage Oil	0,135	0,189		141	138,9	32	2–3	Mittelmeerraum
Cupuacu-butter	Cupuacu Butter	0,137	0,1918	27–33	44–45	13,5	94	ca. 12	Südamerika
Distelöl	Safflower Oil	0,1355	0,1897	-13 bis -20	138–152	151	24	bis 9	Asien
Distelöl h. o.	Safflower Oil, high oleic	0,1355	0,1897	-5	93	30	85	bis 12	Asien
Erdnussöl	Peanut Oil	0,1355	0,1897	-2	83–107	42	73	bis 24	wahrsch. Bolivien
Gänse-schmalz	Goose Fat	0,138	0,1932	25	65	20,5	89	3–5	–
Hagebutten-kernöl / Wildrosenöl	Rosehip Oil	0,133	0,1862		152–169	141,6	34	bis 6–9	Chile
Hanföl	Hemp Oil	0,138	0,1932	-15 bis -25	143–166	177	21	6–9	Zentralasien
Haselnussöl	Hazelnut Oil	0,139	0,1946	-20 bis -10	83–90	32	83	bis 6	Europa bis Kleinasien
Jatrophaöl	Jatropha Oil, Soapnut Seed Oil	0,138	0,1932		102	82	60		Tropische Gebiete Amerikas
Jojobaöl	Jojoba Oil	0,066	0,0924	6–8	82–89	0		mehr als 60	Südwest- und Nord-Mexiko
Kakaobutter	Cocoa Butter	0,138	0,1932	30–35	33–42	6	100	bis 24	urspr. Amerika, heute Afrika, Brasilien, Equador, Kolumbien
Kamelien-samenöl	Camelina Seed Oil, Tea Seed Oil	0,138	0,1932	-5 bis -10	80–87	14,8	92	bis 12	China, Japan
Kokosfett	Coconut Oil	0,183	0,2562	21–25	7–10	0	100	bis 24	Asien, heute gesamte Tropen
Kürbiskernöl	Pumpkin Seed Oil	0,139	0,1946	-15 bis -16	113–134	98	50	bis 12	Österreich
Leindotteröl	Cameline Oil	0,134	0,1876	-11 bis -18	124–153	148,3	23	ca. 6	Südostasien und Europa
Lorbeeröl	Laurel fruit Oil	0,141	0,1974	30–40	75–99	55	73	bis 15	Mittelmeerraum
Macadamia-nussöl	Macadamia Nut Oil	0,139	0,1946	-12	74–76	3,7	95		Australien, Neuseeland

Schaumfett, Gr. 1	Festes Fett, Gr. 2 a	Festes tierisches Fett, Gr. 2 b	Stabiles Basisöl, Gr. 3 a
Basisöl, Gr. 3 b	Pflegeöl, Gr. 4	Schaumverstärker Ricinus	Jojobawachs

Ölname	Ölname englisch	Verseifungszahl NaOH	KOH	Smp [°C]	Jod-zahl	RZF	Härte	Haltbarkeit in Monaten	Herkunft
Maiskeimöl	Corn Oil	0,137	0,1918	-18 bis -10	103–135	103	46	8	Mexiko
Mandelöl	Almond Oil	0,1365	0,1911	-21 bis -10	85–106	40	83	6–12	West- bis Zentralasien
Mango-butter	Mango Seed Butter	0,136	0,1904	34–36	33–49	11,7	94	bis 12	Indien bis Burma
Mohnöl	Poppy Seed Oil	0,138	0,1932	-17 bis -27	133–197	151	27	bis 6	Mittelmeerraum, Europa
Nacht-kerzenöl	Evening Primrose Oil	0,135	0,189	-10	147–155	179	19	max. 6	Nordamerika, Mexiko
Niemöl	Neem Tree Oil	0,138	0,1932		72	28	89		Tropen Asiens
Olivenöl	Olive Oil	0,135	0,189	-5 bis -9	78–90	27	87	bis 12	Mittelmeerraum
Palmfett	Palm Oil	0,142	0,1988	33–40	49–55	19,7	90	bis 18	Afrika
Palmkernfett	Palm Kernel Oil	0,176	0,2464	23–30	14–21	4,4	99	bis 12	Afrika
Pistazien-kernöl	Pistachio Oil	0,133	0,1862	-5 bis -11	86–98	60	70	ca. 12	Naher Osten
Rapsöl	Canola Oil, rapeseed	0,133	0,1862	-2 bis -10	94–120	72	69	bis 12	Europa
Reiskeimöl	Rice Bran Oil	0,133	0,1862		89–108	75	60	bis 12	Asien
Ricinusöl	Castor Oil	0,128	0,1792	-5	81–91	2	91	bis 6–8	Tropen in Indien und Afrika
Rindertalg	Tallow Beef	0,143	0,2002	42–52	45	10	95	5–12	–
Schwarz-kümmelöl	Black Cumin Seed Oil	0,139	0,1946		107–123	111,5	37	bis 12	Asien, Europa
Schweine-schmalz	Lard, Pig Tallow (Manteca)	0,141	0,1974	28–40	57	19	91	5–7	–
Sesamöl	Sesame Oil	0,134	0,1876	-8 bis -6	100–120	91	54	bis 12	Afrika, Vorderasien
Sheabutter	Shea Butter	0,128	0,1792	32–45	52–66	12,9	94	12-24	Afrika
Sojaöl	Soybean Oil	0,136	0,1904	-8 bis -16	124–136	130,1	38	bis 9	Südostasien
Sonnen-blumenöl	Sunflower Oil	0,135	0,189	-16 bis -18	118–145	143	27	bis 6	Nordamerika
Sonnenblu-menöl h. o.	Sunflower Oil, high oleic	0,135	0,189		83	22	89	bis 13	Nordamerika
Straußenfett	Ostrich Oil	0,139	0,1946	35	75	16	79		ursp. Steppen von Afrika
Trauben-kernöl	Grapeseed Oil	0,129	0,1806	-10 bis -24	125–144	136,3	34	bis 9	Europa
Walnussöl	Walnut Oil	0,135	0,189	-28 bis -29	141–153	155,8	26	bis 6–9	Persien
Weizen-keimöl	Wheat Germ Oil	0,13	0,182		115–128	136	36	ca. 6	Persien

LISTE MIT DEKLARATIONSPFLICHTIGEN ALLERGENEN

Name	INCI-Name	CAS-Nr.
Amylcinnamal	Amyl Cinnamal	122-40-7
Benzylalkohol	Benzyl Alcohol *	100-51-6
Cinnamylalkohol	Cinnamyl Alcohol *	104-54-1
Citral	Citral *	5392-40-5
Eugenol	Eugenol *	97-53-0
Hydroxycitronellal	Hydroxycitronellal	107-75-5
Isoeugenol	Isoeugenol *	97-54-1
Amylcinnamylalkohol	Amylcinnamyl Alcohol	101-85-9
Benzylsalicylat	Benzyl Salicylate *	118-58-1
Cinnamal	Cinnamal *	104-55-2
Cumarin	Coumarin *	91-64-5
Geraniol	Geraniol *	106-24-1
Hydroxy-Methylpentylcyclohexen-carboxaldehyd, Lyral	Hydroxyisohexyl 3-Cyclohexene Carboxaldehyde	31906-04-4
Anisylalkohol	Anise Alcohol	105-13-5
Benzylcinnamat	Benzyl Cinnamate *	103-41-3
Farnesol	Farnesol *	4602-84-0
2-(4-tert-Butylbenzyl)-propionaldehyd, Lilial (seit März 2022 verboten)	Butylphenyl Methylpropional	80-54-6
Linalool	Linalool *	78-70-6
Benzylbenzoat	Benzyl Benzoate *	120-51-4
Citronellol	Citronellol	106-22-9
Hexylcinnamaldehyd	Hexyl Cinnamal	101-86-0
d-Limonen	Limonene *	5989-27-5
Methylheptincarbonat	Methyl 2-Octynoate	111-12-6
3-Methyl-4-(2,6,6-tri-methyl-2-cyclohexen-1-yl)-3-buten-2-on	Alpha-Isomethyl Ionone	127-51-5
Eichenmoosextrakt (Oak Moss Extract)	Evernia Prunastri	90028-68-5
Baummoosextrakt (Treemoss Extract)	Evernia Furfuracea	90028-67-4

* sind auch Bestandteile natürlicher ätherischer Öle

REZEPTÜBERSICHT

Rezept	Verfahren		Lauge		Besonderheiten	Seite
	CP	OHP	NaOH	KOH		
Grundrezept CP (25er-Rezept)	☑	☐	☑	☐		25
Grundrezept Aqua I	☑	☐	☑	☐	palmölfrei	34
Grundrezept Aqua II	☑	☐	☑	☐	vegan	35
Grundrezept Milde Olive	☑	☐	☑	☐	vegan	35
Feine Milde – Duschseife mit Avocadoöl	☑	☐	☑	☐		162
Oliven-Lorbeeröl-Seife	☑	☐	☑	☐	parfumfrei	164
Olivencremeseife	☑	☐	☑	☐		166
Seife mit Straußenfett – RosenStrauß	☑	☐	☑	☐		168
Peelingseife „Für die Füße“	☑	☐	☑	☐	Salbei- und Teebaumöl	170
Kräuterseife Lungau	☑	☐	☑	☐	Harz	172
Kaffeeseife Edelmocca	☑	☐	☑	☐	Kaffee	174
Grundrezept Heißverseifung	☐	☑	☑	☐		177
Mathilde	☐	☑	☑	☐	Überfettung	180
Rahmenrezept für lange flüssigen Leim	☑	☐	☑	☐		182
Sense of Delight	☑	☐	☑	☐	Seide, Zucker	184
Elaine: Seife im Dividor	☑	☐	☑	☐	Zucker	186
Ghostswirl	☑	☐	☑	☐	unterschiedliche Wassermengen	188
Knetseifen	☑	☐	☑	☐	Seife soll nicht trocknen	192
Milchseife mit frischer Ziegenmilch	☑	☐	☑	☐	Frischmilch	194
Aloe-vera-Buttermilchseife	☑	☐	☑	☐	Milchpulver, anfängergeeignete Milchseife	196
Annika – vegane Mandelmilchseife	☑	☐	☑	☐	vegane Milchseife	197
Salzseife Grundrezept	☑	☐	☑	☐		199
Sommerlich erfrischende Salzseife	☑	☐	☑	☐	Menthol	200
Salz-Tonerden-Seife	☑	☐	☑	☐	Salz	202
Salz-Tonerden-Seife	☑	☐	☑	☐	palmölfrei	202
Ebony and Ivory	☑	☐	☑	☐	Sole, Kohle	206
Schafsmilchsole	☑	☐	☑	☐	Sole, Schafsmilch	208
Seife mit Totem-Meer-Schlamm	☑	☐	☑	☐	Schlamm und Salz	210
Rasierseife Mr. & Mrs. Windsor	☐	☑	☑	☑	Mischverseifung, Stearin	214
Beldi oder Moroccan Black soap	☐	☑	☐	☑	Hammam-Seife , Oliven	216
Flüssigseife	☐	☑	☐	☑		218
Zahnseife	☐	☑	☐	☑		220
Haarseife 2.1	☐	☑	☑	☐	Zitronensäure, Seide, Honig	224
Avocado-Hanf-Haarseife	☐	☑	☑	☐	Zitronensäure, Seide	225
Haarseife für feines Haar	☑	☐	☑	☐	Zitronensäure, Salz	226
Schwimmseife oder Whipped	☑	☐	☑	☐	zur Verzierung von Torten	228
Schwefelseife	☑	☐	☑	☐	Schwefel, Sole	230

ZUM WEITERLESEN

LITERATUR

Ruth von Braunschweig:
Pflanzenöle: Qualität, Anwendung & Wirkung
Stadelmann Verlag 2007

Kevin M. Dunn:
Scientific Soapmaking. The Chemistry of the Cold Process
Clavicula Press, Farmeville, VA 2010

Sabine Krist, Gerhard Buchbauer, Carina Klausberger:
Lexikon der pflanzlichen Fette und Öle
Springer-Verlag Wien 2008

Harald Löw:
Pflanzenöle. Anbau & Verarbeitung der gängigen Ölpflanzen
Leopold Stocker Verlag Graz 2003

Robert S., Katherine J. McDaniel:
Soap Maker's Workshop
Krause publications, Iola 2010

Petra Neumann:
Putz- und Waschseife sieden. Techniken und Rezepte für Küche, Bad, Boden, Wäsche & Co.
Verlag Eugen Ulmer 2022

Kerrin Riewerts:
Kosmetische Mittel vom Kaiserreich bis zur Zeit der Weimarer Republik. Herstellung, Entwicklung und Verbraucherschutz
Dissertation Uni Hamburg 2005

Walter Schrauth, C. Deite:
Handbuch der Seifenfabrikation
5. Auflage, Julius Springer Verlag Berlin 1921

Dietrich Wabner, Christiane Beier:
Aromatherapie. Grundlagen, Wirkprinzipien, Praxis
Urban & Fischer Verlag München, 1. Auflage 2009

Monika Werner, Ruth von Braunschweig:
Praxis Aromatherapie. Grundlagen – Steckbriefe – Indikationen
Haug Verlag Stuttgart 2006

WEBSITES

www.chemieunterricht.de/dc2/milch/lipide.htm, abgerufen am 23.01.2023

http://de.wikipedia.org/wiki/Phytosterine, abgerufen am 23.01.2023

www.lwg.bayern.de/mam/cms06/bienen/dateien/bienenwachs.pdf, abgerufen am 23.01.2023

www.steine-und-minerale.de/artikel.php?topic=5&ID=344, abgerufen am 23.01.2023

www.wein-und-olivenoel-finden.de/inhaltstsoffe-von-olivenoel-verstehen, abgerufen am 23.01.2023

BEZUGSQUELLEN

Ich habe für Sie hier eine Auswahl an Bezugsquellen aufgelistet, ohne Anspruch auf Vollständigkeit. Bei den meisten deutschen Shops habe ich selbst schon bestellt und war immer zufrieden. Die Auswahl an Parfumölen für die Seifensiederei ist sehr vielfältig. Besonders empfehlen kann ich Düfte von **behawe** (D), **Gracefruit** (GB) und **www.naturesgardencandles.com** (USA).

Darüber hinaus möchte ich noch folgende Bezugsquellen empfehlen, die zwar jeweils nur ein Fett verkaufen, aber sie verdienen eine Erwähnung wegen ihrer Qualität und der unterstützenswerten Intention dahinter:
www.babassu.de
www.sheabutter-ghana.de

DEUTSCHLAND

ALLES FÜR DEN SIEDERBEDARF: NaOH, FORMEN, DÜFTE, FARBEN

Behawe: www.behawe.com

Dragonspice: www.dragonspice.de

Omikron: www.omikron-online.de

Gi Manske: www.manske-shop.com

Eulenhof: www.dereulenhof.de

Lumbinigarden: www.lumbinigarden.de

Siedezubehör wie Formen, Tuben oder Waagen (zum Beispiel von Tomopol oder Kern) sind auch über Amazon erhältlich.

NUR PARFUMÖLE

The fragrancy: www.fragrancy.de

FORMEN, SEIFENSTEMPEL UND -SCHNEIDER

MRK-TOOLS: www.seifenschneider-mrk-tools.com

AnSu3d: https://ansu3d.de/seifenstempel/

Lumbinigarden: www.lumbinigarden.de

EUROPÄISCHES AUSLAND

ÖSTERREICH

Kosmetikmacherei, Wien (mit Laden): www.kosmetikmacherei.at

Art of Beauty, Wels: www.art-of-beauty.at

Creativ Cosmetik: www.creativ-cosmetik.at/

Kosmetik-Manufaktur: www.kosmetik-manufaktur.at

GROSSBRITANNIEN

Gracefruit: www.gracefruit.com

Scent Perfique: www.scentperfique.com/

FRANKREICH

Aroma-Zone: www.aroma-zone.com/aroma/accueil_fra.asp

NIEDERLANDE

www.youwish.nl/index.php?route=common/home

GLOSSAR

Agrumenöl	Ätherisches Öl aus den Schalen der Zitrusfrüchte, in Seife nicht haltbar.
Allergen, deklarations-pflichtiges	Allergene sind Stoffe, die Allergien auslösen können. Derzeit fallen 26 verschiedene Duftstoffe, die Inhaltsstoffe von PÖs und ÄÖs sein können, unter die deklarationspflichtigen Allergene. Sie müssen auf der Verpackung angegeben werden, wenn ihr Gehalt 0,01 % überschreitet. Jedoch können auch andere Stoffe Allergien auslösen.
Ätherisches Öl, ÄÖ	Ätherische Öle sind Mischungen aus Terpenen, das sind duftende Pflanzeninhaltsstoffe, die unter anderem per Wasserdampfdestillation aus Pflanzen gewonnen werden. Sie sind keine fetten Öle und werden von der Lauge nicht verseift, Ausnahmen sind Ester.
Ausbluten	So nennt man es, wenn Farbstoffe aus dem gefärbten Bereich einer Seife in andere Bereiche ziehen oder wenn sie den Schaum färben.
Aussalzen	Methode zur Rettung scharfer Seifen und zur Herstellung von Putzseife. Die klein geriebene Seife wird mit Wasser aufgekocht. Durch Zugabe von Kochsalz trennt sich die Seife und lagert sich auf der Sole ab. In der Lösung bleiben Schmutzstoffe und Glycerin.
CAS-Nummer	Die Nummer eines Stoffes, mit der er eindeutig zugeordnet werden kann, auch wenn er unter weiteren Namen bekannt ist.
C.I.-Nummer	Die Nummer eines Farbstoffes auf dem Colour Index, der Liste färbender Stoffe.
CP, Kalt-verseifung	Cold Process, Herstellung des Seifenleims bei 25 bis etwa 40 °C.
Emulsion, emulgierter Leim	Mischung aus Lauge und geschmolzenen Fetten, die homogen ist und auf der keine Fettschicht mehr schwimmt.
Fettsäuren	Bestandteile der Fette, ihre Natriumsalze sind die Seife.
Fixativ	Stoff, der leicht flüchtige ätherische Öle länger in der Seife halten soll, z. B. gemahlene Orangenschale oder Veilchenwurzel.
Gelbe Flecken	Erste Anzeichen einer ranzenden Seife.
Gelphase	Seifenleim, der sich durch die Reaktionswärme stark aufgeheizt hat und dabei oft leicht transluzent wird.
GFM	Gesamte Menge an Fetten und Ölen.
HP, Heiß-verseifung	Hot Process, hier wird die Reaktion durch Wärmezugabe beschleunigt und die Seife erst danach in die Form gebracht.
INCI	Internationale Nomenklatur für Inhaltsstoffe eines Kosmetikprodukts. Die Richtlinie legt fest, wie die Inhaltsstoffe von Kosmetika angegeben werden müssen: Alle Stoffe, die jeweils über 1 % des Inhalts ausmachen, werden in absteigender Reihenfolge aufgelistet.
Kalilauge	Lösung aus Kaliumhydroxid und Wasser für die Schmierseifenherstellung.
Kaliumchlorid	Ähnlich wie Natriumchlorid, das ist Kochsalz. Es dient als Diätsalz und wird als Zusatz in Salzseifen benutzt, um eine Mischverseifung zu umgehen.
Kalium-hydroxid	Stoff für die Herstellung von Kalilauge.
Kaltverseifung	Siehe CP.
Kernseife	Seife, die ausgesalzen wurde.

Laugenunterschuss	Sicherheitsfaktor bei der Berechnung der Laugenmenge zur Verhinderung scharfer Seife.
Leimseife	Unsere normale Seife, die noch ihr Glycerin enthält.
Leimstadien	Stadien, die ein Leim beim Pürieren durchläuft: vom homogenen Leim über andickenden Leim mit leichtem Zeichnen, bis zum angedickten Leim, mit starkem Zeichnen.
Mischverseifung	Fette werden mit KOH und NaOH verseift zur Schaumverstärkung.
Natriumhydroxid	Auch Ätznatron genannt, zur Herstellung fester Seifenstücke.
Natronlauge	Lösung von NaOH in Wasser zur Herstellung fester Seifenstücke.
OHP, Heißverseifung	Oven Hot Process, Heißverseifung im Backofen.
Ölauszug	Mischung von Pflanzenteilen mit Öl zur Gewinnung von Stoffen, z. B. Farbstoffen.
Parfumöl, PÖ	Laugenstabile Mischung zur Parfümierung der Seife.
pH-Wert	Messwert zur Angabe der Stärke einer Säure oder Lauge.
Ranz	Verderb der Seife durch Oxidation der in den Fettsäuren enthaltenen Doppelbindungen mit Luftsauerstoff.
Reifezeit	Zeit, die die Seife bis zur kompletten Umsetzung der Lauge und zum Trocknen benötigt.
Scharfe Seife	Wegen eines Laugenüberschusses nicht benutzbare Seife.
Schmelzpunkt	Punkt oder Bereich, bei dem ein Feststoff in den flüssigen Zustand übergeht.
Schmierseife	Mit KOH hergestellte Seife.
Seife am Stiel	Wenn der Leim durch die Zugabe des PÖs plötzlich so stark andickt, dass man den Löffel nicht mehr herausziehen kann.
Sicherheitsdatenblatt	Dient dem kommerziellen Verwender zur Information über gefährliche Stoffe, z. B. NaOH, oft auch für nicht gefährliche Stoffe erstellt (MSDS = material safety data sheet).
Soda	Natriumcarbonat, entsteht durch Lösen von Kohlenstoffdioxid in Natronlauge.
Sodaasche	Weißer Überzug auf der Seife durch Bildung von Kristallen auf der Oberfläche.
Transparentseife, TS	Auch Glycerinseife genannt, die durch Zugabe von Glycerin, Alkohol und einer Zuckerlösung durchscheinend wird.
Trennen der Seife	Trennen von Fett und Lauge, wenn die Seife zu heiß wurde oder das Parfumöl ungeeignet ist, sieht aus wie Grießbrei.
Überfettung	Veralteter Ausdruck für den Sicherheitsfaktor Laugenunterschuss oder echte Überfettung durch Zugabe von Fetten oder Ölen nach der Heißverseifung.
Überfettungsöl	Öl oder Fett, das nach der kompletten Verseifung zugegeben wird und deshalb nicht mehr mitverseift wird.
Verseifungszahl	Menge an KOH, die für die Verseifung von 1 g Fett benötigt wird, muss in NaOH umgerechnet werden.
Zeichnen, andicken	Wenn beim Pürieren des Leims durch Andicken Tropfen einige Zeit auf der Oberfläche sichtbar bleiben, siehe auch unter Leimstadien.

ÜBER DIE AUTORIN

Petra Neumann, Jahrgang 1965, ist verheiratet und hat 2 erwachsene Söhne.

Die Chemie-Ingenieurin unterrichtet an der Ludwig-Geissler-Schule in Hanau die Labortechnik im beruflichen Gymnasium, die Chemisch-technischen Assistenten sowie die Chemietechniker.

Nicht nur dort versteht sie es, komplexe Zusammenhänge ohne überflüssiges Fachchinesisch verständlich und in die Praxis umsetzbar nahezubringen; seit vielen Jahren ist sie auch in fachspezifischen Internetforen aktiv und lässt so auf eine leicht zu verstehende Art unzählige Mitglieder weltweit an ihrem umfangreichen Fachwissen teilhaben.

Im Privatleben liegen ihr neben der Familie intensive Begegnungen mit der Natur durch ausgedehnte Wanderungen, das Sammeln von Kräutern, das Erstellen von Rezepten für Seifen und Kosmetik als auch deren Herstellung am Herzen. Fragt man sie nach weiteren Hobbys, wird man mit einem leise schmunzelnden Lachen „meine Schüler" hören.

DANKSAGUNG

In den letzten zwei Jahren, in denen dieses Buch entstanden ist, ist das eine oder andere zu kurz gekommen. Daher möchte ich mich an dieser Stelle herzlich bedanken:

Bei meiner Familie für die unendliche Geduld, wenn es mal wieder nichts zu essen gab oder das, was so lecker aussah, doch nur Seife war.

Bei Rea und den Moderatoren vom Seifenforum „Seifentreff" für die Diskussionen um unser liebstes Thema Seife und allen Mitgliedern für die vielen Fragen, die mich oft ein Stückchen im Verständnis um die Verseifungsvorgänge weiter gebracht oder auf neue Ideen gebracht haben, zum Beispiel **Hüttelputz** mit den Haarseifen.

Danke an **Swantje** für die Tipps zum Rindertalg und zur Verwendung in Haarseife.

Bei Mini69 von verseift.at für ihre kreativen Rezepte und Ideen und die schönen Fotos auf ihrer Seite, die immer wieder neue Anregungen bringen, ebenso **Kitti** für den Austausch über das Rezept der Whippedseife.

Für die Unterstützung von **Lisa Seibel** vom Ulmer Verlag. Vor allem für das Verständnis dafür, dass sich die Struktur des Buches erst während des Schreibens entwickelte, was manchmal zum kreativen Durcheinander führte. Ebenso bei **Frau Boss-Teichmann** für das Lektorat. Beiden gilt besonderer Dank für die aufbauenden Worte zwischendurch, ebenso **Frau Jennifer Zajonz** bei der Überarbeitung der 2. Auflage.

Und zuletzt bei Sabine Stark-Klinker von CleanCare Seifenkosmetik dafür, mich immer wieder anzuschubsen, wenn ich stecken geblieben bin, und fürs Redigieren des fertigen Manuskriptes.

REGISTER

BILDQUELLEN

Das Titelfoto und die Fotos auf den Seiten 1, 2, 4, 5, 6, 8, 11, 12/13, 40/41, 63, 64, 69, 78/79, 144/145, 159, 160/161, 163, 165, 167, 169, 171, 173, 175, 181, 183, 185,187, 189, 190 u.r., 191, 195, 201, 203, 207, 209, 211, 215, 217, 219, 221, 223, 227, 229, 231 und 242/243 sowie das Foto im Vor- und Nachsatz stammen von Heike Schmidt-Röger. Alle weiteren Fotos stammen von Dr. Frank Neumann.
Die Zeichnungen und Diagramme fertigte Antje Warnecke.

IMPRESSUM

Anmerkung zur Schreibweise (Gendering): Gendergerechtigkeit und Inklusion sind bei uns gelebte Praxis – bei der Auswahl unserer Themen, bei der Recherchearbeit, in der Gestaltung. Unsere Texte meinen alle. Damit unsere Inhalte jedoch gut lesbar bleiben, verzichten wir in diesem Werk auf die jeweilige Mehrfachnennung oder Anpassung der Schreibweise bestimmter Bezeichnungen an die weibliche, männliche oder diverse Form.

Die Rezepte sind zum privaten Gebrauch, nicht für gewerbliche Zwecke gedacht.
Die in diesem Buch enthaltenen Empfehlungen und Angaben sind von der Autorin mit größter Sorgfalt zusammengestellt und geprüft worden. Eine Garantie für die Richtigkeit der Angaben kann aber nicht gegeben werden. Autorin und Verlag übernehmen keine Haftung für Schäden und Unfälle. Bitte setzen Sie bei der Anwendung der in diesem Buch enthaltenen Empfehlungen Ihr persönliches Urteilsvermögen ein. Der Verlag Eugen Ulmer ist nicht verantwortlich für die Inhalte der im Buch genannten Websites.

Bibliografische Information der Deutschen Nationalbibliothek
Die Deutsche Nationalbibliothek verzeichnet diese Publikation in der Deutschen Nationalbibliografie; detaillierte bibliografische Daten sind im Internet über http://dnb.d-nb.de abrufbar.
Wollgrasweg 41, 70599 Stuttgart (Hohenheim)
E-Mail: info@ulmer.de
Internet: www.ulmer.de
Lektorat: Claudia Boss-Teichmann, Antje Munk, Lisa Seibel, Jennifer Zajonz
Herstellung: Silke Reuter, Isabell Scherrieble
Umschlag: Verlag Eugen Ulmer
Layout und Satz: Susanne Junker, www.redsign.de, Stuttgart
Druck und Bindung: Pustet, Regensburg
Printed in Germany

ISBN 978-3-8186-2036-3